暨南大学高水平大学建设经费资助丛书

暨南史学丛书

元史研究:
方法与专题

屈文军　著

中国社会科学出版社

图书在版编目(CIP)数据

元史研究:方法与专题/屈文军著. —北京:中国社会科学出版社,2017.12
ISBN 978 - 7 - 5203 - 1302 - 5

Ⅰ.①元⋯ Ⅱ.①屈⋯ Ⅲ.①中国历史—研究—元代 Ⅳ.①K247.07

中国版本图书馆 CIP 数据核字(2017)第 266951 号

出 版 人	赵剑英
责任编辑	刘 芳
责任校对	闫 萃
责任印制	李寡寡

出　　版	中国社会科学出版社
社　　址	北京鼓楼西大街甲 158 号
邮　　编	100720
网　　址	http://www.csspw.cn
发 行 部	010 - 84083685
门 市 部	010 - 84029450
经　　销	新华书店及其他书店
印　　刷	北京明恒达印务有限公司
装　　订	廊坊市广阳区广增装订厂
版　　次	2017 年 12 月第 1 版
印　　次	2017 年 12 月第 1 次印刷
开　　本	710×1000　1/16
印　　张	16.5
插　　页	2
字　　数	254 千字
定　　价	69.00 元

凡购买中国社会科学出版社图书,如有质量问题请与本社营销中心联系调换
电话:010 - 84083683
版权所有　侵权必究

目 录

方 法 篇

第一章　硬译文体史料 …………………………………………… (3)
　　一　元史研究中的硬译文体史料 ………………………… (3)
　　二　关于《元典章》 ……………………………………… (8)

第二章　审音与勘同之法 ………………………………………… (20)
　　一　审音与勘同方法概述 ………………………………… (20)
　　二　汉语音译主要规则 …………………………………… (24)
　　三　运用审音与勘同方法的注意事项 …………………… (31)

第三章　宏观认识与相关理论 …………………………………… (34)
　　一　民族关系史中华夏文化的定位 ……………………… (34)
　　二　论中国历史上的北方民族政权：以辽、西夏、金、
　　　　元四朝为重点 ………………………………………… (40)
　　三　元朝是中国历史上的独特王朝 ……………………… (69)

第四章　展望 ……………………………………………………… (79)
　　一　元史领域有待加强研究的几个宏观问题 …………… (79)
　　二　西方学者中国史研究对我们的若干启示：以民族史
　　　　为重点 ………………………………………………… (90)
　　三　颠覆还是纠偏——读王明珂先生系列著作 ………… (114)

目录

四 元史研究,有待走出"瓶颈" …………………………………（120）

专题篇

第一章 政治演变 ………………………………………………（127）
 一 成吉思汗的遗产与忽必烈的变革:综论元王朝
  政制二元性对当时社会和其后历史的影响 …………（127）
 二 元世祖"以夏变夷""信用儒术"辩 …………………（157）
 三 论元代君臣关系的主奴化 ……………………………（174）

第二章 政治制度 ………………………………………………（185）
 一 论元代中书省的本质 …………………………………（185）
 二 元代怯薛新论 …………………………………………（206）
 三 元代的百官集议 ………………………………………（215）

第三章 族群 ……………………………………………………（224）
 一 元代的畲族 ……………………………………………（224）
 二 宋、元、明时期广东地区瑶民社会变迁 ……………（235）

后记 ………………………………………………………………（261）

方 法 篇

第一章　硬译文体史料

一　元史研究中的硬译文体史料[①]

单纯的元史研究，需要利用的史料，其特点可概括为：汉文材料不多，非汉文材料不少。被誉为元史研究"南北二陈"的陈得芝师、陈高华先生均对这些史料做过较为详细的介绍。"北陈"陈高华先生对它们的介绍载于他与陈智超先生等合著的《中国古代史史料学》（修订本）[②]第八章。"南陈"陈得芝师对它们的介绍载于他所著的《蒙元史研究导论》[③]之史料篇。《导论》一书本是白寿彝先生总主编、陈得芝师主编的《中国通史》第八卷"元时期"[④]的甲编序说，单独刊行时，陈师对原先内容做了较大幅度的增订。就汉文史料（包括高丽人、越南人用汉文写成的著作）而言，两位陈先生的介绍都较为详尽，将两书结合起来，没有被他们提到的汉文材料已经所剩无几，但仍然还有几部。如佛教史料文献《至元辨伪录》、戏曲史料文献《录鬼簿》和《青楼集》、笔记《砚北杂志》等，它们都还或多或少地有一些史料价值。非汉文材料，《导论》比《史料学》搜罗更全，介绍更详尽。《导论》将其分为"域内蒙、藏、畏兀儿文史料"

[①] 本节内容，原是拙文《"元史研究"课程弁言》的第三部分，该文载暨南大学中国文化史籍研究所、江门市档案局主编《陈乐素先生诞生110周年纪念文集》，齐鲁书社2014年版。
[②] 天津古籍出版社2006年版。
[③] 南京大学出版社2012年版。
[④] 上海人民出版社1997年版。

方法篇

和"域外文字史料"两大块,后者又分成波斯文史料、阿拉伯文史料、欧洲文字史料、亚美尼亚文史料、叙利亚文史料、俄日文史料以及多语种辞书等几个部分。要了解元史研究的非汉文材料,《导论》是目前最好的工具书。

在史料方面,一些重要的史料汇编性质的书籍,为学人提供了很大的方便,它们当为元史学者案头必备。如杨讷先生、陈高华先生等编《元代农民战争史料汇编》[①]、陈高华先生编《元代画家史料》[②]《元代维吾尔哈剌鲁资料辑录》[③]、杨讷先生编《元代白莲教资料汇编》[④]、杜玉亭先生编《元代罗罗斯史料辑考》[⑤]、黄时鉴先生主编《元代史料丛刊》[⑥]、国家图书馆善本金石组编辑《辽金元石刻文献全编》[⑦]、蔡美彪先生著《元代白话碑辑录》[⑧]《八思巴字碑刻文物集释》[⑨]、匈牙利学者李盖提(L. Ligeti)编《蒙古语文献汇编》(1971—1974年)[⑩]、美国学者克拉克(L. V. Clark)编《13—14世纪东突厥斯坦畏兀儿世俗文书概论》(1975年)等。张星烺先生主编《中外交通史料汇编》[⑪]、英国学者亨利·玉尔(Henry Yule)著《契丹及通往契丹之路》(1913—1916年)、俄国学者布莱特兹奈德(E. V. Bretschneider)著《基于东亚史料的中世纪研究》(1887年)等书中,集中了不少有关元代中西交通方面的史料,我们也当经常翻阅。另外,查找阅读史料时,我们要经常利用一些重要的工具书,如王德

---

① 中华书局1985年版。
② 上海人民美术出版社1980年版。
③ 新疆人民出版社1991年版。
④ 中华书局1989年版。
⑤ 四川民族出版社1979年版。
⑥ 这套史料丛刊一共出版了七部,包括《通制条格》《元代法律资料辑存》《吏学指南(外三种)》《庙学典礼(外二种)》《秘书监志》《元代奏议集录》和《宪台通纪(外三种)》。浙江古籍出版社1986—2002年版。
⑦ 北京图书馆出版社2003年版。
⑧ 科学出版社1955年版。
⑨ 中国社会科学出版社2011年版。
⑩ 国外学者的著作,出版社名在汉文语境里多不大常见,本文中就不注出。书名之后括号内的年份是该著作的出版时间。
⑪ 中华书局2003年版。

毅先生等编《元人传记资料索引》①、陆峻岭先生著《元人文集篇目分类索引》②、朱士嘉先生著《宋元方志传记索引》③、方龄贵先生著《元朝秘史通检》④、日本学者植松正编《元典章年代索引》（1980年）、《元代政治法制史年代索引》（2008年）等。

前人有这样的说法，历史研究，是看人人都看的史料，说人人都没说过的话。在史料方面，元史研究的特殊性在于，它的史料未必人人都能看。不说众多的非汉文材料容易让人望而却步，就是在汉文材料中，仍有一大批"令人感到好像乱麻缠搅，无从点断，意义模糊，不知所云"⑤的硬译公牍文体材料。元朝皇帝和各级政府的蒙古文文书公文，凡是涉及汉人和汉地事务的，都要翻译成汉文公布。翻译时，一般用当时的口语词汇逐字逐词对译原来的蒙古词汇，词汇的顺序多不变动，以体现蒙古语语句中各种句子成分的前后位置；同时还要用一些固定的字词表现原文中的蒙古语语法结构，如"者"字表示命令，"呵"字表示两动作前后关联，"么道"表示前面所述是引语，等等。这些公文文书，原先用蒙古文写成时都是文笔流畅的，但一译成汉文时就很不通顺了。这种从蒙文机械翻译过来的汉文文书，留存至今的很多，研究元朝历史经常用到的几部重要史料《通制条格》《元典章》《宪台通纪》《南台备要》《至正条格》等，里面内容绝大多数都是这些文书和公文。当时有些寺庙、道观把蒙古统治者保护它们财产的文书刻碑，这些保护寺观财产的文书有的用蒙古文（有回鹘式蒙古文，也有八思巴蒙古文）写成，有的就是这种硬译自蒙古文的汉文文书，有不少碑上还会把蒙汉两种文字的文书都刻上。以前有学者称这样的汉文文书为元代白话文书，称这样的碑为白话碑，实际上，这种硬译体文书只是用了元朝的口语词汇，语法并不是当时的汉语白话语法，因此，不能把这种文书看成是当时的汉人白话。元朝

---

① 台北新文丰出版公司1979—1983年版。
② 中华书局1979年版。
③ 上海古籍出版社1963年版。
④ 中华书局1986年版。
⑤ 亦邻真：《元代硬译公牍文体》，载元史研究会编《元史论丛》第1辑，中华书局1982年版。

方法篇

皇帝即位诏书，一般用汉人儒臣撰写的文辞典雅的汉文诏令，并把它们意译成顺畅的蒙古文；不过泰定帝即位，所颁的汉文诏令却是这种硬译文体的，其原因，可能当时泰定帝急急忙忙在漠北即位，身边没有翰林国史院的汉人大臣，就用蒙古语文来撰写诏令，并硬译成汉文发表了。

下面以一篇硬译汉文材料为例，读者从中可见这类史料之一斑，该篇史料是《元典章》卷4《朝纲》中的一条，标题名为"奏事经由中书省"。硬译文体史料，很多记叙了政府公文的呈递签转过程，转递层次多，点读时需要的引号层次也多。汉文引号只有两层，为清晰起见，笔者主张多创造几层引号。① 又，笔者对这篇史料的理解，与陈高华先生等点校的《元典章》② 有不一致处，请读者注意比较鉴别。

大德六年二月二十二日，江西廉访司承奉行台札付："准御史台：'承奉中书省札付：｛大德五年十月二十二日，奏过事内一件：［陕西省官人每文书里说将来：「贵赤里爱你小名的人，著延安府屯田有。『收拾赎身、放良、不阑奚等户者。』么道，将的御宝圣旨来有。教收拾那，怎生？」么道，与将文书来］奏呵。［怎生商量来？］圣旨有呵。回奏：［滥收拾户计的，自前禁约来，因着那的取要钱物，扰害百姓也者。拘收了圣旨呵，怎生？］么道，奏呵。［那般者，拘收了者。］么道，圣旨有呵。因着这的题奏：［一句言语，么道商量来，是与不是呵？腹里、江南等处州城里的百姓每，委付着俺有。民户的差发、税粮、课程等事，似这般勾当，有体例、无体例怕俺分间，外枝儿教人奏过，要了圣旨，不经由俺，行将出去有。那言语转来俺根底呵，有体例呵，依着行；却无体例的，委付着俺的其间，怎生不题说的？题说的频烦上位，更阻当了先的言语有；外处百姓每听得

---

① 参见拙文《关于元代硬译公文的点校问题》，载张玉春主编《古文献与传统文化》，华文出版社2007年版。
② 天津古籍出版社及中华书局2011年版。

呵，也不宜的一般。似这般干碍俺的勾当，不拣谁奏呵，教行的时分，俺在根底有；俺根底商量了，教行呵，展转的不频烦上位。可怜见呵，这言语必阇赤每根底说与呵，怎生？]奏呵。奉圣旨：[索甚么那般说？必阇赤每根底说了，各枝儿里官人每根底都说与者，但凡这般合干碍您的勾当，他每休奏者，只教您奏者。]钦此。}'"

这篇史料说的是，大德六年二月二十二日，江西廉访司得到了其上司江南行御史台的一篇札文。该札文中说，行台得到了一封来自中央御史台的咨文。咨文中说，御史台得到了一封来自中书省的札文。中书省给御史台的札文中说：大德五年十月二十二日，中书省官员向皇帝汇报了一件事，陕西行省官员给了他们一份文书，文书中说怯薛贵赤里有一位名字叫爱你的人，在延安府负责屯田，他身上有一封盖有皇帝玉印的圣旨，圣旨中让他"收拾赎身、放良、不阑奚等户"，陕西省官员问，将这份圣旨没收怎样；中书省官员奏后，皇帝问，你们对此事怎么商量的；中书省官员说，他们赞成拘收圣旨；皇帝同意；中书省官员接着又奏事，说他们商量了"一句言语"，即一种建议，希望以后涉及"民户的差发、税粮、课程等事"的，皇帝下圣旨时先让他们中书省官员知道，让他们把把关；皇帝说，以后凡涉及中书省事务的，都只让中书省来奏事，别人（主要是皇帝身边的怯薛）不能奏，这命令要让书写圣旨的必阇赤们知道、要让各个投下领主知道。在上面标点好的引文中，""号内的是江南行台给江西廉访司的札文；''号内的是中央御史台给江南行台的咨文；{ }号内的是中书省给御史台的札文。中书省札文内，有三组君臣对话，即六组[ ]号内的内容。在第一组君臣对话中，官员引用了陕西行省官员的来文，即「 」号内的内容。『 』号内的则是名叫爱你的贵赤手持的圣旨中的内容。

元代硬译公文保留了极其丰富的第一手资料，是研究元代历史不可或缺的重要文献。鉴于有关元史的一般汉文史料已经为学者们充分掌握，中外学界同人目前都把关注点集中到了这些尚没有被大量使用的硬译公文上，特别是前些年新发现的《至正条格》，目前学人对它的利用可说只是刚刚起步。由于这些硬译公文经常有一些与一般汉文史料记载不一致的地方,通过对它们的详尽分析,"很可能会对目前的一些学界成果作出一定程度的补充甚至修订"①,这也是硬译公文吸引当今众多元史学者的一个重要原因。这类史料未能充分利用,原因在于它们读起来相当困难。前面提到,硬译公文,来自蒙古语原文的机械翻译,但是,它们"有很大的任意性,时而十分拘泥于原文的语法结构,时而省略其中某些部分,时而又夹杂穿插地道的汉语句法,用字也不统一,因译者而异"②。台湾著名元史学者萧启庆先生在给洪金富先生点校的《元代台宪文书汇编》的序言中写道:"点读这类公牍一直是元史学者的梦魇。"③ 这类史料中,有些曾经两位或两位以上学者点校,但同一种史料的不同点校本之间,经常有很多地方点读不一致;而一致的地方也未必说明这种点校就是正确的。出现这些现象正说明了这类文书不容易通读,所以,对这类史料,"多些学者进行钻研,出版不同的点校注释本,是很有好处的"④。

二 关于《元典章》⑤

《元典章》全名《大元圣政国朝典章》,60卷,附《新集至治条例》不分卷,是一部元朝法令公牍文书的汇编。该书保留了极其丰富的第一手资料,是研究元代历史不可或缺的重要文献。但由于通读困难,学界对它的利用尚不够充分。笔者拟在介绍其基本情况的基础上对它的史料

---

① 屈文军:《〈元典章〉的史料价值和通读要领》,《内蒙古社会科学》(汉文版)2003年第6期。
② 亦邻真:《元代硬译公牍文体》,载元史研究会编《元史论丛》第1辑,中华书局1982年版。
③ 《元代台宪文书汇编》是一部有关元代监察制度史料的集合,其中属于硬译公文的有《宪台通纪》《宪台通纪续集》《南台备要》和《元典章·台纲》。《汇编》一书作为台湾"中研院"史语所专刊之104号于2003年出版。
④ 陈得芝:《蒙元史研究导论》,南京大学出版社2012年版,第160—161页。
⑤ 本节内容原载张玉春主编《历史文献与传统文化》第11集,华夏出版社2004年版。原题注:本文第二、第三两部分曾以《〈元典章〉的史料价值和通读要领》为题,发表于《内蒙古社会科学》(汉文版)2003年第6期。这里加上第一部分,并对第三部分略作修改。

价值作些分析，并讲述一些通读要领，希望能对初学者有些帮助。

（一）《元典章》的基本情况

为叙述方便，单独提到《元典章》60卷的正文时，称之为"前集"。前集分诏令、圣政、朝纲、台纲、吏部、户部、礼部、兵部、刑部、工部十大类，每类下各分若干门、目，每目下列举条格事例，自一条至二十余条不等，起中统以讫延祐，最晚者为延祐七年（1320）十一月事。新集分国典、朝纲、吏部、户部、礼部、兵部、刑部、工部八大类，门目名称与前集不完全相应，所录条格事例以延祐三年至至治二年（1322）为主，偶有早至大德、皇庆年间者。全书共81门、467目、2391条。

该书前后无序跋，书中未载编辑者名氏，《元史》等史料文献中也没有片言只语提到它。元末笔记《至正直记》卷1"国朝文典"条中记有《国朝典章》一书，该《国朝典章》是否即是《元典章》无从考证；清钱牧斋《绛云楼书目》中录有"《元至正国朝典章》六册"，不知是否就是《至正直记》所说的《国朝典章》，如是，从书名来看，与《元典章》可能不是同一本书。①

因于史无征，《元典章》是怎样成书的，就成为一个问题。前集书首有木记一方，刻大德七年中书省一份札文概要，大意是说，中书省同意江西奉使宣抚建议，令通行各属将中统建元以来的圣旨条画和朝廷已行格例"置簿编写"，"庶官吏有所持循"。新集集首也有木记一方，说明为续编之作。新集目录之后有文云："至治二年以后新例，候有颁降，随类编入梓行，不以刻书已成，而靳于附益也。至治二年六月谨咨。"《四库全书总目》政书类存目著录此书，认为此书"殆吏胥所钞记，然主其事，似为坊贾也"。清末沈家本《跋钞本元典章》据书首木记认为"此书当日乃奉官刊布"；胡玉缙撰《四库总目提要补正》认为"大抵前集为官刊，新集乃坊贾所次耳"。台湾著名元史学者昌彼得先生据书中内容和行文款式赞同《四库全书总目》

---

① 关于《元典章》在明清公私目录中的著录情况，参见昌彼得《跋元坊刊本大元圣政国朝典章》，该文附录于台湾故宫博物院1976年影印元刊本《大元圣政国朝典章》书后。

方法篇

之说，认为中书省札文仅令置簿编写，"并无颁行成书之辞"，沈、胡二家所言属揣测之见；昌氏进一步论证，书首冠中书省札文，乃抄录吏胥所为，"以有此令，各衙门之案卷始易所抄录"[①]。

笔者同意昌彼得先生的分析，另有一条证据似乎可以作为佐证。前集卷1录世祖《至元改元诏》，诏中称铁木真为"成吉思皇帝"。在至元三年（1266）太庙建成之前，汉文文书对铁木真的称号当为"成吉思皇帝"而不可能称"太祖"，所以同卷首条《皇帝登宝位诏》（即世祖《即位诏》）中"太祖"二字原文当为"成吉思皇帝"。此两诏书均为王鹗撰写，苏天爵编《元文类》和明修《元史》中都有辑录，两书所录诏书中提到铁木真处，都径改作"太祖"。《元典章》如为官修或文人所编，也当统一改作"太祖"；正因为是吏胥抄录，做事不够严谨，所以抄这两份诏书时，对铁木真的称呼，一份仍其旧为"成吉思皇帝"，另一份则按当时惯例改作"太祖"[②]。

《元典章》的编撰首起于江西奉使宣抚的建议，书中虽录有中央各部之档，但大多还是各地方行省，尤其是江浙、江西行省的文书，沈家本据此认为是书"刻于江西"。不过存世的元刻本昌彼得先生认为乃"建阳坊刻无疑"。建阳距江西行省不远，自宋以来刻书极盛，江西出书到建阳坊刻很是正常，所以尽管此书不一定刻于江西，但为江西胥吏所编或许近于史实。

根据书中所录内容，《元典章》编撰的时间不难断定。前集在延祐年间始编，成书于英宗即位之初。新集于至治二年刊版，为未定稿之作，尚准备继续增补。元代制度方面的书，除《元典章》外，还有《大元通制》《经世大典》等。《元典章》成书时间和《大元通制》相近，两者成书是否有关系，难以确定，但它们体例截然不同。《经世大典》久佚，只能从《元文类》所收其《序录》中大致了解该

---

① 昌彼得：《跋元坊刊本大元圣政国朝典章》，台湾故宫博物院1976年影印元刊本《大元圣政国朝典章》书后。

② 《元典章》所录至元三年以后文书中，还有几处提到铁木真为"成吉思皇帝"，但都是出自硬译公牍文书，本身自蒙古文翻译过来，汉人儒臣撰写的诏书中是不会再用此称号的。所以这里提到的《元典章》收录汉文诏书中对铁木真称呼不同一事恐怕应该值得重视。

书原貌。据《序录》，《经世大典》内容共10篇。君事4篇，即帝号、帝训、帝制、帝系；臣事6篇，即治典、赋典、礼典、政典、宪典、工典。君事4篇与《元典章》前集之诏令、圣政、朝纲、台纲和新集之国典、朝纲类或许有些接近，臣事6篇与《元典章》的六部类也可能有些接近，如此则《经世大典》的编撰从体例上似乎曾参考过《元典章》，但这些终究只是推测之辞。另外，《元史》卷102《刑法志》序中还提到一本书《风宪宏纲》，昌彼得先生认为《元典章》"若云为据《风宪宏纲》为底本，而增辑自各省抄录之档案条格而分部类辑，或庶几近之"。此论不妥，《风宪宏纲》当为一关于宪台之书，与《元典章》内容相差甚多，两者应该没有多少关联。①

《元典章》流传不广，今存刻本只有一种元坊刻本，现藏台湾故宫博物院。此本之前很少为人所知。抄本有数种，据昌氏意见，"似皆自此元刻出，而辗转传录，致讹误衍生"。1908年武进董绶金据杭州丁氏善本书堂藏本传录，刻之于北京法律学堂，著名学者沈家本为之作跋，通称沈刻本。长期以来，沈刻本为最通行版本，但该版本错讹极多，史学大家陈垣先生据元刻本和其他几种抄本对此加以勘正，得伪谬12000余条，撰成《沈刻元典章校补》和《元典章校补释例》两书。后者为校勘学名著，前者则是阅读沈刻《元典章》时必备的核检工具书。1976年台湾故宫博物院将所藏元刻本影印，为使用者带来很大方便。

（二）《元典章》的史料价值

《元典章》收录了大量的诏令、条格和形形色色的案例，为研究元代社会生活的各个方面提供了极其宝贵的原始资料，具有相当高的史料价值。但是清修《四库全书》时，竟然因为其为吏胥抄记，"所载皆案牍之文，并杂方言杂语，浮词妨要者十之七八"，而认为"不足以资考证"，仅列于"存目"中。清末学者魏源也因为此书出于胥

---

① 《风宪宏纲》为关于宪台之书的详细论证，参见方龄贵《〈通制条格校注〉前言》，载氏著《通制条格校注》书前，中华书局2001年版。

方法篇

吏之手而对邵远平《元史类编》取《元典章》补正史的作法不以为然。① 实际上，吏胥抄记，很少修改润饰，更能保留原貌，四库馆臣和魏源的看法不免有些短视。笔者认为，《元典章》的史料价值主要表现在以下三个方面。

其一，《元典章》可以印证《元史》和其他史籍中的许多记载。不少诏令、条格除被《元史》《元文类》《通制条格》《宪台通纪》等书收录外，还出现于《元典章》中，可以利用《元典章》对相关内容进行校勘。特别是《通制条格》《宪台通纪》《南台备要》等书以及《经世大典》的一些残文的点校必须参照《元典章》。另外，有些内容在《元史》等其他史料中可能记载不详，在《元典章》中或许有充分的叙述，彼此之间可以互相勘正。试举一例。中华书局1976年点校本《元史》第217页至218页："（至元十六年十二月）丁酉，八里灰贡海青。回回等所过供食，羊非自杀者不食，百姓苦之。帝曰：'彼吾奴也，饮食敢不随我朝乎？'诏禁之。"诏书具体内容没有记载，但《元典章》卷57《刑部·诸禁·禁宰杀·禁回回抹杀羊做速纳》则录有此诏详细内容：

> 至元十六年十二月二十四日……如今，直北从八里灰田地里将海青来底回回每，"别人宰杀来的，俺不吃。"么道，骚扰贫穷百姓每来底上头。从今以后，木速鲁蛮、回回每、木忽回回每，不拣是何人，杀来的肉交吃者，休抹杀羊者，休做速纳者。……别了这圣旨……若奴仆首告呵，从本使处取出为良，家缘财务不拣有的甚么都与那人；若有他人首告呵，依这体例断与。

《元典章》的记载还说明上引《元史》文标点有误，② 当为："丁酉，八里灰贡海青回回等，所过供食，羊非自杀者不食，百姓苦之。帝曰：'彼吾奴也，饮食敢不随我朝乎？'诏禁之。"另外，《元典章》

---

① 魏源：《元史新编·凡例》，光绪三十一年邵阳魏氏刊本《元史新编》书前。
② 参见周良霄《〈元史〉校点献疑》，载南京大学元史研究室编《内陆亚洲历史文化研究》，南京大学出版社1996年版。笔者断句与周先生所点仍略有不同。

所录的这条诏书还给我们一个重要信息，即当时被训斥的除一般回回人外，还有木忽回回；"木"显然为"术"之误，术忽回回乃犹太人。术忽回回因八里灰贡海青回回拒食蒙古人宰杀的羊而一起被下诏禁止自行其是，还可以从《史集》中得到印证："合罕生了气，就命令木速蛮和尊奉圣经的人，今后不得以断喉法宰羊，而要按蒙古人的习俗，剖开它们的胸膛，凡是以断喉法宰羊者，就以同样方式把他杀死，并将其妻子、儿女、房屋和财产给予告密者。"①"尊奉圣经的人"就是《元典章》提到的术忽回回，即犹太人。② 类似用《元典章》和其他史料互相印证的实例还可以举出很多。张帆先生曾撰文，据《元典章》校正了《元史》中因删节公文不当致乖原意、错字或脱字以及年代错误等方面的十余处明显错误。③

其二，《元典章》可以补充其他史料的不足。该书抄录的圣旨和中书省、御史台等机构的重要文件，有很多不见于它书记载。如《元典章》卷1录仁宗延祐四年正月初十日《赦罪诏》，此诏内容不见于其他史料记载。诏书中提到的发动叛乱的忽失剌显然是本来应该在仁宗之后继承皇位的武宗之子和世㻋，所以这份诏书对研究仁宗破坏"武仁授受"的约定有重要价值。再如，《至元新格》是元朝第一部法令类编书，全书已佚，幸赖《元典章》和《通制条格》总共保留了其中近百条内容，使我们得以略窥一斑，《元典章》的这些抄录就显得弥足珍贵。元代各种官员的名目和他们的品秩也只有《元典章》记得最完备。实际上，《元典章》一书涉及元代社会的各个方面，其内容之细，为其他任何史料文献所无法比拟，这一点我们只要从其纲目中就可看出。如吏部"公规"纲中有"座次""署押""掌印""公事""行移""差委""案牍"等目；户部"田宅"纲中有"官田""民田""荒田""房屋""家财""典卖""种佃"等目；刑部

---

① [波斯]拉施特主编：《史集》第2卷，余大钧、周建奇译，商务印书馆1985年版，第346—347页。
② 《史集》汉译本注为犹太教徒和基督教徒，不确。拉施特在书中随后记载，基督教徒爱薛利用此禁令攻击回回政敌，显然自己本身不在被训斥范围内。参见刘迎胜《关于元代中国的犹太人》，载元史研究会编《元史论丛》第6辑，中国社会科学出版社1996年版。
③ 张帆：《读〈元典章〉校〈元史〉》，《文史》2003年第3期。

方法篇

"诸禁"纲中有"禁诱略""禁典雇""禁宰杀""禁夜""禁遗漏""禁刑""禁赌博""禁豪霸""禁毒药""禁聚众""禁局骗""杂禁"等目。元代投下官员的任用以及元代的社会生活和法律制度,一直是元史研究中的薄弱之处,主要原因在于史料的缺乏,而《元典章》在这些方面则提供了大量的制度条文和案例供学者参考。比如户部"婚姻"纲"嫁娶"目中就有关于普通民众种种婚姻事情的处置规定,像"招到女婿弃妻再娶""通奸成亲断离""同姓不得为婚""兄死嫂招后夫"等,每一种情况都有具体生动的实例说明。可以说,研究元代前中期政治、社会、经济、司法制度的不论哪个方面,都可以从《元典章》中找到绝无仅有的重要史料。

其三,从《元典章》中可以了解元代各级政府处理政务的具体过程,尤其是能够了解皇帝听政的大致情况,这一史料价值是一般的汉文文献所难以具备的,也尚未引起学者足够的重视。《元典章》抄录的是层层传递的公文,它们大多记载了各级发文政府处理具体政事务的经过、处理的原则和处理的决定,同时公文的传递顺序也再明显不过地告诉了我们各级政府的权限范围、它们彼此之间的关系以及具体政事务处理的详细流程。

元代的高级官员和近侍怯薛大多为蒙古人,皇帝听政时有权置喙朝议的主要也是这些少数的蒙古人,听政中君臣使用的语言肯定是当时的蒙古语,听政经过和决定的记录必然也是用当时的蒙古文。如果这些蒙古文的庙议记录能够流传下来的话,其史料价值是可想而知的了。遗憾的是,元代的蒙古文史料流传下来的其实不多,这一类的蒙文史料更是稀少。研究元史,我们主要依赖的还是汉文史料,但是利用汉文史料时需要考虑到以下两点。第一,元代绝大多数时间,汉人地位不高,能够在皇帝面前有参与讨论国家政务权的人更是凤毛麟角,所以汉文史料中即使有记载庙廷奏对的大多也不是来自亲身经历;第二,汉、蒙文化毕竟是两种不同的文化,汉人记载当时的史实时往往会以自己的文化为本位来看待异己的蒙古文化,也就是说,这些汉文史料可能只是从汉人的立场来记载的,反映的只是汉人对当时时势的理解而不一定是完整的事实。考虑到上述两个方面,我们就必须对汉文史料的准确性保持警惕,如果有前面提到的蒙文史料可以参阅，我们对历史的真实就容易把握一些。

《元典章》和其他类似的一些公牍文史料，如《通制条格》《宪台通纪》以及《经世大典》部分残文等，在这方面给我们提供了大量帮助。元代庭廷听对蒙古文记录，有一部分会按照蒙古语用词顺序，逐字逐词地硬译成汉文，同时还用一些固定的词汇体现蒙古语的语法，这样硬译出来的东西形成汉文敕令。《元典章》和其他公牍文史料，特别是《元典章》中保留了大量的这种敕令，它们尽管不是蒙古文写成，但是根据意译的汉语语词和体现蒙古语语法的固定用词，我们还是能够在一定程度上恢复其蒙古文原貌的。元代怯薛"密近天光"，经常有"乘间进说"的机会，但这种场合汉人经常无由在场，所以具体情况往往不得而知，连有哪些人在场都不清楚；而这些硬译的汉文敕令中经常把随侍怯薛人员的名字写入其中，他们的奏对内容有时也被记录下来。

从这些硬译的汉文敕令中我们还经常发现一些与汉文史料记载不一致的地方，如一些既是怯薛又在宫廷外担任要职的双重身份官员，汉文史料往往强调他们的宫廷外要职，但从敕令中，我们经常发现宫廷奏对时往往以怯薛身份参与决策，尽管在硬译汉文敕令中，他们的身份多用宫廷外职务表示。这一点实际上反映了汉法和蒙古旧制在官员本质是国家官吏还是君主家奴这一问题上有较大的差异。类似对同一对象有不同认识的例证从《元典章》中还可以找出很多。元朝政权的二重性是学界的共识，但长期以来，学者主要从中原角度切入研究，汉制成分研究得比较充分些，蒙古制成分则探讨得远远不够深入，所以从蒙古制角度研究将是今后元史研究的主要方向。由于能够直接凭借的材料甚少，《元典章》等书就成为从事这种研究最为重要的史料；通过对《元典章》等的详尽分析，很可能会对目前的一些学界成果做出一定程度的补充甚至修订。

（三）《元典章》的通读要领

《元典章》具有很高的史料价值，但是由于文体独特，通读甚为困难，所以学术界对它的利用还很不充分。笔者认为，要读懂《元典章》和其他类似的以汇录公牍文书为主的史料著作，需要掌握以下三

方法篇

个方面的要领。

其一,掌握硬译公牍文书的词法和句法规则。元代公牍文书中阅读比较困难的是硬译文书,它们完全不顾汉语的语法规律和用词习惯,只是机械地从蒙古语原文翻译过来,所用词汇既不是典雅的文言文,也不完全是当时的口语;这种独特的文体,有学者称之为"蒙文直译体",有学者称之为"白话体"或"口语体",其实都不准确,我国学者亦邻真先生将其命名为"硬译公牍文体"比较恰当。[①] 元代的诏书、敕令、各种条格、各级机构文件有的用纯汉语写成,有的完全用这样的硬译文体,有的则两者混用,甚至在一句话中两种文体掺杂。纯汉语写成的,只需按照古汉语常规就可训释,带硬译体的则必须掌握它的词法和句法规则。亦邻真先生《元代硬译公牍文体》一文详尽阐述了这种文体的一般特征和词法、句法硬译中的十四条规则,该文可说是打开《元典章》等史籍之门的最重要的一把钥匙。另外,日本学者田中谦二的长文《元典章中的蒙文直译体文章》[②] 也值得参考。

其二,掌握公文的固定格式。各级政府的公文,一般都是先交代从哪个机构或哪个人处得到什么文书,然后表达本部门的意见。根据文书往来机构间等级情况,公文有三种类型。第一种类型是低级机构得到高级机构或个人文书后发出的。如得到皇帝圣旨,格式为"钦奉……(交代是哪个皇帝)圣旨节该('节该'意思是节文明该,即大概内容):'……(引述圣旨大概内容)',钦此('钦奉如此'的意思)。……(阐述本部门意见)"。皇太后、皇太子的旨令分别称"懿旨""令旨",得到这些旨令,一般用"敬奉……懿旨(或令旨):'……',敬此。……"格式。都堂命令有时称"钧旨",中央机构给行下合属以及其他低级机构的关白文书称"札文",相应在公文中用"承奉""承此"字样与其匹配。第二种类型是得到同级机构或个人文书后发出的。同级机构之间往来的文书称"咨文""关文"

---

① 亦邻真:《元代硬译公牍文体》,载元史研究会编《元史论丛》第1辑,中华书局1982年版。

② 此文作为《校定本元典章刑部第一册》附录之一,由京都大学1964年单行出版。

16

"牒文"。咨文级别最高，一般用于二品衙门以上，如行省与中书省之间；关文级别稍低，用于像路与路之间、中央部与院之间的场合等；牒文级别更低。同品级机构之间有文书往来，受者发出的公文格式一般为："准（或移准）……（交代从哪个机构或个人得到文书）咨（或关或牒）：'……（引述咨文或关文或牒文的大致内容）'，准此。……（阐述本部门处理意见）。"第三种类型是高品级机构得到低品级机构或个人文书后发出的。低品级机构或个人给高品级机构的文书多称"呈文"或"申文"，呈文级别高，一般指二品以上机构给更高品级机构的文书，如御史台给中书省的文书；申文多用于三品以下机构。高品级机构得到低品级机构或个人的文书后发出的公文，格式一般为："据……（交代从哪个机构或个人得到文书）呈（或申）：'……（引述呈文或申文的大致内容）'，得此。……（阐述本部门处理意见）。"有时低品级机构给高品级机构的文书也称"牒呈文"，相应公文格式为："准……牒呈：'……'，准此。……。"当然，以上说的是大多情况，少数时候会用其他字样，或用词与相关等级不对应，或干脆没有这些固定用词，这些情况下读起来就比较费劲。另外，不少公文也没有发出机构自己的处理意见这一部分内容。

其三，掌握公文的结构。公文的格式如上面第二点所述，公文的结构少数情况下比较简单，来文和本部门意见都比较简捷。大多情况下，来文和本部门意见中继续包含公文，包含的公文中又再包含公文，这样可以有很多层次，形成公文套公文、文书套文书的局面。遇到这些结构复杂的公文，关键是依照上面第二点所述，通过查找公文中那些固定用语，把每一份公文的发文者、它所得原始文书的发文者、文书类型、原始文书大致内容以及公文发文者意见等几个部分弄清。原始文书和公文发文者意见套公文的，按同样方法继续把所套下一层公文的各个部分弄清。因篇幅限制，下面举一份不大复杂的公文为例。

　　新集《兵部·驿站·铺马·铺马不载死人》
　　延祐七年十月　日江南行台准御史台咨："承奉中书省札付：'兵部呈：|准通政院关，蒙古文字译该：［延祐七年三月廿一日

方法篇

奏：「俺通政院众官人每商量来，薛禅皇帝时分，殁了的人铺马里不曾交将出去来，近间哈剌出人每，殁了呵，交铺马里将出去了，站赤百姓每生受有。如今，依先例，哈剌出人每殁了，铺马里不交将出去呵，怎生？」么道，奏呵，「那般者，各枝儿里、各衙门里交知道的文书行者，（么道——此二字系衍文，引者注）似在前，不拣是谁殁了，铺马里将出去的休奏者。」么道，圣旨了也，钦此。关请照验，钦依施行。〕准此，本部议得：上项通政院奏奉圣旨事理，拟合行移各衙门钦依施行，具呈照详。｝得此，都省除外，仰钦依施行。"

上述公文大意是：通政院向英宗皇帝（此公文如果记载时间不误，当时在位皇帝是英宗，仁宗已于延祐七年正月去世，英宗三月十一日即位）奏事，说有人利用驿站提供的便利运送死人，给站赤造成负担，建议按照世祖时规定加以禁止。英宗同意，并要求给各投下、各衙门去文宣布。通政院关请兵部按此圣旨施行，兵部呈请中书省给各衙门发文，中书省要求各衙门具体执行。整个公文是江南行台得到御史台咨文后发出的，御史台咨文则是它得到中书省札文后发出的，御史台和江南行台在自己发的公文中都没有阐述本部门的意见，只是传递了一下别的机构来文而已。公文中" "号内的是江南行台得到的御史台咨文内容；' '号内的是御史台得到的中书省札文内容；｛ ｝号内的是兵部给中书省的呈文内容；〔 〕号内的是通政院给兵部的关文的大致内容，关文原文用蒙古文写成；第一组「 」号内是通政院官员对英宗皇帝的奏事内容；第二组「 」号内则是英宗皇帝的旨令。

另外，还有一点，要读懂《元典章》，最好能懂些蒙古语，因为在公文中有时也会出现一些音译的蒙古语词汇，如果不知道它们的意思，就很难读下去了。比如：

前集卷38《兵部·捕猎·围猎·收拾石虎皮》
中书省："大德十一年十二月初六日特奉圣旨：'｛蛮子田地里似八儿思烈纳的皮子一般石虎儿皮子出有。｝么道。如今你提

18

调各处，行了文字，寻着呵，铺马里与将来者。'么道，圣旨了也，钦此。"

这段圣旨引文中，"八儿思""烈纳"都是蒙古语的音译，前者意思是虎，后者意思是斑纹。"石虎皮"是指表面似虎皮的观赏奇石。

第二章　审音与勘同之法[①]

一　审音与勘同方法概述

语言学对包括元朝史研究在内的民族史以及中外关系史等研究领域的促进，主要表现在三个方面。其一是提高了对某种文字材料本身的释读能力，以古汉语文献为例，除文字、训诂学外，音韵学有时也能起到独特的帮助释读的作用；对非汉语文献来说，了解该语言的演变过程，也一样能起到帮助解读这种文献材料的作用。

其二是探讨语言上同源的不同民族的不同演进方式和语言不同源民族间的相互影响，尤其是文化上的影响。语言是一个民族最重要的特征，对不同民族，特别是古代不同的民族，我们可以根据它们的语言谱系归属进行大致的划分，操同一语支甚或同一语族语言的古代不同民族，在某一个时期应该有或长或短的重叠历史。这一事实有助于研究操同一语族、语支语言的不同民族的不同历史进程，也有助于研究操不同语族和语系语言的不同民族间的相互关系，如果它们的关系存在的话。前者比如，鲜卑、契丹、蒙古操的是同一语族语言，它们早期应该有一段共同的历史。后者比如蒙古族先民迁到蒙古高原后，受到突厥文化的影响，不仅蒙古语词汇中融入了大量突厥语词汇，蒙古语中的 j 与突厥语中的 y 的密切对应也是比较明显的证据。比如突厥语 yam（来自汉语"驿"），蒙古语拼作 jam（汉译"站"）；突厥

[①] 本章内容原以《审音与勘同之法在蒙元史等研究领域内的运用》为题，初次发表于《中央民族大学学报》2006 年第 3 期。2009 年笔者对该文加以修改后以同题发表于范立舟、曹家齐主编《张其凡教授荣开六秩纪念文集》，上海人民出版社 2009 年版。收入本书的是《纪念文集》中的修改稿。

语 Yahud（来自波斯语或阿拉伯语，意思为"犹太人"），蒙古语作 Jahud（汉译"术忽"）；突厥语 yasaq（汉译"法令"），蒙古语作 jasaq（汉译"札撒"）。《史集》中说花剌子模讹答剌城守将，名 Yinalchuq（亦纳勒出黑），号海儿汗（Qayir Qan）；《元史》记此人名哈只儿只兰秃（Qajir Jinaltuq）。①

其三是利用历史语言学和比较语言学的成果，对某一文字史料中音译的名物制度方面的外来词汇在一定程度上还原出原形，从而得以与他种文字史料进行对勘比较，这就是审音与勘同之法。当一种文字记载外来的或异族的事物时，往往采用音译的方法，音译的词汇涉及很广，如人名、地名、族名、国名、物名、宗教名称、制度和风俗习惯的名称，等等。这些外来词在本来语言中的准确原意，翻译者或记录者可能知道，但他们觉得不便于用意译，有些词更是只能用音译。时间长了，这些外来音译词有的会进入该记录语言词汇中，如"站"字在汉语中原先的意思是"立"，后来用它音译蒙古语的 jam，从此有了"驿站"的意思，进而引申出"车站"的意思。"哥"字原意为"声"，即今"歌"字，后用以音译鲜卑语 agha（兄长），于是有了"兄长"之意；为了与原先的"声"意区别，另造一"歌"字表示原意。大部分的外来音译词还是很容易看出不是该语言的本来词汇的。如"胡同"显然不是汉语本来就有的词汇，大多学者认为来自蒙古语 qudum，"井"意。"忏悔"一词中的"忏"也不是汉语本来词汇，它来自梵语 ksama，又译作"忏摩"，"悔"意；"忏悔"一词的构成形式类似于"驿站"，只是"站"出自的蒙古语的突厥语来源 yam 本身也来自汉语"驿"。

这些外来音译词汇，不论是否融入记录它的语言，有一点是可以肯定的，就是随着时间的变化，该语言变化了，这些外来词的读音也

---

① 此例中，除以蒙古语 j 代替突厥语的 y 外，还以蒙古语语尾-tuq 代替突厥语语尾-chuq。参见冯承钧先生为《多桑蒙古史》汉译本写的序言（二），置于汉译本上册书前，商务印书馆 1936 年版。就突厥语语尾-chuq 在蒙古语中何以变为-tuq，香港学者何启龙博士不赞同冯氏意见，提出新解，参见其文《审音与勘同：〈世界征服者史〉Ghayïr ïnal čuq 与〈元史〉哈只儿只兰秃的再研究》，载刘迎胜主编《元史及民族与边疆研究集刊》第 20 辑，上海古籍出版社 2008 年版。

方法篇

同起初不一样了；这时即使拿它的原文过来，有时也不一定能辨别出来。对这些外来词，如果不深究，也就算了，因为至少对它们大概所指一般还是能够知道的，实际上如果连这一点也不知道，审音与勘同方法也是派不上用场的；有时甚至还是能够知道它们的大致或者准确意思的。但是如果能够构拟出这些音译词当初出现时的读音，而且又知道当时音译的规律，对照其他文字史料，我们就有可能找出或探出它的原形，这对我们的研究将起很大的促进作用。

第一，有可能知道该词更准确的本意。以汉语为例，一些外来文化词汇，既然用了音译，就表示在汉语里没有合适的词汇对应，对它的解释可能也很难到位。知道了它的原形，在它原来的语言中可能有更准确的解释。民国年间一位著名学者说中国史书中有 30% 的地方他看不懂，这看不懂的 30% 很多就是因为不懂外来词原意而看不懂的。①

第二，同一来源的人名、地名等名物制度，往往在多种文字史料中出现，特别是东方民族，除汉人外，古代波斯人、阿拉伯人、吐蕃人以及突厥语诸族等都有记载历史的传统，他们不仅记载本民族的历史，也记载所了解的周边民族的历史。同一来源的名物制度，在不同文字的史料中记载有详有略，如中国古书记载内陆亚洲时是愈东愈详，而域外史料则愈西愈详。知道了不同文字记载的形式不同词汇其实所指都一样时，我们就可以用不同文字史料互相补充；不同文字的文献记载有时还有出入，正好可以互相比勘。

第三，各种史料在传抄过程中都有可能出现讹误，如果单从某一种文字的史料本身校勘，有时无论怎样花工夫，问题都不一定能得到解决。但是如果以这些名物制度为切入点，同别的文字史料进行比对，就有可能订正讹误。这一点在运用穆斯林史料时特别明显，因为波斯、阿拉伯字母写法中，基座形式较少，通过在基座的不同部位加不同数目的音点来表示不同的字母，在传抄中很容易出现疏忽导致错误。伯希和（P. Pelliot）前的不少学者，就因为不懂不同文字史料间

---

① 刘迎胜：《纪念韩儒林师》，载陈得芝等编《朔漠情思——历史学家韩儒林》，南京大学出版社 2000 年版。刘师文中提到的这位民国著名学者，据说是邓之诚先生。

的比勘而未能校出穆斯林史料中的许多讹误,洪钧将他们的成果译介过来,他本人和其后许多学者也不懂利用不同文字史料进行校勘,致使以讹传讹。

第四,审音与勘同之法反过来也有助于汉语音韵学和其他语言演变历史的研究。唐玄奘用"乌仗那"音译梵文 Udyāna(地名),说明唐初"仗"字读音正处于由端系向知系转化过程中,所以有鄂化现象。蒙古语 jam,元代译为"站",蒙古语 jamchi,元代译为"站赤";明朝初年成书的汉文《元朝秘史》译 jamchi 为"札木臣",显示到明代初年,汉语的-m 收声大多已经消失,需要用声母为 m 的字来音写他族语言中的 m 音。再比如,通过对元和明初汉语中大量蒙古语音译词汇的读音构拟,加上结合《史集》、八思巴字材料等多种文字史料的相关分析,可以很明显地看到喉塞音在中古蒙古语时期正处于逐渐消失的阶段。像汉语古无轻唇音、古无舌上音等的论断,我们可以从对外来词的音译用字中找到大量的例证。如玄奘用"梵衍那"、慧超用"犯引"译写梵文 Bāmiyana(地名,今译"巴米扬"),说明直到玄奘、慧超时代轻唇音还没有从重唇音中分化出来。

通过构拟某一文字史料中转写或音译的外来专有词汇的起初读音,求得其原来形态,进而对此进行对勘比较,以此作为历史研究,特别是内陆亚洲史研究重要辅助手段的方法,是随着 19 世纪欧洲语言学领域的巨大发展而逐渐形成的,在 19 世纪后期和 20 世纪初期的欧洲东方学界获得青睐,特别是伯希和用这种方法解决了内陆亚洲史上许多疑难问题。20 世纪初,这种方法传到中国,但到 30 年代才有学者真正掌握并使用它来解决自己研究领域内的难点。[1] 专门对这种方法本身的阐述,国内外学者们则做得很少。冯承钧先生在《多桑蒙古史·译序(二)》一文中对它作了初步的归纳,这应该是汉语学界的开山之作。此后直到 1978 年,才有著名元史学者韩儒林先生的《关于西北民族史中的审音与勘同》一文问世,[2] 该文对这一方法作了科学的总结,

---

[1] 黄时鉴:《东西交流史论稿·序言》,载氏著《东西交流史论稿》书前,上海古籍出版社 1998 年版。

[2] 此文原载《南京大学学报》1978 年第 3 期,后收入氏著《穹庐集》,上海人民出版社 1982 年版。

方法篇

"审音与勘同"之名也最先由韩先生在该文中正式提出。此后,黄时鉴先生在《东西交流史论稿·序言》、刘迎胜师在《纪念韩儒林师》中都对这一方法有所提及;周良霄先生在《元代史·序言》中则具体地谈了些元代和明朝初期汉语音译蒙古语的一些规则。①

韩先生的文章以西北民族史研究为例,指出要做好审音与勘同工作,必须具备三个条件。这里对韩先生所说的三个条件略加解释。第一,要懂得音译词所在语言的发展规律,像我们一般用汉文史料,就必须知道音韵学知识,能够构拟音译字词的当时读音,不能以今训古,用现在的读音分析这些字、词。第二,要知道其他相关语言的发展规律,也就是别的语言的音韵学,懂得被音译的原词当时的读音,也一样不能用今天的读音来读这些词。词汇来自蒙古语的,就必须知道蒙古语的发展规律,如元音和谐律、如前面提到的中古蒙古语中正在消失的喉塞音等。第三,要知道当时的音译规则,汉字音素绝大多数情况下不会和被翻译的原词读音因素一一对应,因此必须了解当时音译的人用汉字的什么因素对应外来语的什么因素,哪些音什么情况下是不译的,等等,只有这样才能将音译词和它原来的形态对应起来。三个条件中,前两个是基础,第三个则是关键。

笔者下面主要在韩先生文章的基础上,吸收冯承钧先生等前辈的成果,并参考在南京大学聆听陈得芝师、姚大力师课堂讲授的内容,对运用汉文史料进行元史、民族史等领域研究时利用审音与勘同方法需要了解的汉语音译规则和利用这一方法需要注意的事项作一番阐述。

二 汉语音译主要规则

就审音与勘同方法来说,汉语音素的辅音比元音更为重要。因为元音变化太细微,稍有差别即成另类,用汉字音译外来词时不可能如此精确。实际上,就汉字来说,韵书上虽然分类细密,但有些不同的韵,彼此间的实际音值差别并不很大,还有些韵,在韵书写成时的实

---

① 此序言载周良霄、顾菊英《元代史》书前,上海人民出版社1993年版。

际发音，一般人可能就已经区别不出来了。段玉裁谓若能知支、之、微三韵音差死而无憾，就是一例。唐代普通人也已经不大能分别鱼、虞二韵。汉语音译外来词时，主要重视辅音的对应，包括对应外来词中作为音节起首的辅音和作为音节收声的尾辅音，这是汉语音译外来词的基本原则。

很长时期，古代汉语有以-k、-t、-p收声的入声字和以-m、-n、-ng收声的阳声字，这些字的声母和收声两部分很多都是辅音，因而也就大量用来翻译外来名词。"寻思干"译Semskand（地名，今译"撒马尔罕"），"寻"字侵韵，以-m收声，对应原词中"sem"部分。① -m收声的字有时也用来译外来词以-b收声的音节，因为m、b的发音部位很接近。如"钦察"译Qibchaq（部落名），"钦"字侵韵，以-m收声，译写原词的"qib"部分。

以-k收声的入声字经常用来译外来词中的-k、-g、-q、-gh收声。"药叉"译梵文yaksa（一种怪兽），"药"字药韵，以-k收声，译"yak"部分；该词中古时期又译作"夜乞叉"，"夜"非入声字，只能对应原词中的"ya"部分，故另用一"乞"字来表示原词中的k音。② "独乐"译Toghla（河名，今译"土拉"），"独"字屋韵，以-k收声，对应"togh"部分。③

以-t收声的入声字经常用来译外来词中的-t、-d收声。"设"译Shad（突厥官名），"设"字月韵，以-t收声。在日母字r化以前，-t收声的入声字还常用来译外来词中的-r、-l收声音。例如，"啜"译Chur（突厥官名），"啜"字月韵，以-t收声。"阙特勤"译Kül Tigin（突厥人名），"阙"月韵，以-t收声，对应"kül"部分。

相比较，用-t收声的字译写-r收声的情况比译写-l收声的情况为多，因为-l收声音节也常用以-n音收声的阳生字译写。"燕帖木儿"译El Temür（元蒙古人名），"燕"字先韵，以-n收声，对应"el"

---

① "寻思干"一词中，"思"字为阴生字，对应原词中"s"部分，着重辅音对应；"干"也为阴声字，原词"kand"部分，音节尾辅音"d"弱读，刚好和"干"音相配。

② "乞"字阴声，声母和原词中"k"相近，故用它来译原词中的"k"，着重辅音对应。

③ 原词中"la"部分何以用入声字"乐"对应，下文有说明。

25

方法篇

部分。"完者都"译写 Ülteitü（元成宗皇帝蒙古语谥号），"完"字桓韵，以-n 收声，对应其中的"ül"。"算端"译 Sultan（阿拉伯、波斯文，统治者称号，今译"苏丹"），"算"字元韵，以-n 收声，对应"sul"部分。"宴只吉带"译 Ilchikedei（元蒙古人名），"宴"字元韵或谏韵，以-n 收声，对应"il"部分。"亦思宽"译 Is Kül（湖名，今译"伊塞克"），"宽"字元韵，以-n 收声，对应"kül"。另外，-t 收声的入声字偶尔还用来音译外来词中的-s、-z 收声音节。如"结骨"译 Kirkis（部族名，又译"黠戛斯"等），"结"字质韵，以-t 收声，译原词中"kir"部分；"骨"字，物韵，以-t 收声，译原词中"kis"部分。

以-p 收声的入声字经常用来译写外来词中的-b、-p 收声。"叶护"译 Yabqu（突厥官名），"叶"字叶韵，以-p 收声，对应"yab"部分。"合"译 Alp（突厥官名），"合"字合韵，以-p 收声。

入声字、阳声字由于音节起首音和收声音两部分经常都是辅音，因而广泛用于翻译外来词，着重汉字和外来词音节的辅音对应或辅音读音相近，这是入声字、阳声字译写外来词的基本规律。另外，以下几种变通情况也是常见的。

第一，当外来词音节尾辅音无法找到尾辅音相近的汉字音译时，往往用一个声母与该尾辅音相近的字——多数情况下用阴声字，用入声字的情形也不少——来音译该尾辅音，取用该字时，主要考虑它的声母，韵母部分则略去。[①] 这种情况下，有时还会重复该尾辅音，以与前面音素构成音节，用相近的汉字入声字或阳生字音译。由于这一尾辅音已经通过音译汉字的声母着重体现出来，[②] 这时用入声字、阳

[①] 当汉语入声字和-m 收声阳声字大量消失后，用阴声字来译写外来词中的音节尾辅音，着重阴声字的声母和其对应这种情况就更普遍了。也就是说，汉语入声字和-m 收声阳声字消失后，译写外来词中带辅音收声的音节，往往是把外来词的这个音节分成两部分，前一部分成为元音收尾，后一部分是单独的一个辅音，两部分都用阴声字来译。前一部分音译时在考虑辅音对应的同时也适当考虑元音对应；后一部分则主要考虑辅音对应，所以元音发音不大显著的中元音字会被大量使用。

[②] 入声汉字的尾辅音相对声母辅音来说是弱读的，所以，译写外来词的这种单辅音时，用入声字表现未尝不可。入声字声母已经突出了原词中的辅音读音，入声字的收声辅音是不大会影响该词的听觉效果的。

26

声字近似音译原来的音节，入声字、阳声字的弱读辅音收声是不会影响原词尾辅音的准确表达的。另外，当外来词的某个音节尾辅音非弱读时，为了突出这个非弱读的尾辅音，也经常用声母与此辅音相近的汉字来译写，或用阴声字，或用入声字。①例如，Itmish（突厥文，意为"建立"，用作名号）一词，前一音节"it"，固然可以用一-t 收声的入声字来翻译，但为了强调这两个音，②时人还是将它们分别音译了出来。零声母的阴声字"翳"对应起首的"i"，"德"字对应"t"。"德"为入声字，端母职韵，以-k 收声，声母与原词中 t 音相近，故用来译这一未弱读的尾辅音，主要取"德"字的声母，其韵母中的元音和结尾的-k 收声都不大会影响声母的发音，也就不至于影响原词尾辅音-t 的准确表达。又，Itmish 中后一音节 mish 以-sh 收声，汉字中没有与它相近的尾辅音。将 sh 重复，构成 mishsh，用以-t 收声的"密"字译前面的"mish"，-t 音发音部位与-sh 发音部位相近；再用"施"字译后面的"sh"，"施"字为阴声字，其声母与 sh 音相近。由于原词中第二音节的尾辅音 sh 已经用"施"字的声母表达了出来，所以前面的"密"字，虽然有辅音收声，但这个弱读的辅音收声是不会影响"sh"音的准确表达的，再说，"密"的-t 收声音本来就和"sh"音相近。所以 Itmish 一词中古就译作了"翳德密施"。再比如，"突厥"一词，一般认为音译的是 Türküt，但这一 Türküt 形式尚未在突厥文字材料中发现。其实认为"突厥"一词音译 Türk 也是解释得通的。"突"字，定母物韵，以-t 收声，音译"tür"部分；"厥"为入声字，见母月韵，以-t 收声，声母与 k 音近，取其声母，略去韵母，对应原词中"k"部分。前面提到，音译以-l 收声的外来词，在日母字 r 化前，多用以-t 收声的入声字或以-n 收声的阳生字音译，但在元代，当外来词-l 收声后紧跟 g 时，音译时基本上都用声母近 l 音的来母字译写此-l 收声音。如"别里哥"译 Belge（蒙古语，意为"证件"）。前一音节 bel，重复 l 成 bell，"别"字月韵，以-t 收

---

① 前面例子中，"寻思干"中的"思"字、"夜乞叉"中的"乞"字的选择就是这方面的例证。

② 中古外来词的起首元音经常是不被音译的，该词第一音节的两个音，包括起首的元音，都突出地音译了，反过来可以推测原词中起首的两个音都不弱读。

27

方法篇

声,对应其中的"bel"部分;"里"为中元音的阴声字,取其声母,译后面的"l"。《金史·粘割韩奴传》用"移习览"译 Islam(今译"伊斯兰"),遵循的也是这一条规则,入声字"习"略去其韵母,译原词中的第一音节非弱读的"s"。

第二,当外来词有以弱读元音收尾的音节时,也时常用入声字音译这一音节,此时同前面规则类似,着重其声母,适当考虑主元音,韵尾则略去。[①] 如前面提到的"独乐"译 Toghla,"乐"字来母药韵,以-k 收声,略去其韵尾,音译原词中"la"部分。"逻些"译藏文 Lahsa(地名,今译"拉萨"),"些"字以-t 收声,这里去其韵尾,对应原词中"hsa"部分。也同前面一规则类似,这种情形下,有时也会重复该音节起首的声母,以与前面音素相拼成新音节,汉字用入声字或阳生字音译这一新造音节。原词中该音节的声母和弱读元音都已经表达,这个声母再重复,和前面因素构成新音节,翻译新音节的汉字的弱读收声辅音是不会影响原词当中那个弱读元音收尾音节的起首辅音的准确表达的;再说,这个汉字的收声辅音往往和原词的那个弱读元音收尾音节的起首辅音一致,两个同样(或相近)辅音连读,听起来和一个辅音没有多大区别。如"室点密"译 Istami(或 Istemi,突厥人名),重复最后音节起首的 m,与前面音素 ta(或 te)成 tam(或 tem),用"点"字音译,"点"为阳声字,以-m 收声;最后的"mi"用-t 收声的"密"字对应,但略去韵尾。[②] 用阴声字音译弱读元音收尾音节时,古人也常常会重复原词中该音节的起首辅音,以和前面因素构成新音节,再用入声字或阳声字音译这一新造音节。如"屈支"译梵文 Küci(地名,又译"龟兹"),重复原词中"c"成 Kücci,"屈"字物韵,-t 收声,译"küc"部分,以-t 收声的入声字音译外来词中的-c 收声也不多见;阴生字"支"则音译"ci"部分。

[①] 对于外来词中弱读元音收尾的音节,用阴声字音译自然比用入声字音译准确,不过,由于入声字收声辅音常常弱读,所以在有入声字时候,古人也喜欢用入声字音译。当入声字消失后,这种情况下基本上都用阴声字来翻译了。

[②] Istami(或 Istemi)起首元音弱读,音译时就不再译出该音,主要考虑第一音节尾辅音"s",根据上文所说第一种变通情况,只要找一个声母同此音相近的汉字,不论阴声字还是入声字均可;但是考虑到下文提及的第三种变通情况,古人还是选择了一个入声字"室"来音译此音,见下文。

第三，当前面音节尾辅音与后面音节首辅音相连时，还经常重复后音节首辅音，将此重复的首辅音与前面的尾辅音相连成一不带元音的新音素组合，选择入声字译写这一因素组合，取用入声字时略去它的韵腹。和前面类似，重复的辅音是不会影响原来辅音的准确表达的。如前面说到的"室点密"译 Istami（或 Istemi），原词中第一音节尾辅音 s 和第二音节首辅音 t 相连，重复 t，与前面 s 相连，形成 st，用"室"字音译之，略去"室"字的韵腹和"st"对应。再如"拔塞干"译 Barskent（西突厥部落名），原词中 s、k 相连，重复 k，成 Barskkent，"拔"字月韵，以-t 收声，音译其中的"bar"；"塞"字职韵，以-k 收声，略去其韵腹，译原词中新成的音素组合"sk"；原词最后的"kent"部分用"干"字音译，原词最后-t 收声音弱读，音译时不再表达。

从上面的常规和变通规则中可以看出，汉语音译外来词时，对发音部位相近的辅音因素有时是不大区别的。如-t 收声的入声字可以译写-t、-d、-r、-l、-s、-z、-c 等收声的音节，显然，这同汉语入声字收声辅音因素较少有关。实际上，对外来词音节起首辅音选择汉字音译时，很多情况下也不是严格找声母发音完全相同或几乎相同的字的，只要发音部位相近，都是可以用来译写外来词的。

首先是清浊音基本不区分，如突厥蒙古词 Tarqan（意为"自在"，用作官号或称号），有"塔寒""达干""答剌罕"等译法，对原词起首音选择音译汉字时不区分 t 和 d 音。其次是 b、m 音经常互用。前面提及，外来词-b 收声音节有时用-m 收声的阳生字音译。外来词起首为 b 的音节有时也用声母音与 m 音相近的明母字音译。如"没密施"译 Bulmish（突厥文，意为"产生"，用作名号），"没"明母没韵，声母对应原词中的"b"，韵尾对应原词中的"l"。"莫贺弗"译 Baghatur（突厥蒙古文，意为"勇士"，元代译为"把阿秃儿"，多用作人名），音译该词时，重复原文的 gh，成 Baghghatur；"莫"字明母铎韵，声母对应起首的"b"，韵尾对应其中的前一"gh"。再如，唐代用"梅录"译 Buiruq（突厥官名）；金元时期，《圣武亲征录》则译为"杯禄"，《元史·太祖本纪》译为"卜欲鲁"。再次是喉音字与牙音字经常互用。王国维先生认为"鬼方""昆夷""混夷"对应的

方法篇

原词同一，音韵上的证据就是"鬼""昆""混"三字声母或为喉音，或为牙音。① 梵文 Gaṅgā（河名），多译成"恒河"，玄奘译为"殑伽"自然更为准确，但"恒"字声母与原词起首的 g 也只是喉音与牙音的区别，用"恒"字译原词也是贴切的。

除了以上一般的规则和也是普遍使用的变通规则外，就具体针对某一语言名物制度的音译还有些特殊的体例。比如对中古蒙古语起首的 h，一般不译，用"云都赤"译 Hüldüchi（怯薛殿前带刀者），起首的 h 音未译。有时也译出来。蒙古泰赤乌部首领 Hambaghai，既译作"俺巴孩"，又译作"咸补海"。成吉思汗的母亲 Hö'elün，既译作"月伦"，又译作"诃额仑"。又蒙古语音节末尾的 -n 音，汉语音译时或译或省。Alchin（人名），或译作"按陈"，或译作"阿勒赤"。Qashin（人名），或译作"合失""河西"，或译作"合申"。另外，大约 12 世纪起，日母字逐渐 r 化，人们开始用而、尔、儿等字译写外来词中的 r 音和 l 音，但是用 r 化的日母字译写 l 音仍然是相当晚的事。元代用儿、尔、而等字译写 r 音的较常见，但 l 音基本上仍然用以 -n 收声的阳生字（多见）或以 -t 收声的入声字（少见）或"勒""里"等来母字（多见）译之。所以，不少人用"伊儿汗国"译写 Il Ulus 是不妥的，应当改作"伊利汗国"。

元音因素方面，对审音与勘同方法本身来说，最值得注意的是中古时期汉语歌、戈二韵部的字的音值仍与上古相同，主元音仍为 a，与今天读音大不一样。所以，像"波""多""哥""婆""罗""拖""驮""荷""贺""娥"等字，中古时期主元音都是 a。因而，中古时期，外来词 ta 音节多译作"多"；la 音节多译作"罗""逻"；pa 音节多译作"婆""波"。前面所举例证"莫贺弗"译 Baghatur，"贺"字译其中"gha"部分。另外，对起首为元音的外来词，起首元音如果弱读，就经常不译，尤其当起首元音为 i 时更是经常省略。如前面提到的"室点密"译 Istami 或 Istemi，原词起首的 i 音省略。前面说到"哥"译 agha，起首元音 a 省略，"哥"中古时期见母歌韵，声母与 gh 近，韵母与 a 近，所以用"哥"音译 agha 很是准确。

---

① 王国维：《鬼方昆夷猃狁考》，载氏著《观堂集林》卷 13，中华书局 2004 年版。

另外，蒙古语译写其他语言的名词时，由于难以发出其他语言中起首的 r 音，往往把 r 音后面的元音在 r 前重复，这种转写再译成汉语时，往往就会在原先的读音上多出一元音音译字。如蒙古语转写 Ros 成 Oros，汉语用"斡罗斯""俄罗斯"音译。元代宁宗皇帝藏文名 Rinchinpal，蒙古文转写成 Irinchinpal，音译成汉语为"懿璘质班"。另一方面，汉语译外来语时，又常常将外来语中 r 前面的元音在 r 后重复以音译之。如前面提到的"答剌罕"译 Darqan，音译时是将原词变为 Daraqan 后再音译的。"秃鲁花"译 Turqaq（蒙古怯薛散班），"火鲁赤"译 Qorchi（蒙古怯薛佩带弓箭者），"哈剌鲁"译 Qarluq（部落名），情形类似。古人音译外来词时还有阴阳对转现象，前面提到的王国维先生《鬼方》文认为"鬼""昆"两字音译的是同一原词，只是"鬼"为阴生字，"昆"为阳声字。

三 运用审音与勘同方法的注意事项

数代学人用审音与勘同方法解决了不少元史、民族史、中外关系史等领域内的问题，今后应该还会帮助学者解决更多的名物制度考证方面的问题，但是，在运用这一方法时必须注意以下几点。

第一，如前面所述，语言是不断变化的，对名物制度词汇审音时不能以今训古。这不仅是指不能用今天的汉语音读汉语音译词，也不能用今天的民族语言或其他语种语言读音读被音译的词汇原词，必须依赖它们当初的读音。

第二，对音译用汉字的古音构拟，不能完全依赖韵书。翻译工作是具体的某一个人或某一些人做的，他们选择汉字时依据的是他们对这些字的读音，有时就是他们所使用的方言的读音，这些读音很多情况下跟韵书不吻合。因此，构拟古音，必须按照音译者使用的古代语言，如按照他的方言进行构拟，而不能照搬韵书。同样，对于被译的原词，也必须按照音译者所听到的音进行分析，而不能根据某种标准音进行对勘。

第三，进行对勘，必须要找到原文的书写形式，而且要在文意上和史料中找到可以勘同的确凿依据。如果找不到原文的书写形式，对该音译词的原文只能做到猜测地步,谈不上勘同。但是,如果在原文中找到某个词,与音译词汇在音读上可以勘同,也不能就此证明原文该词就是音译词汇的本来形式。原因很简单,人类语言中基本音节的数目有限,而大多数语言中专有名词的音节数目又比较少,大多在三个以内,因此在被音译词所在的语言中找语音同音译词相近的专有名词,并不是一件很难的事情,有时还能找出很多,但这些专有名词和音译词不一定有什么关系。其实就是在任何两种不同语言中,要找读音相同的专有名词或一般词汇,只要不管它们的意思是否有关联,也都会找出很多。因此,要将音译词和原词对应,除了读音吻合外,还必须从文意上和史料中找到确凿依据,而且文意和史料证据比读音更重要,否则太容易出错。中华书局版《中国北方诸族的源流》中,大量运用审音与勘同之法,但只注意对音(大多是以今训古式的对音),基本不考虑文意和史料证据,因而出现了许多错误。①

第四,在审音与勘同过程中,必须弄清楚音译时被译的原词来自哪种语言,不能简单地直接到该词最早出自的语言文字史料中去找原词,要考虑到中间可能经过诸多的转译。中国历史上对印度的称呼,有"印度""身毒""天竺""忻都"等,它们来自不同的语言,要分别对勘它们的原来形式,就必须到不同的语言文字中去找,而不能都从梵文、梵语里去找。汉文"蒙古"一词,音译的也不是蒙古语,而是女真语,如果想当然地从蒙古文中找对应的读音吻合的原词,那会失败。内陆亚洲,语言复杂,各种语言又都有诸多方言,从某一语言中出来的词,经过中间多种语言、方言的传递,到最后用某种语言文字音译时可能已经同原先的读音差别很大了。汉语"拂菻"如何同 Rom(今译"罗马")对应,之所以让欧洲东方学家猜谜似地研究了近 200 年,就是因为中间经过了多次的转译。②

第五,审音与勘同方法只能作为历史研究的辅助手段。大量的实例可以证明古人音译外来词时一般是比较严格地遵守翻译规则的,但

---

① 参见姚大力书评《探新应当有坚实的依据》,载《九州学林》创刊号,复旦大学出版社 2003 年版。
② 参见韩儒林《关于"拂菻"》,载南京大学元史研究室编《韩儒林文集》,江苏古籍出版社 1988 年版。

是随意用字的情形也屡见不鲜。因此，不仅当一个音译词与外来词对音一致时需要谨慎，以确定是不是该词；当一个音译词与外来词对音不一致时也不表示一定不是该词，同样需要文献资料的确证。所以，不管是用审音与勘同方法来正面证明一个结论，还是从反面来否定一个结论，都不可迷信它的有效性。相对而言，用这种方法来否定一项结论时，功能显著一些；而用它来证明一项结论时，则是必须慎之又慎的。

第三章 宏观认识与相关理论

一 民族关系史中华夏文化的定位[①]

尽管社会上仍有不少人有意或无意地把汉文化等同于中国文化的全部，所以有诸如"炎黄子孙""春节是中华民族的传统节日"之类不严谨的说法，[②] 在学术界则基本上不会有这样的误识。不过，就民族关系史中汉文化或华夏文化的定位问题，似乎还有些值得深入探讨的地方，本文就是笔者在研究和教学相关内容时的一些心得，写出来请读者指正。

（一）

华夏族群的认同，大约是从西周、春秋时开始的。之前夏、商、周三代先后入主中原，这样的历史似乎有可能会重演，如南方的楚就有咄咄逼人的北上取代周王朝之势，其他地区的"蛮""夷"对周的地位也形成了一定的威胁。与此同时，北方中原地区的民众也在礼仪、习俗、价值观念等方面逐渐趋同，一些诸侯国君和其谋士们遂以这些文化为号召力，进行结盟，举起尊王攘夷的大旗。尊王是否属实，周天子是否赞同他们的结盟，不是这里要探讨的问题，攘夷的结果则出现了"华夷之辨"[③]。《礼记·王制》云："中国戎狄五方之民，

[①] 本节内容原载《黑龙江民族丛刊》2004年第2期。
[②] 参见麻阳《对于"民族融合"话语环境的反思》，《战略与管理》2002年第5期。
[③] 以上内容系南京大学颜世安教授上课时所讲，但叙述中出现的任何问题仍由本文作者负责。

皆有性也，不可推移。东方曰夷，被发文身，有不火食者矣。南方曰蛮，雕题交趾，有不火食者矣。西方曰戎，被发衣皮，有不粒食者矣。北方曰狄，衣羽毛穴居，有不粒食者矣。中国、夷、蛮、戎、狄，皆有安居、和味、宜服、利用、备器。"这段引文中，尽管按地域将华夏同其他几个民族集团区分了开来，但更强调的其实是"安居、和味、宜服、利用、备器"等方面的内容；也就是说，华夏族认同的依据是一种长期以来形成的文化而不是人种、血缘和分布地域。

华夏认同产生后，"不可推移"的只是华、夷族群分别的标准而不是其成员之间的界限。古人的民族理念认为，蛮、夷如果接受华夏文化，便不再是蛮、夷而成了华夏，这就是他们宣扬的"用夏变夷"。东夷的大部，南方的楚、吴和百越的大部以及西方的秦后来都走上这条认同华夏文化而加入华夏行列的路子。同样，如果华夏中人不遵守自己的文化，认同非华夏的文化，也就不再被认为是华夏成员。《史记·匈奴列传》中提到的西汉中行说，他劝说匈奴单于不要沾染华风，以保持匈奴部族的强盛来与汉朝抗衡，当时人就把他看作了汉奸式的人物。由于华夏文化一向自诩高于周围与之共存的文化，这般反其道行之的例子其实并不多见。

台湾学者王明珂先生对华夏认同以文化为依据的传统看法提出质疑。他认为族群的认同是"在一个特定的政治经济环境之中，人们以共同的自我称号及族源历史，来强调内部的一体性与设定族群边界来排除他人，并在主观上强调某些体质、语言、宗教或文化特征"的过程。[①] 笔者以为，王先生的观点与传统看法并不矛盾，主观上能够强调一些文化特征正说明它们在族群内部确实存在；它们与族群外的文化差异可能不如传统观点强调的那样明显，但结合王先生所说的政治经济环境等其他因素，像华夏这样文化特征极其明显的族群，还是能够以文化为主要依据，将自身与其他族群区别开来。王先生强调的政治经济环境等因素则给我们以启示，就是所谓的"用夏变夷"并不是无止境的。正如王先生著作中所说，华夏族群有一个疆界，大约成

---

① 王明珂：《华夏边缘——历史记忆与族群认同》，台北允晨文化公司1997年版，第77页。

方法篇

型于两汉时期,"北方草原、西方高原以及南方与西南的边远山区成了汉代中国人(汉人——引者注)的最后边缘"①。

从华夏认同的产生和依据可知,在古代,华夏文化就只把自己定位于中国疆域内各种文化中的一种,尽管自负为最发达且普世适应,但并不刻意追求边缘外的族群华夏化。随着时间的推移,交通条件的改善,汉代属于华夏边缘的"南方与西南的边远山区"会渐渐进入华夏文化的圈内;但文化差异甚大的族群,如游牧民族、伊斯兰文化接受者、藏传佛教影响族群等要纳入华夏的范围仍然比较困难,尽管华夏文化的主体儒家文化具有极大的包容性和适应性。另外,由于华夏文化的限制性,近现代以来,有识者提出"中华民族认同"这样的话语。如果思考当今提倡的中华民族认同的文化根基是否存在问题的话,可以发现,"勤劳""勇敢"之类的语词并不能作为一个族群的文化特征,国籍、主权之类带有功利性质的依据也不能取代族群认同中文化基础的职能。

(二)

相对于华夏文化来说,中国历史上其他文化大多处于弱势地位。这些弱势文化的载体,有很多没有自己的文字,即便有本民族文字文献流传,相对于汗牛充栋的汉文献而言也处于弱势地位。对这些弱势文化的理解和研究,很大程度上依赖汉文文献,不少情况下还是唯一的途径;但是,汉文文献的记载是否可靠呢?

一段时间以来,笔者比较多地关注元代政治制度的探讨。元史学界传统意见认为由蒙古贵族建立的元王朝的政治体制,特别是忽必烈即位以后的政治制度,很大程度上纳入了汉式的君主官僚制形式之中,只是保留了一些游牧政治制度的残余,但影响已经不是很大。实际上,元代一些相当重要的政治操作并不能用中原王朝的体系来解释。比如元代的宰相没有稳定的决策权,诚然,其他汉式朝代,最终的决策权都操于君主之手,但宰相拥有制度化的议政和辅助决策权,而元代的宰相则不具备这样的权限。再如,元代中枢官制中的特殊组

---

① 王明珂:《华夏边缘——历史记忆与族群认同》,台北允晨文化公司1997年版,第316—317页。

织怯薛，经常有所谓"干预"朝政的行为，当时人就认为这种行为类似于历史上的内侍系统混乱朝政；其实，元代的怯薛和中原王朝的内侍系统差别甚大，怯薛预政并不是非常行为，而是一种合法形式。① 其他不能用汉式官僚机制运作方式来解释的地方还有不少。

元代政制"汉化"是大量汉文文献给我们的印象，但是，这里面有两点以往学者注意得比较少。其一，当时的汉人并不太了解异己的蒙古草原游牧政治制度，他们将草原制度来比附中原王朝政治制度，这一点在忽必烈即位前的大蒙古国时期特别明显，如作为文书官的必阇赤被比附为中书令或中书左右丞相，实际上蒙古汗廷并没有中书省这样的机构。忽必烈继位后，类似的比附继续发生。其二，当时的汉臣很希望"用夏变夷"，以忽必烈为代表的蒙古贵族为实行稳定的统治也确实做了些"行汉法"的举措，如官僚体系内大多官名和中原王朝的相同；地位低落的汉臣对理想和现实状态的区分似乎又做得不够完备，因此在他们的笔下，忽必烈的"行汉法"被无意或者有意地拔高。总的来说，元代的政制尽管形式上类似传统中原王朝的政治体制，但它的核心精神应该还是草原式政治制度的。

由于流传下来的元代蒙古文文献很少，有关政治制度方面的更少，笔者没能找到直接的证据证明汉文对这一时期政制的描述与蒙古文的描述有偏差。但是一些旁证可以说明这个问题。有一块汉蒙文合璧碑，蒙文是从汉文翻译过去的。汉文中"大元"国号在蒙文中表述为"大元大蒙古国"或"又称作大元的大蒙古国"，也就是说，被汉人很看重的忽必烈"改国号"一事在蒙古人中可能并没有太大影响，他们依然使用原来的"大蒙古国"国号；汉文中"元勋世臣"对应的蒙文意思是世袭奴婢，这反映了他们的君臣关系定位大大不同于汉人。② 此外，在《元典章》和其他一些保留了蒙文语法和一定蒙语词汇的汉文硬译公牍文书中也能发现不少证据，说明汉人和蒙古人

---

① 对元代宰相和怯薛的具体分析，参见拙文《论元代中书省的本质》，《西北民族研究》2003年第3期；《元代怯薛新论》，《南京大学学报》2003年第2期。
② 美国著名元史学者F. W. Cleaves对这块碑的碑文作了释读，参见其文"The Sino-Mongolian Inscription of 1362 in Memory of Prince Hindu", *Harvard Journal of Asiatic Studies*, Vol. 12, 1949。

方法篇

在许多地方，对同一对象有不同的理解。

笔者认为，在表达和解读弱势文化时，有着话语霸权的华夏文化载体往往会以自己的文化体系为本位来看待它们，从而经常出现以下三种情况：第一，对弱势文化鄙夷或不屑一顾，历代正史书中都有对他族"奇风异俗"的歧视性描述；第二，将弱势文化和强势文化比附，当弱势文化在政治上取得优势，汉人文臣不能再鄙夷他们时，这样的情形更容易发生；第三，因为过于期望以自己的强势文化征服或改造弱势文化而对弱势文化的演变程度作出不太准确的判断。因此，强势文化表达和解读出来的弱势文化，可能只是强势文化载体所理解的弱势文化而不是弱势文化本身。当我们依赖汉文文献研究中国历史上的弱势文化时，就要对这些汉文文献有所警惕了。接踵而来的难题是：汉文文献表达和解读时的误差到底有多大？我们用什么办法来尽量减少强势文化话语霸权的影响，从而较为准确地把握弱势文化的真实？这些难题是每一位民族史学者都必须考虑的。

（三）

古代南方少数民族因为地理环境和其他因素的影响，一般只形成分散的、实力有限的地域性集团，很少对中国历史的全局发生影响。北方民族，尤其是大漠南北的游牧民族则常常形成实力强大的政权，对中原地区形成一定的威胁，有时它们还作为统治民族入主汉地，建立地方性或全国性的王朝。

美国学者魏特夫（K. A. Wittfogel）在他与中国学者冯家昇先生合著的《中国社会史：辽代（907—1125）》一书的总论中将这些北方民族在汉地建立的王朝以公元10世纪上半叶为时代界限，分为两类。于此之前的王朝，如十六国、北魏以及五代中的后唐、后晋、后汉等，它们的建立者在入主中原以前多经历过一段较长时间的向汉地渗透的过程。初始以雇佣军的身份介入汉地的政治斗争，逐渐演变为支配汉地政治、军事局面的重要势力，最后建立自己的政权；在这漫长的过程中，他们得以对汉文化取得相当深入的了解，同时逐渐疏远甚至完全断绝自己的本族文化。而10世纪上半叶出现的辽和其后的金、元、清等王朝，都在一个很短的时期内就完成了对于被它们纳入版图的那一部分汉地社会的征服。魏特夫把前一类王朝称为"渗透型王朝",它们一般都采取比较彻底的汉化措施,为此不惜牺牲自己本民族的族群特征,甚至消失族群本身;后一类王朝称为"征服型王朝",它们对汉文化的态度虽然还可以继续细分为辽、元抵制型和金、清让步型两个亚类,但共同之处是它们的种族本位主义意识和表现都比渗透型王朝显著且深刻得多。①

魏特夫对北族王朝的划分实际上与民族史上汉人实力的演变密切相关。唐代安史之乱以前,尽管匈奴、突厥等政权对中原王朝形成巨大威胁,汉人的实力仍然能够占有一定的优势,即使是魏晋南北朝动乱时期,汉化的北魏政权不仅能有效防御北方柔然的骚扰和进攻,还能够向后者主动出击。唐初在大漠南北和西域设置诸羁縻府州,显示汉人的实力达到顶峰。安史之乱是国史上的分水岭,从此开始到10世纪上半叶可谓是汉人与其他族群实力平衡时期,既有唐请回鹘兵平安史之乱事,也有五代几个非汉族政权汉化事。自契丹兵起,虽然汉地物质、人力资源远远超过契丹,但汉人在与北族的较量中处于明显的劣势,这样的实力对比格局差不多延续了千年之久。

华涛老师指出,10世纪以后非汉民族群体在中国的主导地位,使"汉人社会在弱势环境中发展出了一种对本民族制度、思想、文学、艺术、社会、情趣等各方面的全方面的崇尚,并在这种全面的文化崇尚中寻找精神寄托和精神避难所"②。姚大力师也认为,10世纪以后的汉人群体,实际上已经培养出了一种意识,就是对于占尽优势的非汉族,只要能够坚持"用夏变夷"的文化策略,在政治上接受它们的统治也是可以的。③ 显然,不居主导地位的汉民族群体,要用自认为比他者发达的母体文化华夏文化去感悟其实已经不是匈奴、突厥等文化程度甚低族群所能望其项背的统治民族,以及虽不是统治民族但地位与汉人相当甚至高于汉人的其他族群,如元朝的色目人,其效果是很值得怀疑的。被

---

① Karl A. Wittfogel & Feng Chia-sheng, *History of Chinese Society*, Liao (907 – 1125), Philadelphia: American Philosophical Society, 1949, pp. 1 – 42.
② 华涛:《文化对话与中国传统文化范式中的障碍》,《南京大学学报》2003年第1期.
③ 姚大力:《中国历史上的民族关系与国家认同》,载刘东主编《中国学术》第12辑,商务印书馆2002年版.

方法篇

魏特夫称为征服型王朝的几个政权，它们的汉化程度并没有我们以往估计的那么高。它们始终把"祖宗根本之地"当作自己种族和文化认同的珍贵资源；在各种制度的设计中保留了大量的本族文化特色，如金代地方上猛安谋克制始终存在，元代对科举用人很不热心；同时对汉人又有相当强的防范心理，元代蒙古人政治地位远远高于汉人，清代官制中实行满汉双员制等是突出的例证。

10世纪甚至可以向前追溯到安史之乱开始，汉人群体的地位下降实际上给他们提出了一个以前基本上不成问题，而现在却是非常痛苦的问题：自己秉承的华夏文化怎样才能体现出自身的价值？晚清以来这一问题对汉人的折磨程度又更是此前的先人难以想象的了，一直到现在，似乎还是这样。

二 论中国历史上的北方民族政权：以辽、西夏、金、元四朝为重点[①]

（一）北方民族与中国历史

辽、西夏、金、元四个王朝是由契丹、党项、女真和蒙古四个非汉民族分别建立的地方性和全国性政权，由于统治者是少数民族，传统的汉族历史学家往往对它们不大重视，一直到今天仍然有人认为这四个王朝在经济、文化等方面阻碍了中国历史的发展。辽、西夏、金、元四朝是否代表了历史的退步，待会再辨析。这里首先要强调一点，中国自古就是一个多民族国家，中国文明是由汉族和少数民族人民共同创造的，我们不仅要了解汉族人和汉族王朝的历史，也要了解少数民族历史和由少数民族建立的各个王朝或政权的历史。

今天，汉族集中居住的地区不到全国面积的一半，占中国领土一大半的是少数民族地区。古代的中国，从文化地理角度也可以分为两大块，一块是以中原地区为中心的汉文化的主导区域，居住人口主要是汉族人；另一块是汉文化主导区以外的地区，居住人口以少数民族为主，文化上受汉文化的辐射和影响，有的地方则以非汉文化的少数民族文化

---

① 本节内容原载《西北民族研究》2006年第2期。

为主。中国这种文化、人口分布格局大约形成于两汉时期，以后尽管不断有发展变化，但直到晚清以前，基本面貌仍然没有太大改变。

古代南方的少数民族，包括东南、中南、西南等地的少数民族，由于地理环境和其他因素的制约，一般只形成分散的、实力有限的地域性集团，很少对中国历史的全局产生影响。西北戈壁、沙漠间的绿洲民族是历史上中外文化交流的主要沟通者，政治影响方面，由于本身实力有限，往往为其他强大政权所控制或者被它们所争夺。其他北方民族，包括以蒙古高原为中心的游牧民族、内蒙古东部大兴安岭地区和辽西一带的游牧狩猎民族、中国东北的半农半猎民族以及青藏高原上的游牧狩猎或半农半牧民族，则常常形成实力强大的集团，对中原地区以及中国历史的全局产生重大影响。①

北方民族建立的强大政权首先出现在蒙古高原上。这一地区大致东至大兴安岭，西至阿尔泰山两麓，南至阴山、河套地区和长城一带。因为当中有一大片荒无人烟的古人习称为"漠"的戈壁，史书上经常以"漠南""漠北"称之。大漠南北的古代民族生活以游牧为主，狩猎、采集为辅，虽然有一定的农业，但产量极其有限，对他们日常生活的影响甚微。游牧民族逐水草而居，随四季转移牧场，住帐篷，饮食以饲养的动物乳、肉为主。大漠南北游牧民族同南方的农耕民族，包括中原的汉族以及西北地区的绿洲民族之间天然地互相需要。农耕民族需要游牧民族的动物产品，如毛、乳、皮、肉等，军旅需要游牧民族的马匹；游牧民族则需要农耕民族的农产品、纺织品、手工业产品以及制造兵器所用的金属等。和平时期，双方可以通过正常的贸易互通有无，但这种贸易经常会受到一些因素的制约而不能正常进行。最常见的因素是畜产品的剧减，游牧经济相当脆弱，遇到风雪雷旱等灾害，牲畜往往大量死亡，这时游牧民族就拿不出多余产品进行交换。农耕民族的统治者有时出于政治目的也会限制甚至禁止贸易的正常进行。② 如果游牧民族因为畜产品剧减而生计艰难，他们往

---

① 刘迎胜：《丝路文化·草原卷》，浙江人民出版社1995年版，"绪论"第9页。
② 萧启庆：《北亚游牧民族南侵各种原因的检讨》，载氏著《元代史新探》，台北新文丰出版公司1983年版。

方法篇

往会通过对农耕民族的掠夺来维持生活,在生存于恶劣环境下的他们看来,困难时期对其他民族的掠夺是一种正常的谋生手段。另外,当游牧民族的畜产品过多,而农耕政府又人为阻挠两者间的贸易时,游牧民族也往往会通过战争手段来强迫农耕民族开放贸易。古代这两种导致战争的情形时有发生,北方游牧民族和南方农耕民族——主要是汉族——间的冲突以及由和平或战争交往导致的民族融合也就成为中国历史的一条重要脉络。

差不多在秦统一六国的同时,匈奴在大漠南北也建立了强大的政权,先后同秦、西汉对峙。到东汉时期,匈奴政权由于统治者间的内讧和自然灾害等原因而瓦解,一部分匈奴人西迁,一部分南下融入汉族等民族中,留居故地的匈奴人融入自大兴安岭一带西迁过来并占领其地的鲜卑人中。东汉末年起,统一的国家分裂,北方各地不少少数民族包括鲜卑族乘机进入汉地,西晋灭亡后,它们先后在汉地建立了十多个国家,历史上称为"五胡十六国"。公元4世纪末,鲜卑人的一支拓跋部建立了强大的北魏王朝,统一了中国的北方汉地,开创了中国历史上的北朝时期。北魏王朝的强盛使"拓跋"一词声名远扬,同时或稍后的波斯、拜占庭等地即以此称呼中国,直到金元之际,中亚还把汉人叫作"桃花石",该词也来自"拓跋"。建立北魏的鲜卑人后来同化于汉族,他们曾居住过的大漠南北则兴起了柔然、高车、结骨等游牧民族政权,其中以柔然的实力最为强大,是北魏北方的劲敌。6世纪,突厥崛起于大漠南北,并向东西部扩张,形成东起辽东,西至咸海的强大游牧政权,后来以阿尔泰山为界分为东西两大汗国。在突厥政权出现不久,汉地也先后建立了强大的统一王朝隋朝和唐朝。唐朝消灭了东突厥,臣服了西突厥,控制了西域的绿洲国家。随着安史之乱的爆发,唐朝实力锐减,大漠南北旋为回鹘人控制,西域被兴起于青藏高原的吐蕃政权控制,西方大食人的影响则进入中亚;唐朝最后不得不借助回鹘人的兵力平定安史之乱。公元9世纪,东部亚洲几个强大政权相继衰落或瓦解。唐朝陷入藩镇割据状态,907年最终灭亡。北方汉地相继出现后梁等五个王朝,习称"五代",其中后唐、后晋、后汉为有突厥血统的沙陀人建立。吐蕃王朝衰落、瓦解后,其曾经控制的地域内也出现不少割据政权;大食政权衰败后，中亚也呈现群龙无首状态。840年，立汗廷于漠北的回鹘政权被黠戛斯（即北魏时期的结骨）人攻破，回鹘人一部分人南下融入其他民族，一部分留居故地融入后来进入的民族中，大多数人则西迁河西走廊、西域以及中亚地区，同当地人融合，建立了一些地方政权。如在河西走廊，他们建立了甘州回鹘政权，后来大部分地区被西夏吞并；在西域高昌，他们建立了高昌回鹘政权，又称畏兀儿，后来归附于成吉思汗建立的大蒙古国。

黠戛斯人攻破回鹘汗廷后，并没有在漠北长期立足，他们很快又迁到了原先活动的叶尼塞河流域。大漠南北出现了权力真空，大兴安岭地区操蒙古语族语言的民族遂不断西迁至蒙古高原。之前蒙古高原上的各种游牧部族中，匈奴人的语言不大清楚属于哪一语族，鲜卑、柔然政权统治者民族的语言属于蒙古语族，但治下的大多数游牧民众的语言则不会属于蒙古语族。① 不过，可以肯定的是，回鹘帝国瓦解之前，很长一段时间蒙古高原上的各民族所操的语言以突厥语族为主。漠北回鹘瓦解后，回鹘民众大多迁走，东部操蒙古语族语言的各个族群、部落不断迁移至蒙古高原，大漠南北开始了语言蒙古化的过程。

大约与匈奴同时见于史乘的北方另一个强大部落联盟是东胡，位于匈奴以东。战国后期，当其最盛时常威胁燕、赵。匈奴强盛后，东胡部落联盟为其所破，余部退居大兴安岭和辽西一带，号鲜卑、乌桓。东汉时期，乌桓人大批入居塞内，渐融合于汉族。匈奴政权瓦解，鲜卑人大规模地西迁并南下后，其故地今西拉木伦和老哈河流域有契丹部，其北，即大兴安岭北段有室韦各部。契丹和室韦都是鲜卑的后裔，所操语言均是蒙古语族。南北朝、隋唐时期，室韦、契丹力量比较薄弱，时或依附汉地的中原王朝，时或受蒙古高原强大游牧政权控制。大约7世纪起，室韦人就逐渐向蒙古高原迁移，不过由于蒙古高原上有强大的回鹘等游牧政权存在，他们的西迁开始只是零星的、分散的过程。到9世纪下半叶，蒙古高原处于无霸主状态，这为

---

① 中外都有一些学者认为匈奴的语言属突厥语族，鲜卑、柔然政权游牧部众的语言也属突厥语族，可备一说。

方法篇

室韦人大量西迁并扩展地盘提供了良好时机，到10世纪前期蒙古高原上已经到处是室韦人以及室韦人和留居大漠南北的原突厥语族民众结合的部落了。①

　　唐朝衰落、回鹘帝国瓦解也为契丹人的兴起提供了条件。公元916年，契丹首领耶律阿保机称帝，建立了契丹国，即历史上的辽朝。阿保机时期辽朝征服了蒙古高原各部，灭亡了立国于中国东北地区的由靺鞨人建立的渤海国。渤海国长期为唐朝的附属国，典章制度模仿唐朝，辽朝也按照治理汉人的方式统治原渤海国的臣民。太宗时，辽王朝又获得了今天北京、河北、山西北部一带的幽云十六州。辽王朝的强盛使"契丹"一名的传播更为久远，在现代蒙古语中以该词的复数形式指称汉族；波斯、阿拉伯、欧洲的历史文献中广泛使用"契丹"一词称呼中国，俄语中至今仍称中国为kitai。

　　辽朝建立后不久，960年，五代后周大将赵匡胤黄袍加身，建立了北宋王朝。北宋结束了唐末五代藩镇割据的局面，但它的统一只是有限的统一。除了北边有辽朝、西南部包括今天的云南全境和四川西南部有由白族祖先建立的大理国外，当时青藏高原上四分五裂，北宋政权无力顾及；西北则有由党项人建立的西夏政权；逾西则有高昌回鹘以及族属还不大清楚的以今天新疆的喀什以及中亚八剌沙衮为中心的喀剌汗王朝。② 党项本是中国古老民族羌人的一支，故又称"党项羌"。早先居青藏高原东北部，后受吐蕃势力所迫，北徙至今甘肃东部、宁夏和陕西西北一带，经济方式为半农半牧。五代、北宋前期，势力渐强，1038年，首领李元昊称帝建国，国号大夏，宋人称西夏，后世沿袭。极盛时期疆域包括今天的甘肃大部、宁夏全部以及陕西北部、青海东北部和新疆、内蒙古部分地区。西夏先与北宋、辽鼎峙，后两王朝灭亡后又与南宋、金并立，

---

　　① 关于室韦人的西迁，参见韩儒林主编《元朝史》上册，人民出版社1986年版，第9—15页。

　　② 关于喀剌汗王朝王室的族属问题，中外学界争议很大，影响较大的有"样磨说""葛逻禄说"和"回鹘说"三种。华涛老师认为，目前还缺乏足够的材料来最终解决这一问题。参见氏著《西域历史研究（八至十世纪）》，上海古籍出版社2000年版，第198—214页。

1227年亡于蒙古。

辽朝后期，东北的女真部兴起。女真之名始见于五代，当时契丹人称渤海以北以黑水靺鞨为主的诸部为女真，后为避辽兴宗讳改称女直。史书上女真、女直通用。靺鞨族是中国东北地区一个古老的民族，语言属通古斯语族，其先可能与先秦文献中就有所记载的肃慎人有关。① 隋唐时靺鞨各部发展不均衡，其中粟末部曾经建立过渤海国。与契丹、室韦人从事游牧不一样，女真人的经济生活为半农半猎。女真各部发展也不平衡，其中的完颜部在辽朝后期逐渐壮大，并统一了女真各部。大约在1117年，首领完颜阿骨打称帝，建立金朝。② 1125年，金与北宋结盟，灭亡辽朝；1127年进而灭亡北宋。辽朝灭亡之际，宗室耶律大石率部远征中亚，后在中亚地区建立西辽，原喀剌汗王朝的东部纳入其版图（西部则被突厥—伊斯兰国家花剌子模吞并），高昌回鹘政权也受其控制，直到成吉思汗兴起，才最终亡于蒙古。北宋灭亡后，皇室赵构在杭州建立南宋，与北方的金朝、西北的西夏继续鼎立。

辽朝灭亡后，蒙古高原各部改受金朝统治，不过与辽代相比较，金朝对漠北各部的控制要比辽朝虚弱得多，漠北各部就在群龙无首的状况下进行着无休止的相互掠夺和兼并战争。在日益激烈的残酷的战争中，室韦人的一支蒙古部逐渐强盛起来，并最终统一了漠北各部。1206年，蒙古首领铁木真即大汗位，建立了大蒙古国，铁木真也号称成吉思汗。③ 大蒙古国随即发动了旷日持久的对外征服战争，臣服了高昌回鹘，消灭了西辽，灭亡了西夏，势力扩展到中亚、西亚、南

---

① 不少学者认为靺鞨为肃慎人的后裔，从民族学角度来说，对一个缺乏文字史料的民族作过于久远的历史追溯经常是很危险的事，所以这里不作肯定的结论。

② 学界长期认为，金朝建国于1115年，但据刘浦江先生研究，王朝建立时间当在1117年或1118年，其说颇有见地。参见其文《关于金朝开国史的真实性质疑》，《历史研究》1998年第6期。

③ 人们一般认为，随着大蒙古国的建立，治下的漠北各部百姓，尽管各有并继续使用自己原来的部落氏族名称，但都开始以"蒙古"为总名，一个统一的民族共同体逐渐形成。这个说法看来值得商榷，元朝时期漠北各部百姓彼此之间的认同似乎还没有达到一个民族共同体的程度，苍狼白鹿传说为所有蒙古人接受可能还是入明以后的事。当然，元朝时期这些部落民众与其他族群，如色目人、汉族人的分别还是很明显的。

方法篇

俄等地。1234年窝阔台汗时期,蒙古和南宋联合消灭了金朝。1260年,成吉思汗之孙忽必烈即位,人们习惯将此后的蒙古王朝称为元朝。蒙古王朝同宋朝进行了长达40多年的战争,期间吐蕃地区归附了蒙古,大理政权也被消灭;1276年,元朝灭亡了南宋王朝,1279年南宋残部最后被消灭。蒙古人建立的元王朝实现了全国的大统一,直到1368年被明朝推翻。明代立国近300年间,北方的蒙古各部仍然是它强大的外患。明朝后期,东北的满族——一般认为,其先为辽金时期留居故地的女真——兴起,建立了清王朝,灭亡了明朝,成为继元朝之后又一个由北方少数民族建立的全国性统一王朝。①

纵观北方民族的历史,可以发现蒙古高原是一幕幕雄壮历史剧的中心舞台。匈奴、鲜卑、柔然、突厥、回鹘、蒙古等游牧民族,在这里缔造过一系列辽阔而强盛的"引弓之国",对南方的中原王朝形成巨大的压力;辽、金、清三个北方民族的王朝也是在征服或控制大漠南北的前提下才将势力向汉地扩张的;就连偏于一隅的西夏王朝也因占有了蒙古高原的一部分而让两宋和占据中原汉地的辽、金政权感到头疼。在以冷兵器为主要作战工具的古代,蒙古高原上游牧民族组成的灵活的骑兵装备对中原地区由不善于骑马的农耕民族组成的军队来说具有天然的优势;而农耕民族汉地的优势则在于有相对稳定的农业产量,其生活必需以外的增余在积累到一定程度后可以供给一支人数庞大的军队来和游牧民族抗衡。不过,由于农业经济不可能无限制地增长,中原汉地的这种军事上的优势相对来说只是短暂的;另外,即使中原王朝的军队可以深入漠北取得一定的战争胜利,削弱或消灭某一个游牧政权,但由于地理环境和生活方式的差异,汉人不可能大量地迁移至蒙古高原,南北之间游牧与农耕生产方式的根本区别也不会有太大改变。还有一个因素也值得注意,直到16世纪末,蒙古高原的西部并没有出现特别强大的政权,所以,当蒙古高原上某一游牧政权因为某些原因——如被南方中原王朝军队击败或者内乱、自然灾害等——而衰落、分裂或瓦解后,其成员可以很方便地向西迁移,他们

---

① 学界普遍认为,满族与女真人有直接的渊源关系,但姚大力师近日告称,这种渊源关系很可能是一种人为的编造。姚师目前正在撰写有关这一问题的论文。

的故地则会被新的游牧部族占领，因此，大漠南北某一游牧政权的衰亡不仅不能让南方的中原王朝感到轻松，相反它还意味着中原王朝可能要面对新一轮的强劲对手。中国历史上，农耕民族直到清朝时期——清朝的统治民族满族也是一个重视农耕的民族——才取得对蒙古高原游牧民族的绝对优势。其时进入了热兵器时代，游牧民族的骑兵装备不再具有优势；西部又兴起了强大的俄罗斯政权，蒙古人不能再像之前高原上的游牧部众那样失败了就往西迁徙。①

亚欧大陆的北部，从大兴安岭一直延伸到黑海之滨，是辽阔的欧亚草原，从东往西，大致可分为蒙古高原、中亚草原和南俄草原三大块。历史上草原东西各地的游牧民族与其南方毗邻农耕民族之间的关系都类似于蒙古高原游牧民族和南方中原汉族之间形成的关系，即既相互对峙、抗衡甚至冲突，又互相依赖，民族融合的过程不断。一个有趣的现象是，强大的草原游牧政权总是先出现于东部的蒙古高原再向西伸延而从来不是相反。美国著名学者巴菲尔德（T. J. Barfield）为此提出过一个较为合理的解释。他认为草原游牧社会本身不需要比部落联盟更高级的政治组织，但是，如果与它毗邻的农耕民族组成了一个比较大而且相当组织化的国家，那么游牧民族就需要发展出某种国家组织的形式，这样才能有效地应付农耕民族的定居国家。② 长期以来，与欧亚草原毗邻的农耕民族中，东部的汉族形成的国家政治组织最为完善，疆域最为辽阔，经济、军事实力也最为强大，用巴菲尔德的说法，这就刺激了蒙古高原上的游牧民族首先形成强大的"帝国式部落联盟"③。巴菲尔德的观点也能解释大漠南北游牧政权的盛衰

---

① 参见札奇斯钦《塞北游牧民族与中原农业民族间和平、战争与贸易之关系绪言》，载氏著《蒙古史论丛》，台湾学海出版社 1980 年版。

② Thomas J. Barfield, "The Hsiung-nu Imperial Confederacy: Organization and Foreign Policy", *Journal of Asian Studies*, Vol. 41, 1981.

③ 成吉思汗建立的大蒙古国既继承了匈奴以来的北亚游牧民族的历史遗产，又融入了很多成吉思汗以及蒙古族的创造，如千户百户编组、牧民分封、成立怯薛组织、颁布成文法等；这些创造，较之前的历史传统，对后来中国历史的影响更大。对照巴氏所说"帝国式部落联盟"概念，就会发现，成吉思汗的这些创造，使得大蒙古国不再是一个"帝国式部落联盟"而成为一个真正的"帝国"。参见姚大力《塞北游牧社会走向文明的历程》，载张树栋等主编《古代文明的起源与演进》，南京大学出版社 1991 年版。

经常同中原王朝差不多同步的现象，如匈奴同秦和西汉、鲜卑同东汉、柔然同北魏、突厥和回鹘同隋唐王朝等。很多人认为的由于中原王朝衰弱导致大漠南北形成强国的看法很可能是一种误解。

（二）关于"征服王朝论"

就直接跟中原汉族接触的北方民族来说，可以区分出三种不同的情形。第一种情形是，尽管形成了强大的政权，但并没有入主中原的企图，蒙古之前在大漠南北建立辽阔游牧帝国的民族大多如此。匈奴政权，满足于农耕民族受汉朝统治、引弓之民受匈奴控制的南北分治局面。北朝后期，齐、周并立，争相巴结突厥，突厥汗廷满足于此两弱小国家向它"常孝"，并没有乘机南下占领汉地的意思。盛极一时的回鹘也没有攻占唐朝领土的企图。东汉和北魏的北方强劲对手、统治者操蒙古语族的鲜卑和柔然两个政权，虽然和南方对手攻战不断，似乎当时也没有去统占汉地的意愿。

第二种情形是，一些北方少数民族的首领和其继承者率领他们的部众在中原战乱时机，初始以雇佣军的身份介入汉地政治斗争，逐渐地这些首领演变为支配汉地政治、军事局面的重要势力，最后时机成熟时他们在汉地建立了包括少数民族和汉族民众在内的北族王朝政权。十六国和北朝时期的诸多北族王朝以及五代三个沙陀人政权都是这样形成的。

第三种情形和前面两种不大一样，一些北方少数民族政权在很短的时间内就完成了对于被它们纳入版图的那一部分汉地社会的征服，从而形成兼有汉地和少数民族地区的地方性或全国性政权。契丹人建立的辽朝、女真人建立的金朝、蒙古人建立的元朝、满族人建立的清朝就是这样的北族王朝政权，党项族建立的西夏情形也与它们类似。

为什么会有这样的差异？尤其是第一和第三种情形，面临的南方中原王朝都比较强大，至少都要比第二种情形下强大得多，但为什么第一类的民族没有占据汉地的意图而第三类的民族则要对此进行征服？而且更为奇怪的是，建国于蒙古高原上的游牧政权，匈奴、突厥、回鹘似乎都无意向汉地扩张而到了蒙古政权时期则非要把整个汉地征服不可，这是什么原因？一些国外学者认为，突厥语族的民族在与汉地政权势均力敌或者比后者略占上风的情况下都没有占领汉地的打算，匈奴以及东汉时的鲜卑、北魏时的柔然与它们类似，尽管其民众语言所属尚不清楚；有征服欲望的是蒙古语族和通古斯语族的民族，如契丹、蒙古、女真、满洲等。这种论断应该说反映的只是一种现象，作为解释的理由并不能让人满意。

我们注意到，在第一种情形下，北方民族政权尤其是大漠南北的游牧行国与中原王朝对峙，双方互争雄长，但总的而言，汉地的实力应该说是略胜一筹。即使是魏晋南北朝动乱时期，汉化的北魏政权不仅能有效防御北方柔然的骚扰和进攻，还能够向后者主动出击。唐初在大漠南北和西域设置诸羁縻府州，显示汉人的实力达到顶峰。回鹘兵虽然受邀帮助唐朝平定安史之乱，并不意味着唐朝就可以不堪一击，回鹘不乘机占领唐的领土，不能说一定与这种力量对比没有关系。但是到了第三种情形下，情况发生了变化，汉地社会虽然在物质、人力甚至文化资源上远远超过契丹等族，但汉人在与北方民族的较量中处于明显的劣势，其原因何在是一个难解的历史之谜，不过，这样的实力对比格局差不多延续了千年之久。[①] 另外，匈奴、突厥、回鹘等大漠南北游牧民族尽管与汉人接触，但蒙古高原游牧区和汉地农耕区之间的过渡地带向来不是游牧政权政治中心所在，绝大多数的游牧民众对汉地生活和生产方式比较隔膜，这也可能是这些民族不愿南下的一个原因。契丹族尽管以游牧为主，但其兴起之地历来为农耕和游牧过渡地带，自古以来就有大量汉地民众迁移至此，契丹人对汉地的了解程度要远远高于匈奴、突厥等族的游牧民。女真人兴起之地虽然较为偏远，但却与汉人一样从事农耕，他们对汉人的认同会比契丹人更为容易；早在唐代，生产生活方式与女真类似的粟末靺鞨人在东北建立的渤海国政制就效仿唐朝。所以，当条件具备时，富庶的汉地自然会成为女真人攻取的对象。金海陵王不满足于占据华北，还指望吞并南宋，只是因为力量有限，女真的金朝才接受了与南宋南北对立的现实；金朝未能如愿的东北农耕民族统治全部中国的意图到满族人的清朝时终于成为现实。蒙古汗廷虽然远在漠北，与此前突厥、回

---

① 屈文军：《民族关系史中华夏文化的定位》，《黑龙江民族丛刊》2004年第2期。

方法篇

鹘政权一样，但蒙古人之前有契丹、女真对汉地的征服为榜样；再有，由于辽、金的经营，蒙古时期大漠南北的汉人数量要比突厥、回鹘时期多得多，蒙古人对汉地社会的了解程度之深也不是突厥、回鹘人所能相比。因此，大蒙古国南下征服汉地其实也不奇怪。

美国著名学者魏特夫（K. A. Wittfogel）比较了以上三种情形中的后两种情形，提出了著名的"征服王朝论"。他认为以公元10世纪上半叶为界限，之前建立在汉地的北族王朝，也就是上面所说的第二种情形下北方民族建立的政权，可以称为"渗透型王朝"；自契丹兵起，在汉地建立的北族王朝可称之为"征服型王朝"，以辽、金、元、清为代表。[①]"征服王朝论"因为过于强调北方民族和汉族之间的差别，又被误认为曾为日本军国主义所利用而不被中国学者喜欢，不过，实事求是地说，这种理论有它一定的合理性。

首先，公元10世纪上半叶这个时间界限把握比较恰当。前面提到，秦汉时期和唐代中叶以前，中原王朝对北方游牧政权有一定的优势，北方民族要在汉地建立政权只能利用东汉灭亡后中原分裂、动乱那段时期。但是这种优势随着安史之乱的爆发开始减弱，我们说这一动乱是中国史上的分水岭，在汉地与北方民族的关系史上也有明显体现。不过，尽管汉地的优势在下降，唐请回鹘兵平定安史之乱是明显征兆，但是汉地的实力仍然可观，一方面表现在前面所说回鹘人不想占据汉地；另一方面也表现在五代三个北族政权对汉文化的服膺——这与后来的辽、元等征服王朝政权形成鲜明对比。可以说，自安史之乱到10世纪上半叶的近200年时间是汉地与北方民族政权势力平衡时期，而自契丹兵起，天平明显地向北方民族倾斜。

其次，该理论对第二种情形下的北族王朝的特征概括很是到位。它认为这类王朝的建立是一个较长时期的过程，在这长时间的向汉地渗透的过程中，王朝建立者民族逐渐忘却或者牺牲自己本民族的族群特征，甚至是族群本身；这些王朝往往采取较为彻底的汉化措施，结果，王朝建立者族群逐渐融合于其他民族，主要是汉族。

[①] Karl A. Wittfogel & Feng Chia-sheng, *History of Chinese Society*, *Liao* (907 – 1125), Philadelphia: American Philosophical Society, 1949, pp. 1 – 42.

最后，该理论对第二、第三两种情形下的北族王朝的区别分析相当精彩。魏特夫以及其他一些赞同该理论的西方学者认为，辽、元等征服王朝不仅只是在很短的时间内——相对于渗透型王朝的建立来说，这一时间要短暂得多——将纳入其版图的汉地征服，而且它们还保留着自己的兴起之地作为政治认同来源的根据地；而北魏等渗透型王朝在向汉地渗透的过程中实际上都丧失了自己的"腹心之地"，它们只能从汉地获取政治上的认同。辽、元等王朝保留着腹心之地，意味着它们的首领不仅只是辖内汉地民众的皇帝，他们还是本民族民众的首领，两种民众的区别始终存在，即使是女真、满族人，虽然和汉族一样都从事农耕，但终究是不同的民族；而北魏等王朝的属民实际上在不断地一体化，这些王朝的首领只需扮演一个中原王朝的皇帝角色就可以。征服王朝保留腹心之地，还可能意味着它们将汉地只是作为一个财富来源的征服区域看待，如果条件发生了变化，不再适宜在此立足，它们是可以放弃这些地方的。元朝灭亡后，蒙古人的主体回归漠北是一个典型的例子。辽朝灭亡之际，天祚帝的谋臣也曾建议放弃对金朝的抵抗，耶律大石更是想在契丹龙兴之地或漠北立足以谋复兴，只是因为形势不许可才未能得逞。女真人面对强大的蒙古王朝时考虑过回归故里，无奈回头的路已被截断，只好坐以待毙。清王朝很长时间都限制汉人向东北移民，不能说一点没有这方面的考虑，只是后来形势不由人，才逐渐放松了对汉人向关东迁徙的禁约。忽必烈情愿放弃西域、中亚而要死保漠北，突出表现了征服王朝对祖宗根本之地的重视。①

两种北族王朝除了在是否保有腹心之地上有所差异外，该理论认为它们的根本区别还是体现在对汉文化的接受程度上，这一点非常有眼光。以往我们大多用"野蛮的征服者总是被那些他们所征服的民族

---

① 征服王朝对北方腹心之地的重视，一个很深远的影响是后期中华帝国都城的北移。此前的中原王朝因为控制的地盘主要是汉地，都城一般位于黄河以南。辽朝为"行国"，政治中心在四时移动的纳钵，没有中原王朝式的都城。金朝兼有汉地和北方少数民族地区，以僻处东北的上京为中心无法控御汉地；若迁至黄河以南，显然也无法控御北方地区。女真人选择了两者之间的中都，使两方都在政治中心辐射范围以内。从此以后，今天的北京成为版图不想局限于汉地的真正大一统王朝的都城首选之地，如果它能占领这个地区的话。

51

的较高文明所征服"这一模式来分析这两类北族王朝,认为它们的政权都采取了中原王朝的政治制度(至少主体是这样),统治民族的民众逐渐汉化,原因在于汉族文明要比这些少数民族的文化先进得多。应该说,这种模式在解释北魏等渗透型王朝的历史时确实是有效的,它和征服王朝论在这方面也没有多大区别;但在分析辽、元等征服王朝时就有一些欠缺。

首先,我们不能把契丹、女真、蒙古等少数民族文化简单地判断为野蛮、落后,这些民族的文化水平和政治社会组织能力已经不是匈奴、突厥等族群所能望其项背,也不是渗透型王朝的建立民族所能相提并论;很多方面,如出色的军事组织能力、高效率的行政能力、纯朴耐苦的精神以及一些价值观念,如尚武重义、重视宗教等,并不比汉族逊色,甚至比汉族还出色。既然这些政权的政治认同不仅来自汉地,也来自腹心之地,本身文化资源又有诸多长处,加上更为重要的因素,征服的状态,这些就决定了它们在政治制度等方面的设计中会保留诸多本民族的文化特色而不会简单地汉化。

其次,汉化解释模式的依据是这些王朝采取了较多的中原王朝的政治制度和统治方式,关于这一点,需要辩证分析。契丹、蒙古等占领汉地前,政治模式比较简单,占领汉地后,要用这样简单的政治模式去统治人数上占多数甚至绝大多数、生活方式和经济方式也大不一样的汉族民众显然是不可能的,比如,蒙古人就肯定不可能将汉地变为牧场,除非将汉人大量地人身消灭;因此,针对汉族民众,延续中原王朝的州县制度和相应的赋税制度是很自然的事。所以,要说汉化,我们应该考虑的是,这些政权在统治非汉族民众尤其是治理统治民族民众时多大程度上借鉴了汉式制度,要考虑的是在国家层面上它们采纳了多少中原王朝的政治制度。

我们可以把王朝的统治分为两个层次,一个是临民层次,即直接跟民众打交道的层次;另一个是临民层次之上的国家政府组织层次。在临民层次上,这些征服王朝对治下的民众,大多各随其俗,用他们原来的治理方式,不仅对汉族如此,对其他民族也是这样。辽朝一直实行以汉制治汉人、以契丹制管理部落民众的双轨制,两者区别甚大。金代地方上源于女真旧制的猛安谋克制始终存在。元代更是这样。另外，元朝在汉地还普设达鲁花赤代表蒙古政府进行监临；元朝各族民众还多被要求世袭从事某种职业，这也是蒙古人政府带来的新东西。总之，在这一层次上，基本按以前的老办法进行治理，所以这些王朝有一个共同的特点，就是法律体系破碎，针对不同的族群甚至不同的职业人群，有不同的法律规定，尽管各王朝破碎程度不一。因此，在临民层次，采纳汉法一说是不够严谨的。当然，各民族相互影响以至使某些民族的一些成员汉化了，那是另外一回事；就这一方面而言，非汉民族成员的汉化程度也是需要仔细衡量的，而且我们还必须考虑到，统治民族一些成员的汉化经常会激起该民族很多成员，特别是统治者阶层种族意识的强烈反弹。[①]

在临民层次之上，国家政府组织最重要的内容是职官制度。征服王朝对中原王朝政治制度（即一般人所说的"汉法"）的采纳，也最集中表现在建立了类似中原王朝的职官制度。汉式职官制度有这样一些特点：国家重要官员由皇帝任命；官员的职务和等级明确，皇帝也是官员中的一员；官员的报酬为俸禄，职务流动；官员来自全社会，选拔的方式比较公正，皇亲贵戚对国家事务的干预尽量避免；除了皇帝以外，官员的职务不能世袭；官员权力相互制衡，包括皇帝的权力也受到一些制约；官员权力行使一般有明确的法规；等等。征服王朝统治者民族在占领汉地前的政权，一般也有些政治制度，我们多称之为旧制，如契丹旧制、蒙古旧制等，它们中最重要的也仍然是职官制度，当然其精密程度不如中原王朝。不同政权，其旧制也不一样，不过与汉式政治制度，主要是官制之间的区别都比较大。占领汉地后，它们基本上模仿汉式官制：设置哪些官署、官署中设置哪些官员，他们的权限是什么，很多都和中原王朝相似或有可比拟之处；选拔官员的科举制度也多被吸收。

[①] 突出的例证，比如入居中原的大量女真人像汉族人那样崇文轻武、侈靡浪费，逐渐丢掉以往勇悍、耐苦的传统和质朴的民风时，金世宗和章宗不断发布要求女真人勿改本俗的诏令。元代中期，朝廷蒙古和色目上层的观念意识和文化，越来越全面受到汉文化的影响，虽然政治制度并没有汉化；但蒙古、色目上层尤其是蒙古贵族受汉文化影响程度的加深，刺激了统治层内种族认同和种族防范意识的强化，伯颜所谓的一些"倒行逆施"的专权行为就是在这样的背景下进行的。另外，辽代重元的叛乱，一个很重要的因素也是因为道宗对汉式制度的倾斜刺激了朝廷中一些坚持部落传统的契丹贵族的民族感情。

方法篇

但是，在表面的类似之外，也要看到这些政权原先传统政治资源，包括存留的旧制对后来国家制度设计的影响。突出的有两个方面。一是原先的旧制一般都比较简单，采纳汉制时它们是有选择地采纳的，这样做的直接后果是将中原王朝官制中的制衡机制大量破坏，尤其是对君主的制约因素大多被消除。良好的官制应该简而精，中原王朝官制虽然不简但相当精致，征服王朝形成的官制就简而不精了。二是官员的来源比较狭窄，他们的入仕多靠出身而不是主要依靠某一方面的能力，不仅依赖其种族出身——作为征服王朝，这一点倒很正常——而且，在种族之外还要考虑与皇室的关系；科举不要说对统治民族影响甚微，就是对广大的汉人很多时候也只是一种摆设。辽、西夏、金三朝重要官员多来自皇室或与其有姻亲关系的异姓贵族以及其他一些与帝国上层有密切关系的家族，特别是皇亲贵戚对帝国政务的干预很多。元朝的皇室贵戚政治作用倒是比较有限，不过，这种制约主要不是来自对唐宋政治制度的借鉴而是来自蒙古传统的斡脱古·孛斡勒制度（即大汗世袭奴婢中立功者地位最高，最有权势）和成吉思汗创设的怯薛制度（即直属于大汗的世袭护卫军同时从事帝国主要政治事务），当然，皇室成员大多有封建领地或人户，经常会对这些领地或人户进行骚扰。但元王朝主要臣僚的来源仍然很封闭，与皇帝有主奴关系的怯薛人员占了大部分。总之，唐中叶以来，随着贵族势力的衰落、科举制度的推行而形成的政治资源相对公平分配的社会面貌在这些征服王朝中就不容易产生。

其他的影响因素还有一些，当然也因各个不同政权而异。比如说，北族政权旧制一般有共同议事的传统，到征服王朝时有的就基本没了，如金朝；有的则有些保留，如元朝很多机构有多头现象。各征服王朝官员的等级化一般也不如中原王朝，官员的职务分工有时也不大明确，官员行使权力时也时常会不守章法。官员职务流动性普遍不如中原王朝，另外有相当多的职务本身也是让人世袭的。汉式皇位继承上传嫡不传贤并且局限于某一家支的做法，征服王朝统治者采纳时一般也都要受到很大阻力，而且经常不会成功。

这样，在临民层次之上，或者说国家政治组织层面上，征服王朝既在一定程度上采纳了一些汉法，又掺入了不少原先政权的制度因素，当然还有根据时势的变化新产生出来的东西。各征服王朝中，两种政治资源的比重是不一样的。辽王朝在国家层面仍然实行双轨制，但旧制成分似乎要浓于汉制。西夏王朝的情况不是很清楚，不过可以肯定，汉制的采纳也是比较有限的。金朝汉制成分就多一些。元王朝两种成分在不同方面表现不一。有的地方，如军事方面，旧制成分为主。有的地方，要说哪种成分为主，还需要看评定者对汉制的认识。比如说宰相制度，如果认为汉式宰相的主要权力在议政和辅佐决策，那么元王朝的宰相是不具备这些权力的；如果认为汉式宰相的主要权力在执行权，元朝的宰相制度就比较类似中原王朝的了。① 就采纳分工精细、地位清晰的汉式官僚制度取代原先旧制中的官制作为帝国政治基础来说，这些征服王朝政治体制中汉制是主要因素；但如果就官僚体制的运作而言，决策过程和行政方式的简单化、入仕途径的过度封闭、君臣关系的主奴化等因素的存在，又显示这些王朝的官僚制度只具有中原王朝传统官僚制度的外表——有些时候、有些方面连这样的外在形式都不一定有多少——在一些最核心的精神上面仍然是原先的传统在起决定作用。

按习惯说法，中国古代王朝的特征是君主专制、中央集权，其实这是两个不同的范畴。就君主权限来说，一直到两宋为止，中原王朝的君主都很难说是专制。唐代中叶以前，他们的权限受到贵族的制约。唐中叶起，受到官僚制度本身的很多限制，如官员主要对职务负责，自认为国家的职员而非一人一姓的仆妾，很少认为天下属于某一家；官员包括皇帝做事都要遵守规章，除非皇帝极其昏聩或暴戾，不在乎丢弃江山；宰相、史官、谏官也被赋予一些制衡君主的权力，等等。② 中国古代的政制一以贯之的其实是官僚专制，非民主选出的不对民众负责的官僚集体控制了社会的政治资源，但这种政制中的君主在征服王朝以前尚不能独断专行。征服王朝通过对汉制的简单化处理，从制度上讲君主的权力更加突出了，国家属于一家的意识也强化了，君主和臣下的距离迅速拉大，君臣之间由尊卑关系变成主奴关

---

① 参见拙文《论元代中书省的本质》，《西北民族研究》2003 年第 3 期。
② 参见周良霄《皇帝与皇权》，上海古籍出版社 1999 年版，第 226—259 页。

系，这些在元代特别突出。不过辽、金两朝君主权限仍受到皇室贵族的较强制约，而元朝的权势贵族则因为身份上为君主的奴婢而不构成对君主权力的威胁，因此君主独裁的程度空前加强。①所以君主专制，其实是征服王朝旧制和中原王朝汉法结合的结果，准确地说，应该从元朝开始。在中央集权方面，征服王朝都要明显低于中原王朝，尤其是同宋朝相比，这应该是它们的旧制传统使然。

总之，征服王朝论揭示了这样一个事实：辽、元等征服王朝，它们统治民族的种族本位主义意识和表现要比渗透型王朝显著且深刻得多。金世宗屡屡强调维持女真固有传统，元朝不断发生推行汉法和限制汉法的反复，就可以从中得到解释。而且，由于统治民族与汉族相比，人数上多处于绝对劣势，这些政权对汉人总是会有相当强的防范心理，元代蒙古人政治地位远远高于汉人，清代官制中实行满汉双员制等是突出的例证。另外，征服王朝论还启示我们，像辽、金、元、清等非汉族政权，尽管有统治民族汉化的成分，但同样也有拒绝汉化的张力，有时反汉化的趋势甚至会占上风，对这一相反方向的史实同样需要重视。根据魏特夫等人的分析，这些族群的完全汉化要等到征服状态结束之后。

（三）金元两朝汉族智识阶层对非汉族政权合法性的认同

辽夏金元等北族王朝的后期，也都出现了中原王朝衰落时期难免的局面，如政治腐败、财政空虚、土地兼并严重、社会动荡等，它们其实是导致中国古代各专制王朝灭亡和更替的最重要的内在原因。有一些学者指出，自然灾害对包括这四个王朝在内的北方民族政权的衰亡也负有很大的责任。确实，对于频繁的自然灾害，从各方面看，契丹人、女真人、蒙古人的朝代在医药和食物的赈济上所做的努力都是认真负责而且卓有成效的，面临这样反反复复的大规模灾难，我们不知道中原王朝是否能做得比这些北族王朝更好。另外，像辽朝的佞佛、契丹人等北族人体质的下降、偶然的一些因素如元朝的脱脱在那

---

① 参见拙文《元代怯薛新论》，《南京大学学报》2003年第2期；《论元代君臣关系的主奴化》，《江海学刊》2004年第1期。

个关键的时刻被解职等也对这些王朝的衰亡产生过一定的影响；不过，不容否认的是，对辽、西夏、金三个北族王朝来说，遇到可怕的外部劲敌则是致使它们最终瓦解的最根本原因。

笔者以为，还有一个与这些王朝衰亡应当有一定关系的因素需要考虑，尽管它不是最根本的，但也是比较重要的，那就是汉族智识阶层对这些非汉族王朝统治合法性的认识。在这些王朝中，汉族读书人入仕的途径被大大受阻，但他们在民间社会仍然作为精英存在，他们对非汉族统治者政府的认同或抵触无疑会直接影响到一般的民众。辽、西夏两朝占领的汉地有限，汉族人在整个王朝人口中的比例未必见得最大或特别突出，所以，汉族智识阶层对王朝统治的认同问题主要在金元时期值得注意。

中国古代的汉人在天下中国观和文化至上主义两种意识的支配下处理国家的对外关系和决定对某个政权的认同态度。这两种意识形成甚早，且密切相关。所谓天下中国，就是说天下理应只有一个以德不以武得以统一的、超越具体王朝——汉人很早就意识到没有不亡的王朝——而始终存在的国家，即中国值得忠诚。这种观念中的中国，最原始的意义是汉人建立的由汉文化支撑的基础在汉地的国家；由于不断有非汉民族在汉地建立政权，这一观念后来有所调整，不再强调汉人建立而突出汉文化支撑、以汉地为基础特别是汉文化支撑这一因素，这就是汉文化至上主义。无疑，这两种意识中的世界秩序只可能是一种理想状态，汉人就始终在设法处理理想与现实间的不协。汉地分裂，汉人将它看作是统一国家衰败时的不正常局面或是视作下一个统一时期的预备阶段，这一阶段一个政权对另一个政权的征服，也就被视作为"一国"之内的统一战争；这一时期存在于操作层面上的处理"国际关系"的惯例、规则和外交实践，都被看成是一些权宜之计。[①] 汉地统一时，不论统治者出自哪一族群，汉人都希望该政权"能行中国事"。至于汉地以外地区，汉人都视作文明未开化的藩夷小国或者蛮荒地带，要么将它们完全边缘化，当作不存在，要么纳入

---

① 参见姚大力《良心照察下的国际政治》，载氏编《中国的世界精神：徐复观国际时评集》书前，华东师范大学出版社2004年版。

方法篇

羁縻和朝贡体系内；当然10世纪以后，受征服王朝历史的影响，北方民族的那些腹心之地不再视为蛮荒地带。

征服王朝论者认为，辽、金、元、清四个征服王朝，就对汉文化的态度而言，可以分为两个亚型，即辽、元抵制型和金让步型，清则处于两者之间。抵制一词用得是否恰当，可以不论；让步一词应该说还是比较精当的。也许从灭亡北宋时起，女真王朝的统治者就有了明确的目的，要将金王朝变成一个由女真人掌权的中原王朝式的正统王朝。① 在能够维护女真人特权和女真人统治地位的前提下，这个王朝的政治运作应该尽量地汉化——当然，如果女真传统的影响太大，那也是没有办法的事。官制比唐宋简化、皇权既受到贵族限制又空前强大、猛安谋克制维持、汉人受到排挤、世宗祖孙对女真人和汉人区分的强调甚至国家政治的汉化到章宗朝达到顶点等史实都可以从这一目的和它所受到的牵制因素中得到解释。可以肯定的是，女真人和女真国家政治结构的不断汉化，使王朝统治的合法性不断得到更多汉人的认同，既然他们对王朝统治的认同，主要看它的文化而不是统治者出

---

① 海陵王南侵，在笔者看来，有一深层的原因，就是要实现历代自认为是中原正统的王朝所想实现的愿望，天下统一于一国。在天下中国观支配下，汉人形成不了现代主权平等的多国体系意识。辽宋签订澶渊之盟，在宋人看来，只是权宜之计，朝野上下一直没有放弃收复幽云地区的打算。即便如此，宋和辽在互将对方看作是与自己平等的政治实体的同时，又构建了一个虚幻的亲属关系。两国皇帝彼此以兄弟称呼，这样在两个实体之上又形成了一个大实体，尽管它不过是一个幻景，但毕竟与天下一国的理想有些形似。分裂时期类似的虚幻亲属关系屡次被构建，契丹、女真等非汉族接受这样的虚拟安排，显然是受到了汉人的影响。亲属关系中辈分的高低只代表在虚幻的大实体中，每个小实体的地位不同而并不表示正统在哪一方；只有一方向另一方称臣，才表示正统的归属。北宋灭亡之前，和金朝约为伯侄之国，虽然有些屈辱，终究保持了正统；到绍兴和议时，南宋只能向金朝称臣，虽说在自己国内，可以照样维护自己统治的合法性，但在虚拟的大实体中，则已经将正统交给了金朝。不过，称臣纳贡构建的仍然是一个虚拟的大实体，天下中国论者还是希望能将藩主和藩臣政权统一于一个实在的政治实体，起码要将汉文化地区统一起来。南宋向金称臣，骨子里仍旧把自己视作正统，宋人因此有了挥之不去的"恢复"情结；即便是那些所谓的投降派、保守派，照样有统一的愿望，承认金朝的统治只不过是时势不由人不得不为之的事。一心想成为全中国皇帝的金海陵王自然也不满足于自己王朝只控制了部分汉地的事实，他想把这个虚拟的大实体变为现实，尤其要把占领大量汉地的富庶的南宋王朝纳入自己的版图。南侵的失败，只说明在统一汉地这一目的上女真人条件还不成熟，并不意味着他们放弃了成为正统中原王朝链条中一环的打算。南侵失败后，金宋重新签订协议，金宋约为叔侄之国，宋不再向金称臣，但后来金章宗定本朝德运时对与他的王朝并列的南宋不屑一顾。在他看来，只有金朝才是当时的正统王朝，而南宋则不具备这个资格。

身的民族。汉人的精英阶层，已经普遍培养出强烈的以自己所在王朝为合法政权的情感，他们绝大多数认为自己的王朝是中国文化传统的维护者，是唐和北宋的合法继承者。[1] 因此，在金朝灭亡北宋以及随后的数次金宋战争中，大量的厮杀发生于金朝汉人与同族的南宋汉人之间，就不是一件奇怪的事了；甚至劝说金朝皇帝出兵去灭亡北宋的也是汉人。南宋韩侂胄开禧北伐前以为金朝的汉人会盼星星盼月亮地欢迎他们去收复"失地"，那真是过于天真了。王朝末年，在一心复仇的南宋和不可战胜的蒙古夹缝中，金王朝顽强坚持了近30年，也许多少可以用认为自己王朝统治为正统的感情的日益增长来解释；这种感情肯定是构成官兵忠诚的基础，虽然也有叛徒和投机者，但无论是女真人还是汉人，到最后关头仍保持忠贞的人数之多还是令人惊讶的。[2]

　　元代汉族智识阶层在民间社会也仍然作为精英存在。可以肯定的是，在天下中国观和汉文化至上主义两种意识的支配下，南北智识阶层大多怀抱着文化上"以夏变夷"的理想，承认了元王朝统治的合法性，虽然他们的心理调适过程还不太清楚。但是，蒙古人的政府始终未能与汉人的理想模式合拍则是一个不争的事实。处于其中的汉族智识阶层又是怎样看待政权的合法性的呢？本文后面要提到，公元10世纪以来，汉人在弱势环境中发展出了一种对本民族文化的全面崇尚。元代政府没有汉化，但在汉人于自己本民族文化内寻找精神避难的过程当中，是可以用汉文化吸引蒙古、色目人的，包括他们中的上层人士；这很可能就是元朝一段比较长的时间

---

[1] 中国古代汉民族的族群认同一直受政治认同的影响和支配，后者的认同包括对超越具体王朝而始终存在的天下中国这一政治共同体的认同和具体的王朝认同两种。对具体王朝认同的强化是宋朝以后的事，本文下面还要指出，实际上是元以后得到进一步加强的；但两宋汉地社会的分裂状态仍然冲淡了唐代形成的整个汉人族群的认同。任何一个族群认同都是会发生变化的，族群包容的人群范围会不断变化，辽金和两宋并列时期，汉地社会南北的人群各自认同自己的王朝，已经将另一部分的同族人区别在外了。所以，元朝将南北的汉族人分为两种，在笔者看来更多是对既成事实的承认。汉人首先被征服，自然要比南人高一等。元代汉人官员排挤、歧视南人官员，南人官员有些也以自己文化水准自负、有点瞧不起汉人官员，这些都未必是许多人所认为的蒙古统治者将汉族人分化的结果。

[2] ［德］傅海波等编：《剑桥中国辽西夏金元史》，史卫民等译，中国社会科学出版社1998年版，第299—306页。

方法篇

内，汉人儒士的一个相当普遍的想法，元代的事实也显示用汉文化吸引外族个人是可以有很大成效的。不过，元代蒙古、色目上层的观念意识尽管不断受到汉文化浸润，种族意识的反弹也是非常强烈的，这无疑会让汉人儒士大为失望，而元政府内部屡屡发生的上层倾轧以及与百姓生活最为密切的纸钞的不断贬值更会使其合法性产生危机。《剑桥史》作者因此认为，元代后期，只有很少的汉人还对蒙古人受命于天的正统性表示怀疑，"更多的人则开始预言蒙古人将很快失去天命"①。

因此，与金朝相比，汉族智识阶层对非汉族政权的认同程度在元朝是有所逊色的，虽然这个政权完成了比汉地更大范围的全国统一的事实。女真人王朝的衰亡，根本的原因在外患；而蒙古人王朝的衰亡，根本的原因还是在内部，它的汉族臣民对政权合法性认同程度的降低应该也是一个比较重要的影响因素。但是，蒙古人政权的结束，一样产生了不少的遗民，他们中不仅有在元王朝属于上等人的蒙古人、色目人，还有相当数量的汉人和南人。而且，据一些学者最近的出色研究，忠于自己衣食所自王朝，不论该王朝统治者出自哪个民族的遗民意识在明初甚至有泛化迹象。②朱元璋北伐时提出"驱除胡虏"的口号，但不久就放弃了它，取得天下后，他否认自己直接反元，而把它说成是元失天下于群雄，他取天下于群雄之手。一方面，钱穆先生很早就发现，明初诸臣的诗文仅言开国不及攘夷，这位民族本位情绪很强的史学家为此感到很吃惊。③从这些事实中我们可以看出，古人（主要是汉人）对一姓王朝的忠诚意识在元末明初得到加强，当然，很多时候这种忠诚仍然不如对天下中国的忠诚；而所谓的华夷之辨看来要更晚才真正强化。在笔者看来，汉人种族意义上的民族认同强化很可能是清中后期的事，太平天国是一个迹象；很多人认

---

① ［德］傅海波等编：《剑桥中国辽西夏金元史》，史卫民等译，中国社会科学出版社1998年版，第712页。

② 参见姚大力《中国历史上的民族关系与国家认同》，载刘东主编《中国学术》第12辑，商务印书馆2002年版；同氏《元遗民考：与宋遗民的比较研究》（提要），元代政治与社会国际学术研讨会论文，南京大学，2002年8月。

③ 钱穆：《读明初开国诸臣诗文集》正续篇，载氏著《中国学术思想史论丛》卷6，安徽教育出版社2004年版。

为的宋代人种族意识强烈的观点似乎值得商榷。另一方面，古代汉人种族认同受制于政治认同，包括对天下中国的认同和对一姓王朝认同的传统则一直延续了下来，这种传统似乎还影响了中国境内别的民族。清中后期起，包括汉民族在内的不少民族强化了的种族意识很快被救亡主题掩盖，种族认同再次让位于国家认同，但这些种族意识其实是一直存在的。

（四）辽、西夏、金、元四朝的历史影响

辽、西夏、金、元等王朝对中国历史的演变产生了什么样的影响？古代的汉族历史学家，受大汉族主义思想影响，往往不加分析地就把这些王朝的历史说成一团漆黑。王朝建立和对汉地的征服，确实伴随着残酷的战争，对普通民众而言，战争带来了大量的伤亡和经济的残破，不过，战争的残破程度，倒不一定比历史上其他的战争来得严重。战争过后的恢复工作，这些王朝做得一般也不比中原王朝差。王朝既然延续传统的治理方式，民众的赋税负担也未必比汉族统治时沉重，对汉地的经济而言，异民族统治的影响就不会突出；经济中心的南移，与非汉族的统治没有必然的联系。

辽境内的民众有两大类，一类主要从事游牧、渔猎，一类主要从事农耕。辽王朝没有改变他们原先各自的经济方式，两大类民众继续自己本来的经济生活。契丹建立帝国，对游牧经济的发展无疑是有积极作用的，起码，一个明显的事实是，建国后出现了国有的群牧制度。契丹人的政府对农业的优势似乎很早就有深切的感受，极有可能，他们早期觊觎汉地的主要原因并不是对它文化的仰慕而是了解到农业在那儿产生了巨大的令人惊奇的财富；皇帝和他的高级官僚尽管一年四季都在游猎，但他们并没有忘记时时发布一些劝课农桑、设立义仓、奖励垦荒等促进农业的政策，即使在战争期间，保护和发展农业也仍为契丹统治者所重视。与渤海国时期相比，辽东京道的农业有较大的发展。南京、西京地区汉人的赋税未必比同时期的北宋沉重。上京、中京两道，传统上以游牧渔猎经济为主，主要自辽朝建国前后起，迁入了大量的汉人和渤海人，农业以及相关的其他产业，如纺织、制陶、城市建筑、商业等得以在牧

61

区，特别是上京和中京城附近迅速发展。以农扶牧、农牧相济的经济措施作为辽朝的军国大计也累世推行于这两道特别是两京附近地区，偏远的地方，则继续辽以前王朝的政策，鼓励汉人前往屯垦。草原地区开辟农业，今天看来，尚可以见仁见智；在辽朝，无疑对固有的畜牧业起了有力的匡扶和促进作用，今天这些地区农业已经占据相当比重，人口分布上汉族也已经居多，这种格局是从辽朝慢慢演进而来的。

党项王朝的经济状况我们了解不多。建国前党项族长期以游牧为主，慢慢的有一部分人学会了农耕生产。建国后，畜牧仍然占主导地位，但农业经济已处于国家经济中的重要地位，当然，我们还不能准确估计从事这两项经济活动的各自人数。西夏的农业区主要有三处：一是西夏腹心地带的兴、灵二州地区，东、西、北三面皆黄河，秦汉以来农业生产就相当发达，西夏对这一地区的进一步开发，使之成为王朝最重要的产粮区；二是河西走廊的甘、凉诸州，唐代曾在此屯田，西夏时期，这里畜牧、农业都比较发达；三是西夏与北宋的边境地区，也是宜农宜牧的膏腴之地。西夏的农业生产水平，与同一时期宋朝相近地区的农耕技术和方法也差不多，不过西夏的农业赋役负担可能比东边的近邻要重一些。西夏的畜牧业是相当发达的，除了个体的家庭生产，国家也设置了官营牧场。党项人有多种家畜当时著称于世，如马、骆驼、牦牛等。

金朝女真统治者既强迫大批汉人继续向塞外，直至遥远的上京地区迁移，同时又组织大量女真及塞外其他民族的猛安谋克户向中原和其他地方迁徙。汉人——他们中有很多是燕京及山西地区的富户和工技之民——向塞外移民，带去了中原地区先进的知识和技能，对东北地区的经济开发有明显的促进作用。有些猛安谋克户迁移到了原先地广人稀的地盘，他们开垦了更多的耕地。大量猛安谋克户向中原地区迁徙，占夺了许多本属于汉族百姓的耕地，很有可能中原耕地的一半以上在猛安谋克户手中。金朝初期，由于连续的战争，中原地区经济遭到严重破坏。皇统年间与南宋议和后，经济开始恢复，人口也有显著的增长。当然，就粮食产量而言，金朝显然无法与南宋竞争，后者大多数地区水稻每年都可收获不止一季，而金朝的粮食平常年份只能说略有盈余；自唐代中期开始，中国的经济中心已经逐渐南移。① 金朝猛安谋克户的赋税偏低，而国家的财政开支明显偏大，推断汉人的负担要比辽和北宋时期为重。经济产业的其他部门，如畜牧业、手工业、制造业、商业等，金朝继续在辽、北宋的基础上发展，其中金属冶炼业和采煤业似乎有较大进步。

元代最重要的经济部门仍然是农业。北宋以后，河北、山东、山西、关中等地经济长期衰敝，这并不是主要因为蒙古人的南下，除了河北、山东等地在蒙金、蒙夏战争中遭到一定程度的破坏外；不过13世纪30年代以后，这些地区都缓慢恢复。蒙古人南下，对原金、宋地域经济影响最大的是河南、四川和江淮之间，入元之初，这三个地区的经济已濒临崩溃。以忽必烈为代表的一批统治者为加强新政权的物质基础，很快接受了"国以民为本，民以食为本，衣食以农桑为本"的观念，全面而雷厉风行地采取了一系列重农或劝农措施。这些举措对上述三个地区的经济复苏是有明显作用的。江淮地区经济获得较快恢复，应该与宋代水平相差不远；河南的复苏也较快，但似乎未能再现北宋时代的繁荣；四川经济状况的好转看来比较迟缓，不过也一直处在逐步恢复当中。② 元灭南宋，南方地区遭受的战争损失总的说来比较有限——忽必烈为筹划海外战争在江南引起的对经济和社会秩序的破坏，其程度甚至超过平宋战争——这也使得原来已呈明显的南北差异愈发突出。元招募人员垦荒屯田的做法在江南也广为推行。北方农业到元朝为止还有广种薄收色彩；南方耕地则大多被开垦，每亩稻米产量，大概跟南宋相当，有的地方则可能比南宋略高。经济作物桑、麻遍及南北各地，棉花也在大江南北广泛传播，作为纺织原料，它已与丝、麻鼎足而三。到了后来的明朝，棉花的重要性就超过了麻。元代手工业中，棉纺织兴起并迅速普及，青花瓷技术取得重大发展，瓷器作为一般消费品进入寻常百姓的日常生活领域，制盐业中

---

① 女真猛安谋克户占有大量土地，他们一般放租给汉人耕种，这些耕地的粮食产量和汉人自己田地的相比应该差别不大。少量猛安谋克户田地女真人自己耕种或者撂荒，它们的产量一般比较低，这也是中国北方当时经济不如南方的一个原因，但它显然不是造成南北经济差距的主要因素。

② 姚大力：《漠北来去》，长春出版社1997年版，第28—29页。

方法篇

晒盐法也广为推行。这些都是元代手工业获得新进展的方面。不过总体来说，元代手工业仍是前代的继续，没有发生重大的变化。元代的牧业、渔业、商业也都获得一定的发展，特别是商业，南北交流和对外贸易的规模与程度都大大超过前朝，包括南宋。总的来说，元代南北民户的负担可能都要比前朝为轻。

以前有不少学者认为与宋代相比，元朝的经济遭到严重破坏，出现逆转现象。逆转说由于过多想当然的推理，如今已经逐渐被学者们放弃。韩儒林先生等认为，元代社会经济北方逐渐恢复，江南与南宋持平，部分地区有所增长，尤其是边疆地区；经济发展形势前期由恢复到发展，中后期由发展到停滞、衰敝。[①] 韩先生等的看法分析中肯，说服力较强，已经为多数学者接受。近30年来，国外一些中国经济史学者的研究成果启示我们对元代经济的历史地位需要深入思考。在他们当中有一种流行的理论，认为宋代以后，中国的经济尤其是江南地区的经济出现一种只有增长没有发展的趋势，或者说，经济过程中投入在不断增加，产量也在增加，但产量的边际增长与投入的边际增长的比率则不断下降，甚至趋于零。这种理论认为宋代与唐代相比，有一个边际增长率上升的过程，而到了明代，则下降或者趋于零，中间的转折就发生在13、14世纪，主要是元朝时期。

这种理论对我们的启示起码有两点。第一，研究元代经济，当然也包括辽、金等朝代经济，不能仅仅研究其中生产关系方面的内容，而且要研究经济过程中生产力方面的因素，包括投入、生产过程、产出以及投入与产出之比即经济效率等，尤其要研究经济效率方面的因素。这些因素每一方面都包含很多内容，比如投入方面，有人口、耕地、农耕技术等；生产过程方面，起码有气候变化、种植制度、经营方式等因素或环节。前述韩先生等人观点中所用的词，如"恢复""发展""持平"，大概都是用最后的产量来衡量的，虽然总产量、亩产量、人均产量等几个产量指标实际上难以同一幅度增长或下降；不

[①] 韩儒林：《〈元史纲要〉结语》，载元史研究会编《元史论丛》第1辑，中华书局1982年版；白寿彝总主编、陈得芝主编：《中国通史·元时期》上册，上海人民出版社1997年版，第699—727页。

过,以江南为例,即便几个产量指标都同南宋持平,也还不能下结论说元代的经济效率也同南宋持平。

第二,元代经济恢复并发展理论比较多地强调经济中的一些新鲜事物,而用边际增长尺度来衡量经济发展时则要仔细考虑这些新鲜事物的实际影响度以及它们本身的经济效率,这样一来,我们对元代经济的全貌就会有一个更真切的把握。元代边疆地区的经济表现出长足的进步,云南的农业、水利和蚕桑业,发展很快;而漠北的繁华和农业垦殖也盛况空前。不过,就漠北来说,这种殷富是在元廷动用政治权力调动中原和南中国巨大经济、文化和人力资源的支持下实现的,以至时人有"穷极江南,富夸塞北"的怨言;正因为成本太高,元中叶以后漠北繁荣渐呈难以为继之势。元朝的统一,促进了商业的发展,但从整体来说,元代仍然是自然经济占统治地位的时代。少数城市和沿海地区相对发达的商品经济以及超越前朝的海外贸易对于广大的农村和占人口绝大多数的农民来说,并没有明显的影响。虽然海外贸易对手工业的某些部门,如丝织、制瓷业产生了刺激作用,但对农业的影响其实是谈不上的;而元代手工业尽管在某些方面也有突进,但整体而言与前代也没有太大的变化。[①] 元代农业和手工业生产领域出现了一些新的技术,但它们是否完全推行实际上还很难说。另外,各种技术的运用都需要有一定的前提条件,如果这些条件不满足,新技术就很难运用;再有,各种新技术也不是能够混在一起使用的,它们存在一个搭配的问题。所以考虑新技术的功效时需要考虑很多技术本身以外的因素。

由于元代经济中还有很多问题没有搞清楚,我们很难对元代经济效率作出准确估计。不过近10多年来,国内外一些学者对上述的中国经济在宋代以后边际增长下降趋势理论提出了极有价值的质疑,他们认为,以江南为例,唐代以来,这一地区的经济实际上是稳定发展的。这些学者的判断尺度也是经济效率,他们认为唐宋之间并没有一个突进,宋明之间也没有明显的退步或逆转;夹在宋明之间的元朝,

---

[①] 陈高华、史卫民:《中国经济通史·元代经济卷》,经济日报出版社2000年版,第784—785页。

方法篇

虽然难以估计,但既然前后朝之间没有明显变化,应该也不会出现所谓"13、14世纪的转折"①。

两种观点针锋相对,如果不对元朝的经济效率有一个明确的结论,它们的争执也不会有结果。不过,既然双方争论的只是一个边际增长的问题,即便有较大的变化,在经济总量上也未必明显表现出来。经济效率和经济产量一样都只是一个指标,而分析元代经济的历史地位,是需要综合考虑多个因素的。就元代的经济面貌而言,韩先生等的观点仍然是不移的结论。蒙古人的征服与统治,虽然造成北方人口的剧减和南北经济不平衡的加深,但中国整体经济发展,并没有因为非汉族的统治而受到多大影响。至于中国古代的经济,后来最终为何没有走出困境,或者说到了一定时期为什么与西欧经济出现了"大分流"现象,肯定与包括辽、金、元等王朝在内的征服王朝的统治没有多少关联。

经济以外,生活习俗上,乡下甚至县一级的城市,普通的汉人百姓也许一辈子都难得遇到一个统治民族的成员;即使是金朝,女真人大量分散居住于汉地,一般汉人还是很少接触到他们。当然,一些统治民族的生活时尚可能会通过各级渠道影响到基层平民,不过总的说来还比较有限。妇女守节观念的加强大概是元王朝时期的事,蒙古王朝将理学官学化也是会对民众的日常生活形成深远影响的,但这些内容的各个方面,有的同统治民族成分有关,有的则可能只是汉地社会的自然发展。文化上,征服王朝时期呈现了多元文化色彩,特别是元朝,异民族文化可谓瑰丽多姿,不过对汉人影响其实并不大;中国境内信仰伊斯兰教的人比元以前多多了,但很少是汉人。文化上对后世影响较大的还有金元时期俗文化或大众文化的兴盛,主要表现在宗教的世俗化和戏曲的兴起,不过它们与非汉民族入主中原之间关联也不是很大,除了戏曲中吸收了不少女真音乐。元代的汉人为什么不能像在汉唐时那样有广阔的胸怀拥抱非汉族文明和外来文明,确实是一个有趣的问题。很重要的一个因素,两宋以来汉文化实际上已凝聚为一

---

① 李伯重:《有无"13、14世纪的转折"?》,载氏著《多视角看江南经济史(1250—1850)》,生活·读书·新知三联书店2003年版。

种自足的内向文化,对外来文化具有排斥性。① 而这种现象的出现与安史之乱以后汉人地位的跌落,特别是 10 世纪上半叶以后,汉人在与北方民族的较量中处于明显劣势的事实有关。正如有学者指出的那样,10 世纪以后非汉民族群体在中国的主导地位,使汉人社会在弱势环境中发展出了一种对本民族制度、思想、文学、艺术、社会、情趣等各方面的全方面的崇尚,并在这种全面的文化崇尚中寻找精神寄托和精神避难所。② 很有可能,就是这种用自己传统文化作为精神慰藉的做法使得他们难以再有度量去接受异质的文明。

日本学者内藤湖南对中国历史的发展提出了著名的"唐宋变革期"论断,认为唐宋之际中国社会发生了一个巨变,宋代可代表中国近世的开始。③ 他举了很多方面的证据,如君主权力的加强、城市和商业经济的兴起、科举的推行、文化的世俗化等。按照很多人的看法,到了明代,两宋的活力已经丧失,于是他们就把责任推到宋明之间的各个征服王朝身上。就经济而言,前述一些学者对"13、14 世纪转折论"的质疑实际上也就对内藤的说法提出了怀疑,姑不论他们的质疑是否可以成立,这里只是要强调最近有学者指出的一点:中国历史的演变具有缓慢性的特征。④ 自宋朝以来,确实如内藤所说,中国有向近世发展的趋势,但这种趋势仅是诸多趋势中的一种,并不必然占据主导地位。在社会缓慢的演变过程中,很多偶然因素都会左右历史的进程,所以,虽然有近世的趋势,也未必就会缓慢地发生质变,说不定中途就消失了,即使没有金元等非汉民族王朝的插入。另一方面,中国古代社会政治笼罩一切,经济本质上是一种权力经济,所以,唐宋之间君主权力的加强实际上是不会引发西欧中世纪末期民族国家加强王权而形成的资产阶级革命的,即便这个东方国度的文化多么大众化、城市商业经济多么发达、政治资源竞争多么平等。从这

---

① 萧启庆:《蒙元统治对中国历史发展影响的省思》,载氏著《元朝史新论》,台北允晨文化公司 1999 年版。
② 华涛:《文化对话与中国传统文化范式中的障碍》,《南京大学学报》2003 年第 1 期。
③ [日]内藤湖南:《概括的唐宋时代观》,汉译文载刘俊文主编《日本学者研究中国史论著选译》(一),中华书局 1992 年版。
④ 王家范:《中国历史通论》,华东师范大学出版社 2000 年版,第 324—349 页。

方法篇

一点上来说，征服王朝也是不必为宋代近世趋势的夭折负责的，如果它确实有的话。

但不可否认的是，金元等王朝对后世的政治产生了深远的影响。从积极方面讲，中华帝国的版图不再局限于汉地，民族成分多了起来，王朝的政治中心从黄河以南迁移到今天的北京地区。消极方面，也是很明显的。君主权力加强并发生了质变，官员成为君主的奴仆，天下成为一家的天下，中国真正进入君主专制时代。虽然相对公正的官员选拔上的科举制度重新恢复，但整个制度与唐宋相比是大大倒退了。从长期来看，政治制度的倒退对中国经济文化的发展是有负面作用的。

总之，10—14世纪非汉族的统治，并没有改变汉地社会、经济、文化的基本面貌，它们仍然按照原来的逻辑运行；只是一些王朝前后期巨大的人口数目变化对经济的影响如何我们还难以估计——以明朝的建立为终结的持续了20年左右的国内战争，其破坏性至少可以同女真人征服中国北方时相比，肯定超过了蒙古人征服中国南方时的情形。这几个北族王朝，特别是蒙古人的元朝，统治的影响主要是政治上的，除了国家版图的奠定外，最直接的影响就是政治制度了。汉人的明朝继承了元朝的很多内容：元朝的宰相只拥有政令执行的权力，明朝索性连这一点也取消了，宰相这个官职也就从中国历史上彻底消失；元朝君主专制程度大大加强，明朝也没有恢复宋代那样精致的政治体制，而大多继续元朝未免简单化且粗暴化的制度设计；元代君臣关系由历史上的尊卑关系演变为主奴关系，明代也一样继承了。另外，元代破碎的法律体系、中央对地方控制的松弛，尤其是元末朱元璋活动的10多年时间，君臣的不作为也给明初统治者留下深刻的印象，他们认为就是这些导致了元王朝的灭亡；新的王朝惩元之弊，在君主专制以外，最大程度地加强中央集权，整齐社会的纷乱状况。明朝的政治制度就是在这种对元王朝的制度，既有继承，又加齐整的目的下设计出来的。因此，就政治制度而言，两宋王朝的结束是中国历史一个相当大的转折，而政治层面之外，元朝以及其他征服王朝并不代表晚期中华帝国各方面自然发展的主要挫败。

三 元朝是中国历史上的独特王朝[①]

(一) 元朝的起讫年代

中国历史上的大多数王朝,不管是汉族建立的还是非汉族建立的,它们的起讫年代都清清楚楚、没有异议,而对元王朝的起始和结束年代,人们则有不同看法。

公元1206年,45岁的蒙古乞颜部首领孛儿只斤氏铁木真,经过20余年的艰苦血战,成为蒙古高原所有游牧民的共主,这一年,他在高原北部漠北的斡难河畔召开了一次贵族大会,宣布建立一个名为"大蒙古国"的政权。与会贵族给铁木真奉上尊号"成吉思汗",在汉文文献中写作"成吉思皇帝";60余年后,铁木真的孙子忽必烈在位时,确立太庙制度,君臣给自己王朝的建立者铁木真拟定庙号"太祖"。

大蒙古国成立后,随即发动了旷日持久的对外征伐战争,蒙古的铁骑纵横驰骋于亚欧大陆,帝国的地盘也随之扩大。不过,要将一个横跨欧亚的庞大帝国始终维持统一,也是一件不可能的事,第四代汗蒙哥(庙号宪宗)在位时,大蒙古国开始分裂。忽必烈(庙号世祖)时期,蒙古人实际控制的地盘最终形成了一个宗主政权和四个藩属政权的格局,这也是人们习称的"世界史上蒙古时代"[②]的基本格局:一个宗主王朝加四个宗藩汗国。蒙古人建立的各政权,存在的时间长短不一,最晚的一直延续到16世纪初。

大蒙古国中的宗主王朝,所统驭的地域,除了蒙古高原外,还包括了宋金对峙时期中国境内各主要分立政权的原先地盘,即西北方的西夏王朝之地、北方和东北方的金朝之地、南方的南宋王朝之地、青

[①] 本节内容是拙著《一本书读懂元朝》的序言原稿,因篇幅限制,在该书中作了较多删减,这里刊出的是全文。该书2013年由中华书局出版。

[②] "世界史上蒙古时代"是继"征服王朝论"之后目前颇受海外元史学界青睐的又一种用于研究元朝历史的理论基础,该理论最早由日本学者杉山正明在20世纪90年代前期提出,参见其文《蒙古时代史研究的现状与课题》,汉译文载近藤一成主编《宋元史学的基本问题》,中华书局2010年版。对照海外元史学界广泛利用的这两大理论,笔者以为目前颇受争议的国外"新清史"理论其实并没有多少新意。

方法篇

藏高原的吐蕃之地、西南的大理王朝之地等,更西北地跨中外的西辽政权,其一部分地域也为这个宗主政权所拥有。1271年(当时南宋尚未灭亡),忽必烈给这个宗主王朝定国号"大元",也就是人们习称的元朝;此后,这个王朝在蒙古文献中被写作"大元大蒙古国"或"又称作大元的大蒙古国",意思是说它是大蒙古国的一部分,名字又叫大元。①

关于元朝的起始年代,有1206年、1260年、1271年、1276年、1279年五种说法。1206年是铁木真建大蒙古国的年代;1260年是忽必烈即位的年代;1271年是定大元国号的年代;1276年是南宋皇帝献降表的年代;1279年是南宋残余势力最后被吞灭的年代。这五种说法中,最有说服力的是1206年之说。明朝初年编正史中的《元史》,就是从太祖建国开始叙述的。有一部蒙古文的史书,主要内容是成吉思汗和其继任者窝阔台(太宗)时期的史实,该书原先无标题,明朝人拿来做蒙古语文教学的教材时增加了一个蒙文标题,直译意思是"蒙古的秘密的历史"(一说原蒙古文标题即为"历史","蒙古的秘密的"字样为明朝人所加),对照的汉文则题作《元朝秘史》。今天有人改此书题目为《蒙古秘史》,反而是不必要的。

将1260年作为元朝的开始也是有道理的。忽必烈即位伊始,大蒙古国分为一个宗主政权和四个宗藩政权的格局就基本形成,忽必烈宗主政权的范围开始固定在中国区域。忽必烈的治国政策也和此前的四个大汗(太祖铁木真、太宗窝阔台、定宗贵由、宪宗蒙哥)有明显区别,他大量采纳了中国中原王朝原先的各种统治制度,而原先的四大汗则都以蒙古制度为核心。忽必烈杂糅蒙古制度和汉制而成的新制度,成为后来元朝政府不断宣称要恪遵的"不易之成规"。忽必烈之后元朝的诏书,提到本朝的起源时,往往将忽必烈和乃祖铁木真并列,一般用这样意思的套语:"太祖皇帝肇造区夏,世祖皇帝混一海宇。"当时人甚至有直接称本朝为"世祖之天下"的。因此,将元世

---

① 韩国学者金浩东认为,"大元"乃"大蒙古国"一词的汉文意译,两者所指相同,可备一说。参见其文《蒙古帝国与"大元"》,汉译文载姚大力、刘迎胜主编《清华元史》第2辑,商务印书馆2013年版。

祖即位视作一个新王朝的开始未尝不可。不过,世祖皇帝的政策,和原先四汗的政策并非截然有别,它们之间仍有诸多一脉相承的因素;再说,前四汗时期,大蒙古国的地盘就已经扩展至中原地区,所以,将1206年作为元朝的开始,说服力更强。至于将1271年、1276年、1279年视作元朝开始的说法,就未免显得根据不足,而且也不太合适。史学界多数主张元朝始于1206年,不过大家又将这个王朝分为前后两个阶段:1206—1259年,称前四汗时期;1260年以后,则称世祖即位开始的元朝时期。[①]

公元1368年,明太祖朱元璋的军队攻入元朝的都城之一大都城(今北京;元朝另外还有一个都城上都,位于今天的内蒙古正蓝旗境内),元朝皇帝顺帝出逃。史学界一般把这一年作为元朝的结束。不过,要说明的是,元顺帝出逃后,漠北地区的游牧民众继续使用大元国号,直到1402年才宣布放弃。1368—1402年的蒙古政权,史学界称之为"北元",它是元朝的继续,但被视作为一个地方王朝,其延续时间不计入元朝之内。1402年之后,漠南、漠北蒙古诸部依然林立,成为明王朝甚为头痛的边患问题。

(二) 元朝实现了中国各文化区的空前统一

要认识元朝在中国历史上的地位,了解这个王朝的独特性,我们有必要先了解一下古代中国历史发展的两条脉络:一条是中原王朝的历史脉络,另一条是北方民族政权的历史脉络。元王朝就是这两条脉络的第一次交汇时期。

秦汉以来的古代中国地域,从文化地理角度,大致可以分为两大部分。一部分以中原地区为中心,民众主体是汉民族,文化主体是汉文化,这部分地方我们一般称作汉地。另一部分位于汉地的周边,民众主体是各种非汉民族和族群,[②] 文化上受汉文化的辐射影响,但影

[①] 以往学界习惯称前一阶段为大蒙古国时期,称后一阶段为元朝时期,笔者认为这样的习惯称法不妥。

[②] 中国历史上的众多非汉民族和族群,以往学界多喜欢直接称它们为少数民族。实际上,相当多的族群能否被视作为一个民族是很可疑的。下文为表述方便,多数时候仍按习惯称它们为民族,请读者注意。

响程度不一，有的地方则以少数民族文化为主。汉地以外的少数民族区域我们还可以再细分为几块。中国东南地区，少数民族分布较少；中南、西南地区，少数民族种类较多，文化上也异彩纷呈，民国初年，有人曾以"苗文化区"这样一个不太合适的称呼统称这些地方。不过，在古代史上，南方的民族一般很少对中国历史的全局发生影响，其中影响最大的政权是今彝族、白族祖先在唐宋时期建立的南诏—大理政权，该政权在 13 世纪中叶被元王朝吞并。北方的民族，西北地区河西走廊和天山以南沙漠绿洲中的民族，元明以前是东西方丝绸之路的主要参与者，在政治上影响则比较有限。其他的北方民族，对中国历史的影响就大了。这些经常对中国历史全局发生重大影响的北方民族区域，又可以分为三大块。第一块是大兴安岭以东的东北地区，历史上的民族主要操满—通古斯语族语言，这一地区民国初年也被称为"满文化区"。第二块是蒙古高原地区及其邻近，东部包括大兴安岭一带，西部延伸至今天山以北的部分地区。这一区域中心蒙古高原上的民族，9 世纪前以突厥语族民族为主；公元 840 年，高原上强大的回鹘帝国瓦解，此后，从大兴安岭一带迁来大量的蒙古语族民族，该区域整体也就不断地蒙古化。成吉思汗建国后，该区域蒙古化的速度加快。蒙古高原地区和其邻近，民国初年也被称为"蒙文化区"。第三块是青藏高原区域，这一区域史学界一般把它作为北方民族地区看待，以前也被称为"藏文化区"；该区域的民族，主要操藏缅语族语言。

这三大北方民族区域，经常出现实力强大的势力集团，对南方汉地的政权构成压力。中国古代的历史，很长时期就表现为南方汉地政权（这些汉地政权中也有部分是由入主中原的北方民族建立的，比如北魏、金朝等）与北方民族政权之间的对峙和相应的民族融合。也可形象地说，长城两边的对峙与融合是古代中国历史进程中一个甚为显著的特点。三大北方民族区域中，蒙古高原区域出现的强大政权数量又要远远多于另外两处。

南方汉地是秦、西汉时，与它们对峙的蒙古高原上的北方民族政权是匈奴；南方汉地进入东汉时期，蒙古高原有鲜卑和它对峙。东汉瓦解后，鲜卑人的一部分南下，进入汉地，在汉地建立北魏王朝，相应地,蒙古高原上则兴起了柔然政权。柔然政权之后,蒙古高原主体政权先后是突厥和回鹘,汉地则先后兴起隋、唐政权和它们对峙。另外,在唐朝,青藏高原也兴起了吐蕃王朝,中国北部地区一度呈现回鹘、吐蕃、唐朝三强鼎立局面。回鹘瓦解后,控制蒙古高原的主要势力是契丹,汉地则为北宋。随后,东北地区的女真人兴起,首先在东北建立金王朝,接着它灭亡了契丹人建立的辽朝和汉地的北宋,其地盘扩展至汉地中原地区,此时,蒙古高原上则兴起了几个强大的部落集团,如乃蛮、克烈、蒙古等,它们和金王朝对峙。元王朝将长城两边的地域归并到了一个统一的政权之内。元朝结束后,明代中国重新显示长城两边的对峙局面:南方是明王朝,北方则是蒙古人势力。东北满族人建立的清王朝,再次将长城两边统一到一个政权之内,实现了中国历史上两条脉络的第二次交汇。

　　元朝对中国历史的最重要影响,莫过于它实现了中国空前规模的统一,从而奠定了中国版图的基础。首先,元朝的统一,不仅仅是长城两边的地域进行了统一,它还前所未有地将中国几大文化区域都统一到了一个政权之内。元朝以前,秦、汉、隋、唐王朝虽然也曾经在汉地以外的文化区域设置过一些统治机构,但是它们均未能在中国几个文化区域内同时设置统治机构,比如汉朝中央王朝势力就不及于藏区,唐朝中央势力也不及于立足于云南地区的南诏,北宋实际控制的地盘更是有限。其次,秦、汉、隋、唐等王朝在汉地以外的统治机构往往不太稳定,自身实力削弱了,这些机构有时就很难继续,比如两汉设在西域的机构就是这样,而元朝对这些区域的统治基本上都延续到了元朝灭亡甚至之后。再次,秦、汉、隋、唐等王朝在汉地以外的统治往往不太深入,有的是派驻一些代表,有的是设立一些羁縻机构,这些代表和羁縻机构对少数民族地区的内部事务往往不太干预。元王朝就不一样了。元朝将中国全境分为十二个一级行政区域:一个中书省、十个行中书省、一个宣政院直辖之地。一级行政区划之下的路、府、州、县以及宣慰司、宣抚司、安抚司等机构在少数民族地区普遍设置,另外还创设了土官制度,这些机构的设置和土官制度的推行,使得元朝中央势力对少数民族地区的渗透程度远非之前各王朝所能相比。明、清时期中国中央王朝势力进一步深入到少数民族地区,就是在元朝的基础上进行的。

　　元朝对中国空前规模的统一，不仅仅奠定了中国版图的基础，它的深远影响其实是多方面的。我们再举三点较为突出的影响。

　　其一，元朝的统一，不仅结束了中国各文化区区与区之间的分离局面，它也结束了各文化区内部的割据和战争局面，这为国内的文化交流与科技事业发展创造了有利的环境。元朝统一之前，中国不仅几大文化区彼此分离或独立，各文化区内部大多也不统一。蒙古高原自840年回鹘帝国瓦解后，一直处于部族林立状态。辽代对蒙古高原的控制比较强，部族之间的纷争还不太激烈；到金朝时，女真政府对蒙古高原的控制比较虚弱，各部就在群龙无首的状态下进行着无休止的相互掠夺和兼并战争。汉地自唐安史之乱以后，五六百年内实际上一直分裂。元统一之前，汉地北方是金朝，南方是南宋，当然金朝的地域还包括东北地区，而西北的西夏王朝也控制了一部分汉地。西北区域除西夏外，尚有西辽政权，西辽政权内部又还有高昌回鹘和哈剌鲁两个属国。青藏高原区域，自9世纪中叶吐蕃王国瓦解后，也一直处于分裂割据状态。元朝在统一中国的同时，也结束了各文化区内部的分裂和战争状态。这样，国内各民族，就生活在一个没有此疆彼界的国度内，彼此的文化交流变得甚为容易，全国性的统一环境也为天文、地理、水利、农技等学科的发展创造了有利条件。另外，蒙古人在广阔的欧亚大陆上除了元朝外，还有四大汗国，元朝和各宗藩政权彼此之间，和平时期居多，彼此往来甚为频繁，这几个政权在欧亚地区实际上也形成了一个庞大的统一体，这对中外文化交流的发展非常有利。

　　其二，元朝的统一，进一步确定了今北京城的都城地位。元朝之前，除金朝外，中原地区的王朝因为统驭范围主要是汉地，所以当国势稳定下来之后，它们都把都城设在了黄河以南。女真人的金朝占据中原后，统治地域包含了两大块。一是东北的祖宗根本之地，另一是中原汉地。东北之地上原先有一个都城（也就是金朝后来的上京，位于今黑龙江的阿城），继续以此为都，中央政府很难控制新征服的中原汉地；像以前中原王朝那样，将都城放在黄河以南，显然也不易控制东北地区。女真王朝于是选择了两者之间的今北京地区。元朝蒙古人统治的区域比金朝大得多，但主体仍然是汉地和北方民族区域，尤其是蒙古高原区域，于是蒙古人学习了女真人的作法，也将今天的北京作为王朝的都城之地，称为大都。当然为了体现政府的两重性，元朝在草原地区也设置了一个都城上都。从金朝、元朝开始，今天的北京就成为版图不想局限于汉地的真正大一统王朝的都城首选之地。

其三，元朝的统一，也使得中国境内出现了一个新的文化区域：穆斯林文化区。回鹘帝国瓦解前，蒙古高原上的民众多操突厥语族语言，这些突厥语族的民众不断向西迁移，使得内陆亚洲呈现一波接一波的由东向西的突厥化浪潮。自7世纪起，伴随着由东向西突厥化浪潮的，是另一相反方向的文化运动：自西向东的伊斯兰化运动。内陆亚洲这两种文化面貌变迁持续的过程非常长久，一直到13、14世纪蒙古人在欧亚大陆实现统一，才稳定了下来。四大汗国内，伊斯兰化均较为彻底。而在元朝，由于藏传佛教对蒙古统治者的深入影响，客观上就使得伊斯兰文化对民众的集中影响主要发生在西北地区。四大汗国中的察合台汗国，其地域也有一部分位于今天山南北。元朝和察合台汗国中，这两部分伊斯兰化的地区后来就形成了中国境内主要的伊斯兰文化区域，位于整个中国的西北地区。中国这一新文化区域的出现，对中国历史的未来走向影响甚大。

（三）元朝制度具有二元性

元朝统驭的领土囊括了中国几个大的文化区域，各区域内民众的生活生产方式有差异，社会文化习俗也不相同，王朝统治者显然不能用治理某个民族的方式治理所有的民族族群。在临民层次上，蒙古统治者对治下的民众，也就各随其俗。对汉地，用传统的汉地治理方式；对蒙古牧民，用草原制度；对藏区，则沿袭该地已经形成的政教合一制度。当然，在各文化区的临民层次上，也都有一些蒙古统治者带来的新东西。比如，在汉地各路府州县，普设由蒙古人担任的达鲁花赤，其职务是监临该地的行政治理工作。蒙古人创设的诸色户计制度和投下分封制度也带到了汉地，前者将每一户汉人家庭均列为民户、军户、站户、匠户等户计中的一种，家庭要世袭从事某一种职务，如军户要求家中有男丁从军，匠户要求家中有人在官办匠局内从

方法篇

事手工业生产；后者则将一部分汉人家庭作为王室贵族的食邑对象。

临民层次之上，国家层面上，元朝采用什么风格的政治制度呢？成吉思汗建立大蒙古国时期，制定了一些国家层面的政治制度，如怯薛制度、分封制度、大断事官行政官僚制度等，这些制度总称为蒙古法。随后，大蒙古国向外扩张，不过整个前四汗时期，汉地在蒙古统治者看来，地位都不能和蒙古高原相比，所以，前四汗的统治者在国家层面上都延续着成吉思汗的蒙古法。忽必烈即位后，汉地重要性凸显，忽必烈正是依赖汉地的资源才保住了自己的汗位。但是，忽必烈并未因此而将治国方针由蒙古法全盘改为汉式制度（也称为"汉法"）或者改为以汉法为主以蒙古法为辅，而是将汉法和蒙古法杂糅在了一起，孰轻孰重倒很难一言说清，因为在不同领域，汉法和蒙古法的表现不一，总体来看两者可说是基本平衡的。忽必烈的这种杂糅汉法和蒙古法的做法不仅仅他自己终身奉行，即便在灭亡南宋后汉人占全国人口绝对多数的情形下这一方针也没有动摇；而且其后的皇帝也都把它作为必须遵循的基本原则贯彻，即使有个别皇帝略微偏向了点汉法，比如仁宗实行了科举，也只是稍稍多了一点点无关大局的汉制而已，汉法和蒙古法基本平衡的大方针还是没变。

元朝为什么不像以前的北魏王朝那样，完全采用汉法呢？这就涉及两个王朝间的本质区别了。鲜卑人入主中原，建立北魏后，逐渐放弃了原先的故土，鲜卑人也逐渐融入了汉人当中，汉化的鲜卑人采用汉法治理地域局限在汉地的国家是很自然的。蒙古人则不同。元王朝始终保留着自己的祖先根本之地蒙古高原，蒙古人统治的合法性不仅要从汉地和汉人当中得到支持，更重要的还要从草原地区和蒙古人中得到支持。元王朝的统治者不仅仅是汉人的皇帝，他们还是蒙古人的大汗，两个身份中，后一身份的重要性要超过前者。道理很简单，如果不能在汉地立足，回到蒙古高原后他们还需要得到本族人的继续认同，要是早早丢掉本族人的认可，等于给自己断了后路。要得到本族人的支持和认可，就不能抛弃成吉思汗的遗产而施行南宋这样的"亡国之政"。另外，元朝作为一个征服性的王朝，其立国有一个根本性的原则，就是要保障少数征服者的利益。要做到这点，首先要保持民族间的差异，统治者族群整体不能汉化，国家的政治利益、经济利益主体要由蒙古人掌控。其次，原先的蒙古制度要基本保留，因为这些制度是统治民族熟悉的，操作起来可以驾轻就熟的，也是能为他们的利益提供保障的；相反，倒是汉制，只有在自己理解的前提下、在确认必需的前提下、在不会过多侵犯蒙古统治者利益的前提下，才会被有选择地采纳。

元朝没有像很多人想象的那样，"征服者被被征服者的文明所征服"，全盘采用汉式政治制度，而是"顽强"地维持了本民族和被征服民族间的差异性，在治国方略上采用了汉法和蒙古法混合的统治制度，这是这个王朝的特色，也因为此，元朝可说是中国历史上一个相当独特的王朝。在该王朝统治制度的二重性中，以往不少人过多强调了其中的汉法因素，这是不符合历史事实的；当然，如果过于强调其中的蒙古法因素，也是有所偏颇的。

值得注意的是，元朝统治制度的二重性对中国历史产生了相当深远的影响。蒙古法中的汗权本来就很强大，大汗和他的属臣之间形成主奴关系；蒙古人有选择地采纳汉制，又将汉制中大量制衡、约束君主权力的因素摒弃。两者结合，使得元朝的皇权得到空前加强。在元朝之前，汉地中原王朝的君主权力虽然法理上也是无限的，但在实际事务中总是受到各式各样的牵制；而元朝，对君主的权力就很少有制约了。可以说，中国全面的真正的君主专制其实是从元朝开始的。当然，以前的辽、金也君主专制，不过它们统治中国的范围毕竟有限。元朝的君主专制色彩为其后的明、清王朝所继承。

元朝对中国历史的影响，主要就体现在政治方面：奠定了国家版图的基础，确立了北京的都城地位，形成了穆斯林文化区域，加强了君主独裁色彩。而经济、社会、文化方面，蒙古人统治的影响，则没有政治方面那么突出。有一些变化跟元朝的一统和蒙古人统治有关，比如，前面提到的自然科技方面的进步得益于元朝统一的环境，也与当时文人的社会地位不高有关，这些文人不能够像别的中原王朝的文人那样学而优则仕，只好转而从事了诸多以前文人不愿费心的自然科学行业。元代直抒胸臆的文人书画艺术的发达、元曲的兴盛也与当时文人地位的跌落有一点关系，不过这种关系不是绝对性的，我们不能说因为蒙古人的统治而造成了元曲和元代文人书画艺术的发展。另有

方法篇

一些社会变化也是在元朝出现的，比如，妇女守节观念加强、普通老百姓分家析产的事情增多，这些跟蒙古人的统治也有一点关联——前者受到蒙古统治者带来的婚姻习俗影响，后者受到蒙古统治者生活习惯影响——但更主要的还是因为这些社会现象自身的演变，统治者换成别的民族，也是会出现这些变化的。总之，在经济、社会、文化领域，中国历史基本上还是按照原先的逻辑在正常运行。不过，元朝文化领域有一件事情是值得大书特书的，就是程朱理学的官学化。历史在这里似乎发生了一个悖论，对汉法始终警惕的蒙古统治者却将在宋代没有被汉族人普遍认可的程朱理学定为了官学，这对中国以后的历史演变具有了非同寻常的影响。之所以会发生这样的悖论，应该说原因也不在于统治者出自哪个民族，而是因为这一学说本身有一定的合理性，它适应了中华帝国后期社会的演变。

第四章 展望

一 元史领域有待加强研究的
几个宏观问题[①]

元史研究，经过东西方学者数百年的努力，无论是微观还是宏观方面，都取得了相当多的重要学术成果；[②] 但是，由于元王朝的独特性，使得元史研究的难度相对比较大，[③] 到目前为止，不论是微观的考订方面，还是宏观的论述方面，元史领域都还有不少研究相对不太充分的地方。就宏观方面而言，前辈学者已经指出了不少研究中的薄弱之处，如元代思想史、元代法制史、元代的医学、元代在中国史上

---

① 本节内容原载《西北师大学报》2005 年第 4 期。
② 中国的元史研究，从明初修《元史》起，至今已逾 600 年；国外的元史研究，可以上溯到 17 世纪欧洲东方学初兴阶段。李治安、王晓欣两先生合著《元史学概说》（天津教育出版社 1989 年版）一书对 20 世纪 80 年代中期以前的国内外元史研究成果作了较为详细的介绍。陈得芝在白寿彝先生总主编的《中国通史》第 8 卷《元时期》（上海人民出版社 1997 年版）中对 1995 年以前的东西方元史研究重要成果作了甚为公允的评价，见该书上册第 92—241 页。最近 10 年的中外研究成果目前还没有综合的评述。
③ 杨志玖先生认为元史具有世界性、多民族性和由它们带来的研究上的困难性等三个特点，见其文《关于元史研究中的几个问题》，原载《历史教学》1985 年第 4 期，后收入氏著《陋室文存》，中华书局 2002 年版。李治安、王晓欣先生认为从事元史研究，不仅需要一般的治史方法和手段，还需要具备几项特殊的基础知识和基本技能，如外国语和少数民族语言、广泛的中国史和世界史以及民族学方面的知识、一定的比勘考订史料的能力等，参见前揭《元史学概说》，第 13—15 页。

方法篇

的延续性等。① 笔者在最近几年的元史教学和研究中，感觉还有一些宏观方面的问题有待深入探讨，而这些问题研究有所欠缺的现象前辈学者和其他学界同人似乎没怎么提到或没怎么特意加以说明。笔者把它们写出来，希望读者和笔者一道来考虑如何加强研究。

（一）大蒙古国与历史上蒙古高原游牧政权有根本区别的社会制度是怎样形成的？

历史上有不少游牧民族在大漠南北建立过或暂或久的政权，成吉思汗建立大蒙古国后确立的几项重要制度，如千户百户编组、分封、成立怯薛组织、编制成文法等，除了编制成文法以外，表面看来，其他几项制度在以前的游牧政权中也都出现过类似的现象。但是，如姚大力师指出的那样，此前游牧政权十进位的军事编制形式是以血缘外壳下的氏族部落为单位编组和调度游牧民战士的组织形式，是与氏族外壳并存、相对于氏族外壳处于补充和附属地位的军事性质的编制；而大蒙古国的千户百户编组则使得漠北历史上"氏族血缘外壳现在第一次被另一种划分游牧居民的组织形式所取代，原来的氏族核心家族的领属权被剥夺"②。巴托尔德（B. B. Barthold）认为，游牧政权都有家产制的特性，③ 一方面把政权控制领域内的所有，主要是游牧部众看作仅属于核心部落集团统治家族——单于或可汗家族——的私产；另一方面，又将对游牧部众的统治权在这些家族成员以及往往与单于或可汗家族

---

① 陈得芝说："思想史写到元代就有点不够劲了，只剩下北许南吴，谈到理学只是提宋明理学。"参见周少川《元史研究的师承与创新——陈得芝教授访谈录》，《史学史研究》1998年第1期。陈高华先生在《20世纪中国的元史研究》一文中认为，"元代法制的研究，还只能说处于起步阶段"；"元代卫生医药状况，内容丰富多彩，可惜的是，迄今为止没有得到史学界的青睐。"该文载北京师范大学古籍所编《元代文化研究》第1辑，北京师范大学出版社2001年版。萧启庆先生在《近五年来海峡两岸元史研究的回顾》一文中指出："对元朝在中国史上延续性之探讨应该是未来的一个重要研究方向。"该文载氏著《元朝史新论》，台北允晨文化公司1999年版。其他学者，如杨志玖先生、蔡美彪先生、邱树森先生等也都指出了一些有待加强研究的较大、较宏观问题，如元代的历史地位、游牧民族政权的共性与特性、元代中后期的历史等。

② 姚大力：《塞北游牧社会走向文明的历程》，载张树栋等主编《古代文明的起源与演进》，南京大学出版社1991年版。

③ B. B. Barthold, T. Minorsky (trans.), *Turkestan down to the Mongol Invasion*, London, 1968, p. 268.

具有联姻关系的少数异性显贵家族成员间进行分配。据姚大力师研究，蒙古之前的游牧政权实行分封时不打破原有的社会组织，分割的单位不是单个的游牧家庭而是被征服部族原有的社会组织，即氏族，分封的结果，形成上下两层领属权，"前者指核心部落集团首领家族对征服或归附各部的间接的政治、军事、统治的权力，后者则指处于上级领属权约束与限制之下，保留在臣服诸部原有君长手里的那一部分对部众的直接领属权"①。学界公认，成吉思汗的分封在前述千户百户编组的基础上进行，结果使得领属权只在黄金家族成员间分割和继承。② 大蒙古国的怯薛制由建国前的那可儿制发展而来，此前的游牧政权首领也大都建立过首领军事侍从制度，但是蒙古族的那可儿制与它们相比有两点根本区别：其一，首领的那可儿除充当战士外还履行首领的其他使命，包括首领屯营内的诸色家务；其二，主要那可儿的来源是首领的斡脱古·孛斡勒，即因功而蒙恩的被使长看作亲信骨肉的家族世袭奴隶，由于斡脱古·孛斡勒是个荣称，所以那可儿成员中其他成员也会自动或努力将自己处于斡脱古·孛斡勒的地位。那可儿制发展成人员庞大的、职掌世袭的、帝国重要政务由其成员为之的怯薛制后，不仅主奴观念延伸到全体蒙古属民中，怯薛制本身更是巩固并加强这种主从隶属关系的工具。③ 通过以上三种制度的建设，加上成文法的保障，一方面漠北高原上游牧民族的社会组织发生了前所未有的根本性的变化；另一方面，大蒙古国大汗的权力也得到空前加强。④

---

① 姚大力：《塞北游牧社会走向文明的历程》，载张树栋等主编《古代文明的起源与演进》，南京大学出版社1991年版。

② 笔者认为，这种领属权后来还越来越集中到大汗或皇帝手里，参见拙文《试论元代中央官制的本质和历史影响》，载刘迎胜主编《元史及民族史研究集刊》第14辑，南方出版社2001年版。

③ 萧启庆：《元代的宿卫制度》，载氏著《元代史新探》，台北新文丰出版公司1983年版。另参见拙文《元代怯薛新论》，《南京大学学报》2003年第2期。

④ 笔者认为，由于斡脱古·孛斡勒制度、那可儿制度、怯薛制度的实行，使得蒙古大汗和其臣僚间形成主奴关系，这种主奴关系影响了后来元朝的君臣关系。参见拙文《论元代君臣关系的主奴化》，《江海学刊》2004年第1期。笔者在2004年天津元史会议上宣读了该文，讨论时萧启庆先生认为这种主奴化很大程度上缘于成吉思汗创设的草原新传统，而李治安先生则认为草原游牧民族传统就把臣僚理解为奴，成吉思汗政权强化了这种观念。不过大家一致认为大蒙古国之前游牧政权首领权力无法同蒙古大汗的绝对专制权力相提并论。

方法篇

美国学者巴菲尔德（T. J. Barfield）认为，成吉思汗建立的大蒙古国与其说是漠北高原游牧政权的继续，不如说是它们的异数。[1] 萧启庆先生认为，大蒙古国的制度，一方面继承了北亚游牧民族的历史遗产，另一方面又融入了很多成吉思汗的创造。[2] 根据学界普遍的对元王朝的认识，巴菲尔德所说的异数或萧先生所说的成吉思汗的创造，较之前的历史传统，对后来历史的影响更大。现在的问题是，这样的根本变革是怎样形成的？简单地说，我们可以认为是成吉思汗个人的历史作为，但是如果能够在考虑历史的突变和个人的突出行为等因素之外，再从历史长时期的演变过程中进行分析，我们也许会得到更为合理的认识。这里，至少有两点因素值得考虑：第一，在大蒙古国政权之前，在漠北立足的游牧政权大多为操突厥语族语言的族群建立或其民众主要操突厥语族的语言，而据姚大力师研究，后来16世纪的哈萨克部落仍以血缘氏族为基础；[3] 第二，蒙古族在建立大蒙古国之前，在漠北经历了一个相当长的渗透和与各部落融合的过程，这与之前游牧民族由壮大到建立国家政权相对比较迅速形成较为鲜明的对比。由于史料的缺乏，早期蒙古社会的研究目前做的实际上还很不充分，如何解释大蒙古国的制度建设就比较为难。我们是否可以在依托历史史料的基础上，充分借鉴人类学的理论和研究方法来对这一问题做进一步的研究？像《元朝秘史》以及中国历代正史中少数民族的传记材料其实是很好的人类学研究素材，但从人类学角度对这些材料进行分析目前做得似乎不够。也许，当我们换一个角度，从人类学视角切入，再来分析这些材料时说不定会得到意外的收获，从而对本节所提的宏观问题作出比突变论更为合理的解释。

（二）大蒙古国的政治制度是如何过渡到元朝的政治制度的？

大蒙古国的主要政治制度除了上述的分封、怯薛外，还有一项大

---

[1] Thomas J. Barfield, *The Perilous Frontier: Nomadic Empires and China*, Cambridge, 1989, p. 191.

[2] 萧启庆：《蒙元支配对中国历史文化的影响》（修正版）。2004年天津元史会议期间，萧先生惠赠笔者此文打印稿，不详是否已正式出版。

[3] 姚大力：《塞北游牧社会走向文明的历程》，载张树栋等主编《古代文明的起源与演进》，南京大学出版社1991年版。

断事官制。大断事官群体及其属僚——最重要的属僚是作为文书官的必阇赤——形成大蒙古国最重要的行政机关。这种政治体制学界没有异议，认为是蒙古制的。忽必烈继位后，成立了中书省，此后除了少数时期和尚书省并立且其职权大多被后者侵夺外，中书省一直是元朝重要的中枢机构。学界普遍认为忽必烈建国后，在中枢机构的设置上采行汉法，即中原王朝传统的政治制度；他所建立的中书省是中原王朝宰相制度的发展，在元朝各种机构中处于核心地位，尽管保留了一些蒙古制的残余，但已经不占主导地位。现在的问题是，元王朝的政治制度是怎样由以大断事官群体为行政中枢的蒙古制变化为以中书省为核心的汉制的？和上面一个问题一样，我们也可以认为是忽必烈的个人所为，但是用突变论解释历史往往会把复杂的历史过程看得过于简单。

一些学者曾经试图对这一变化作深层次的解释。李涵、杨果先生认为中书省由大蒙古国时期的燕京行尚书省和中书省演变而来，这两个机构是汉式的。[①] 但是，大蒙古国时期所谓的中书省其实是一帮必阇赤的群体，燕京行省则是汗廷大断事官群体在燕京的行署，大蒙古国时期并不存在汉式的中书省和尚书省，一些官员身上的所谓丞相、中书令等名号都源于汉人的比附。张帆先生认为汉式中书省的建立，是因为大蒙古国大断事官机构中作为主要幕僚的必阇赤游离了出来。[②] 但必阇赤如何游离，又有什么证据，他都没有详细说明。姚大力师认为，忽必烈即位之初建立的中书省仍然是之前大断事官群体的继续，但随后其中的必阇赤（很多是当时地位较高的汉人）就从中游离了出来；由于他们地位较高，受到忽必烈的信任，得以按照自己的意愿建立汉式的中书省。[③] 笔者认为，姚师的论述高估了忽必烈对汉文化的理解和对汉人臣僚的信任，因而影响了文章的结论。[④]

[①] 李涵、杨果：《蒙古前期的断事官、必阇赤、中书省和燕京行省》，载南京大学元史研究室编《元史论集》，人民出版社1984年版。

[②] 张帆：《元代宰相制度研究》，北京大学出版社1997年版，第4—7页。

[③] 姚大力：《从"大断事官"制到中书省——论元初中枢机构的体制演变》，《历史研究》1993年第1期。

[④] 参见拙文《论元代中书省的本质》，《西北民族研究》2003年第3期。

方法篇

笔者的看法为,我们到目前为止还没有找到合理的解释,我们是否可以换一个角度,重新审视一下元代的中书省到底是以汉制为主的还是以蒙古制为主的?我们可以找到一些证据,说明元代的中书省与中原王朝历史上的宰相机构有较大区别,而与大蒙古国时期大断事官机构则有不少共同之处,很可能中书省只是大断事官群体的继续,而不是中原王朝宰相制度的自然发展;也就是说,中书省更多体现的可能是蒙古旧制而不是汉制。①

通过对这一问题的探讨,笔者觉得我们似乎还可以对元代的政治制度作更深的研究。当今的元史学界一致认为,忽必烈建立的元朝,其政治制度是二重的,并没有简单地采用汉法;具体到某一项政治制度,是汉制为主还是蒙古制为主,需要仔细分析。姚大力师认为元朝政治制度中的二重因素是镶嵌在一起的,② 这一看法显得有些含糊。根据笔者的思考,元代在临民层次更多采用了中原王朝的政治体制,即比较多地采用了汉法,但临民层次之上,情况未必。③

(三) 元代的经济在中国经济史上的地位如何?

元代经济史的一些具体领域,如土地占有状况、水利事业、手工业、商业、畜牧业以及交通运输等,中外学者已经做了相当精深的研究,农业发展的基本情况和区域经济学者们也做了有益的探讨。④ 但元代经济在中国经济史上的地位如何,则是一个明显的研究不够深入的地方。李剑农、漆侠等先生认为元朝经济遭到严重破坏,与宋代相比,出现逆转现象;⑤ 美国学者伊懋可(Mark Elvin)也认为在14世纪的某个时候,中国历史发展的内在规律开始发生改变,导致中古经

---

① 参见拙文《论元代中书省的本质》,《西北民族研究》2003年第3期。
② 姚大力:《论蒙古游牧国家的政治制度——蒙元政治制度史研究之一》,博士学位论文,南京大学,1986年。
③ 参见前揭笔者拙文《论元代中书省的本质》《试论元代中央官制的本质和历史影响》。
④ 李治安、王晓欣:《元史学概说》,天津教育出版社1989年版,第121—147页。
⑤ 李剑农:《宋元明经济史稿》,生活·读书·新知三联书店1957年版,第9页;漆侠:《中国经济通史·宋代卷》上册,经济日报出版社1999年版,第33—35页。

84

济活力消失。① 经济逆转说由于过多想当然的推理,已经逐渐被学者们放弃。韩儒林先生认为,元代社会经济北方逐渐恢复,江南与南宋持平,部分地方有所增长,尤其是边疆地区;经济发展形势是前期由恢复到发展,中后期由发展到停滞、衰敝。② 韩先生的看法分析中肯,说服力较强,已经为多数学者接受。但是韩先生实际上并没有对这一观点做详细的论证,他主编的《元朝史》及此后主要由其门人参加编撰的白寿彝先生总主编《中国通史·元时期》均采纳此观点,但也都没有做深入的论证。③ 再有,韩先生的观点有一些含糊的地方。"恢复""增长""停滞""衰敝",具体到什么程度?江南与南宋"持平",标准是什么?总产量、人均产量还是亩产量?抑或是经济效率,即产出和投入的比例?宋元两代江南地区经济发展的这几种指标要同时持平,应该是不大可能的事情:即使两代几个产量都一样,也得不出经济效率一样的结论。韩先生观点中含糊的地方不加以解决,实际上就很难回答元代经济在历史上的地位问题。比如,我们就算知道元代几种产量和宋代都持平,但估算不出经济效率,就不能肯定地说元代经济是比南宋落后还是发展或者持平。新近出版的陈高华、史卫民先生著《中国经济通史·元代卷》④对这一宏观问题也没有细致的讨论。

李伯重先生认为,"过去我国学者一向偏重于从生产关系,特别是阶级关系出发来研究经济史。如果从方法论的角度来说,这种做法实际上只是从一个视角来看过去的经济实践,而过去的经济实践绝非仅包括生产关系"⑤。元代经济史的探讨,笔者觉得,在经济实践的生产关系之外,主要是生产力方面,也存在着较为严重的研究不足,这直接导致

---

① Mark Elvin, *The Pattern of the Chinese Past*, Stanford, 1973, pp. 203 – 204.
② 韩儒林主编:《元朝史·序言》,人民出版社1986年版。
③ 两书都对元代经济的各个具体方面做了尽可能详细的阐述,对韩先生的论点也做了一定的说明,但都显得不够深入。一些数据只是点滴的、局部的,不能反映全国范围内的情况。政府为恢复和发展经济采取的措施实际执行情况只是些定性的并且带有很多猜测性的描述,农耕新技术的使用和推行情况也缺乏细致的探讨。
④ 经济日报出版社2000年版。
⑤ 李伯重:《多视角看江南经济史(1250—1850)》,生活·读书·新知三联书店2003年版,第3页。

方法篇

了对元代经济地位如何这一问题的回答显得有些不够底气。

笔者认为，生产力方面包括投入、生产过程、产出和经济效率这几个因素。以农业为例，投入方面，有人口、耕地、农耕技术等。人口方面需要考虑总人口、城乡人口比例、农村投入农业人口比例、人口年龄层次比例等；耕地方面，需要考虑耕地数量、品质等；农耕技术方面，需要考虑水利、农具、肥料、耕作技术以及各方面的配套等问题。① 生产过程方面，有气候变化、种植制度、经营方式等因素或环节。气候变化以及与之伴随来的水旱、蝗虫等灾害对农业的影响，在中国古代是很明显的。种植制度中要考虑作物品种、轮作休耕制度等。经营方式方面，要分析是把土地转租还是自己耕作。另外还要考虑家庭的经营规模，比如有多少劳力投入了农业生产（如果从事商业更有利可图，就会有一部分人脱离农业），耕作能力如何。产出方面，要考虑总产量、亩产量、人均产量等。经济效率是最难估计的，也是最能反映元代经济地位的，需要对投入和产出的各个因素进行综合统计、分析。学者们对元代经济与生产力相关的诸多因素，有的已经做了透彻的研究，有的则显得还很薄弱，有些问题甚至可以说基本上没有涉及。笔者认为，对这些问题的研究，除了依靠历史学的传统史料考证方法以外，还需要借助经济学的理论与方法以及自然科学的一些成果，不然可能会出现研究上的失误。②

（四）元代汉族智识阶层是怎样看待蒙元王朝统治的合法性的？

由于资料的零散和限制，元代社会史的研究一直比较薄弱。相对而言，社会生活这一块解决得比较好。史卫民先生著《元代社会生活史》③、

---

① 有些耕作技术从发明到推广需要一定的时间，有些技术则需要一定的其他条件的配合才能使用，有些技术则因彼此之间功效冲突而不能同时使用，所以，不能因为文献中记载了某种耕作技术，就认为它们已经在实践中使用了。参见李伯重《理论、方法、发展趋势：中国经济史研究新探》，清华大学出版社2002年版，第110—126页。

② 比如，李伯重先生提到，许多学者根据各种史料记载认为南宋江南水稻亩产达到三四石、五六石乃至六七石，"从物质能量转换的角度来看是无法解释的"。参见李伯重《多视角看江南经济史（1250—1850）》，第5页。

③ 中国社会科学出版社1996年版。

陈高华和史卫民先生合著《中国风俗通史·元代卷》①是目前最重要的两部研究论著。此外，相关的学术论文还有不少。特别是近年来，由于社会史研究受到史学界的重视，各种刊物上的元史论文，也较多涉及社会生活内容。但是社会史不仅仅只是一般的衣食住行方面的社会生活，它还有更广泛的内容，比如民众的生存状态、社会意识、彼此之间的关系等。这些方面的成果应该说也比较丰富。邵循正先生的《元代的文学与社会》②，尽管作于半个世纪以前，至今仍为经典之作。陈高华、萧启庆等学者对元代儒户、军户、站户的生存状态作过精细的研究。③ 阶级关系的研究在中国更是有比较深厚的基础，尽管不少结论值得推敲。但总的来说，对社会生活之外的广泛的元代社会史的研究，力作比较少一些，正如《剑桥中国辽西夏金元史》所说，"重构元代社会史的任务艰巨，现在刚刚开始引起学术界的关注"④。比如，妇女在丈夫死后不许再嫁的陋习在元代，尤其是在元代的江南地区，比起前代来，更为盛行，并且直接影响了后世。妇女贞节观的盛行，理学官方化自然是一个重要原因，但元代普通妇女的生活状况，例如婚姻的稳固程度、家庭成员间的感情状况、家庭和妇女本身的经济能力等也是重要的原因，此外，一些外在因素，如社会治安的好坏、收继婚合法与否的反复、政府对守节妇女的旌表等，也都对此有或大或小的影响，但至今我们尚未见到对这一现象有深度的研究。

在社会意识方面，元代汉族智识阶层是怎样看待元王朝统治的合法性的，这一问题也没有得到系统的梳理。由于蒙金战争的摧残和其后儒士入仕途径的大幅受阻，元代汉族智识阶层的地位大大不如其他中原王朝，但是，他们在民间社会仍然作为精英阶层存在，他们对元

---

① 上海文艺出版社2001年版。
② 此文重刊于元史研究会编《元史论丛》第1辑，中华书局1982年版。
③ 陈高华：《论元代的军户》《论元代的站户》，均载氏著《元史研究论稿》，中华书局1991年版。萧启庆：《元代的儒户：儒士地位演进史上的一章》，载氏著《元代史新探》，台北新文丰出版公司1983年版。
④ ［德］傅海波等编：《剑桥中国辽西夏金元史》，史卫民等译，中国社会科学出版社1998年版，第730页。

方法篇

王朝政府的认同或抵触无疑会直接影响到一般的民众。① 中国历史上有过多次非汉族在中原地区建立政权的事，按照很早就形成的"文化至上主义"和"天下中国观"的理念，② 即只要能够坚持"用夏变夷"的文化策略，坚持天下中心地区理应唯有一国可忠诚、分裂状态以及一个民族集团或政权对另一民族集团或政权的征服战争都只是为实现那个唯一的国家作预备的信念，那么汉族人从政治上接受被认为是蛮夷的非汉族的统治是完全可以的，尤其是对于生活在北方的亡金儒士来说，这一地区本来就长期经受过非汉族的统治，他们接受蒙古人的政权应该不成大问题。对于南宋儒士来说，尽管他们也抱有传统的文化至上主义和天下中国观的理念，但两个明显的事实使得他们接受异族统治会显得困难一些：其一，从北宋开始对一姓王朝忠诚的理念以及明"华夷之辨"的思想都得到加强；其二，元王朝对南宋的征服使有史以来中国第一次整个地置于非汉族的统治之下，汉族儒士服膺的汉文明遇到从未经受过的可能会在它业已退守的南部中国被完全摧毁的严峻挑战。当然，总的来说，原先南宋地区的汉族儒士也大多承认了元王朝的合法性，虽然产生了一定数量的遗民；只是他们的调适过程学界还没有研究清楚。

南北智识阶层大多承认元王朝的统治，显然同"能行中国之道，则为中国之主"的思想意识有关。问题是，元王朝的各种典章制度、统治方式尽管从表面上看来，很大程度上纳入了中原王朝的

---

① 《剑桥中国辽西夏金元史》说："外族上层掌握真正权力的现实，既没有消除中国社会对文人的崇尚，也没有完全摧垮被征服者中原来属于社会上层的那些人的经济实力。就是说，汉人士大夫们尽管与高官无缘，但仍旧被百姓看作是地方社会的领袖。""（蒙古人）不让文官系统成为不能控制的汉人行动的舞台。至于这个汉人精英集团在失去了他们社会地位的主要支持之后能否仍旧在社会上作为精英集团而存在，就不是蒙古人的政治策略所关心的了。"［德］傅海波等编：《剑桥中国辽西夏金元史》，史卫民等译，第722、724页。

② 关于"文化至上主义"和"天下中国观"两种理念的形成，参见 John D. Langlois, "Chinese Culturalism and the Yuan Analogy", *Harvard Journal of Asiatic Studies*, Vol. 40, 1980; 罗志田：《先秦的五服制与古代的天下中国观》，载氏著《民族主义与近代中国思想》，台北东大图书股份有限公司1999年版；姚大力：《中国历史上的民族关系与国家认同》，载刘东主编《中国学术》第12辑，商务印书馆2002年版。

政治传统,① 但是蒙古人的政府始终未能与汉人的理想模式合拍则是一个不争的事实。也就是说,元政府在行中国之道上,是大大打了折扣的,处于其中的汉族智识阶层又是怎样看待政权的合法性的呢?华涛师认为,公元10世纪以后,"汉人社会在弱势环境中发展出了一种对本民族制度、思想、文学、艺术、生活、社会、情趣等各方面的全方面的崇尚,并在这种全面的文化崇尚中寻找精神寄托和精神避难所"②。这一观点对我们有很大启示。元代政府没有汉化,但在汉人于自己本民族文化中寻找精神避难的过程当中,是可以用汉文化吸引蒙古、色目人的,包括他们中的上层人士。笔者猜测,这可能是元朝一段比较长的时间内,汉人儒士的一个相当普遍的想法。元代的事实也显示用汉文化吸引外族个人是可以有很大成效的。随着各族士人的相互交往,出现了不少汉学修养相当突出的蒙古、色目士人,上层集团也越来越多地受到汉文化的影响,③ 元朝政权的合法性在士大夫意识中仍然能够得以维系。不过,元代蒙古、色目上层的观念意识尽管不断受到汉文化浸润,但种族意识的反弹也是非常强烈的,南坡之变、伯颜要求杀五姓汉人便是突出的例证。这无疑会让汉人儒士大为失望,而元政府内部屡屡发生的上层倾轧更会使其合法性产生危机。《剑桥中国辽西夏金元史》作者因此认为,元代后期,只有很少的汉人还对蒙古人受命于天的正统性表示怀疑,"更多的人则开始预言蒙

---

① 忽必烈和其后的元朝政府主要采纳汉法,只是保留着一些影响不大的蒙古传统残余,一直是学术界流行的观点。另一部分学者则对此作了修正,认为元代各种典章制度、统治方式均可看作是蒙古传统和中原汉法的二元混合,二元之中,很难笼统地说哪一种因素占有主导地位。不论是流行观点还是修正观点,其实都没有对汉法和蒙古传统作出严格的界定。比如,世祖朝理财大臣言利,一向被认为是反汉法行为,但有哪一个中原王朝不考虑国家的财政收入?南宋陈亮与朱熹有所谓的"义利之辨",我们仍然把言功利的陈亮作为儒家看待,因此,元代的义利之别也不能完全看成是汉法和非汉法区别。笔者认为,在对元朝的总体认识上,对汉法内涵未作明确界定是目前学术研究中一个比较大的缺憾。

② 华涛:《文明对话与中国传统文化范式中的障碍》,《南京大学学报》2003年第1期。

③ 关于元代色目人的汉化,参见陈垣《元西域人华化考》,上海古籍出版社2000年版。关于蒙古人的汉文化修养,参见萧启庆《元代蒙古人的汉学》《论元代蒙古人之汉化》,二文均载氏著《蒙元史新研》,台北允晨文化公司1994年版。

方法篇

古人将很快失去天命"①。关于元代汉族智识阶层对元王朝统治合法性的认识，以上仅仅是个相当粗疏的概括，而且不一定准确，实际的细节还有很多值得探讨的地方。比如，元朝后期政府合法性的危机，在不同的人意识中肯定程度不一，而意识到这一问题的士人又当如何处事、如何面对王朝更替，其心态如何，这些都是有待深入研究的问题。

二　西方学者中国史研究对我们的若干启示：以民族史为重点②

西方学者对包括中国历史在内的中国诸方面的研究，大致可以20世纪60年代为界，分为汉学（Sinology）和中国研究（Chinese Studies）前后两个阶段。③ 20世纪80年代以来，受西方人文学术转向的影响，关于中国历史的研究，与此前又有了些变化。不过，既然施坚雅（G. W. Skinner）有"中国研究万岁"的说法，加之这次变化前后的区别要远远小于中国研究和汉学之间的区别，所以，对20世纪80年代以来，尤其是90年代以来西方学者对中国各方面的研究，认为仍处于"中国研究"（Chinese Studies）阶段应该没有多大问题。其实，无论哪个阶段，有一点是可以肯定的，就是西方学者对中国历史包括中国民族史的研究都对我们国内的同行有很多启示。

---

① ［德］傅海波等编：《剑桥中国辽西夏金元史》，史卫民等译，中国社会科学出版社1998年版，第712页。

② 本节内容原载达力扎布主编《中国边疆民族研究》第1辑，中央民族大学出版社2008年版。原题注：本文的写作，得益于业师、现在复旦大学历史地理研究中心任教的姚大力教授的诸多指教，谨对他的帮助致以诚挚的谢意。文中不当之处，仍然由我本人负责。

③ 国内有一些学者，至今仍将西方学者对中国的研究笼统称之为汉学。鉴于1964年美国亚洲研究协会（The Association for Asian Studies）年会上著名中国学专家施坚雅（G. W. Skinner）有一重要的论断"汉学死了，中国研究万岁"，而且20世纪中期以后西方学者对中国的研究无论是在研究内容、研究角度还是研究方法上，确实都和之前的汉学有很大的不同（下文会对此有所说明），笔者认为应该区分为两个阶段。那次年会上的讨论发言集中发表在该年度的《亚洲研究杂志》（Journal of Asian Studies）卷23第4号上。

（一）传统汉学给我们的启示

"汉学"一词本身带有很强烈的西方中心主义的倾向，与希伯来学、拜占庭学、阿拉伯学、伊朗学、印度学等东方学各分支学科一样，表明在西方主流意识中，关于中国等东方地区的历史文化一般不属于被看作是对人类自身进行研究的人文学科各分支的范围。如研究中国历史不是大学历史系的事，哲学系一般也不研究中国哲学。[①] 对东方各国、各地区历史文化的研究，需要一门以地区命名的、带大杂烩式的学问来处理。这种学问的名字，一般带有-ology后缀，如Sinology（汉学）、Egyptology（埃及学）等。汉学起源于早期传教士向西欧报告中国的情况以及译介中国的经典，以后发展为对中国历史、语言、文字、哲学、考古等方面的研究。经过几百年的积累，到19世纪后期和20世纪上半叶，进入黄金时期。尽管这种研究有强烈的西方优越论的色彩，将中国文化作为一种欠发达地区的前近代的、传统的、甚至比较原始的文化来对待，或者可以说是把它作为与西方文化完全不同的一个谜来加以摆弄，但其朴实严谨的学术规范则是学人必须遵循的基本原则。汉学的成就中相当可观的部分已成为定论，是其后的学者，包括研究途径与其迥异的中国研究者必须利用的基础。此外，汉学的研究思路和一些研究方法也已经有几百年的积累，被证明卓有成效，尤其是其中的审音与勘同方法更是我们必须掌握的基本技能。

汉学给人最深刻的印象，就是对古代文本文献包括出土文献的精致释读，这种掌握文本的技巧通常包括两个紧密相连的方面：一是从类似于中国小学功夫的版本、文字、训诂等方面知识入手，对各种文字材料本身进行解读，尤其是对经典进行字面诠释；二是对不同文字

[①] 胡适在美国跟随杜威学习时，以中国哲学史作为博士学位论文的研究方向，但他所学的主要是西方主流人文学术中的纯粹哲学，这种纯粹哲学并不包括中国哲学。参见列文森（J. R. Levenson）《汉学属于人文学科吗?》，《亚洲研究杂志》卷23第4号，1964年。

方法篇

的文献材料进行比勘对照。① 汉学家们将19世纪取得突破成就的语言学引入历史研究，从而大大促进了后者的进步。语言学对历史研究的促进作用，主要有以下三个方面。一是提高了对某种文字材料本身的释读能力，以古汉语文献为例，除文字、训诂学外，音韵学有时也能起到独特的帮助释读的作用；对汉学家来说，利用语音学来释读古典汉语材料似乎更为普遍。二是根据语言学的成绩，探讨语言上同源的不同民族的不同演进方式和语言不同源民族间的相互影响，尤其是文化上的影响。② 三是利用历史语言学和比较语言学的成果，对某一文字史料中音译的名物制度方面的外来词汇在一定程度上还原出原形，从而在多种文字史料进行对勘比较时增添一种切入途径，这也就是被韩儒林先生命名的"审音与勘同"之法。③ 实际上，以史料中人名、地名、族名、国名、物名、宗教名称、制度和风俗习惯的名称等名物制度为切入点，通过审音与勘同之法实现多种文字史料的综合对比是汉学家们经常采用的办法，伯希和（P. Pelliot）等人用这种方法解决了内陆亚洲史上许多疑难问题，比如他对"拂菻"的考订就是一个

---

① 汉学似乎可以分为狭义的汉学和广义的汉学两种。前者主要着重汉文化主导地区即中国本土的古代历史、语言、哲学、文化的研究，偏重于对古代汉语的研究和对汉语古典文献的释读。广义的汉学除了前者以外，还包括一种着重中外交通和中国周边少数族群历史研究的学问。对少数族群的研究，西方学术界有一些类似汉学的术语，如藏学、蒙古学、突厥学等。中外交通和中国周边少数族群历史研究是否属于汉学，西方学界一直有不同意见，但他们也公认，强调释读文本的精制技巧、对文献和细节的掌握经常成为研究的目的则是广义汉学家们共同的学术倾向。如后文所述，今天看来，西方学者的这种对中外交通和中国周边少数族群历史的研究成就更为重要，对我们的启示也更大。本文的汉学取广义汉学之意。

② 这种研究，之所以可能，基于这样的事实：语言是一个民族最重要的特征，对不同民族，特别是古代不同的民族，可以根据它们的语言谱系归属进行大致的划分，操同一语支甚或同一语族语言的古代不同民族，在某一个时期应该有或长或短的重叠历史。这一事实有助于研究操同一语族、语支语言的不同民族的不同历史进程，也有助于研究操不同语族和语系语言的不同民族间的相互关系，如果它们的关系存在的话。前者比如，鲜卑、契丹、蒙古操的是同一语族语言，它们早期应该有一段共同的历史。后者比如蒙古族先民迁到蒙古高原后，受到突厥文化的影响，不仅蒙古语词汇中融入了大量突厥语词汇，蒙古语中的 j 与突厥语中的 y 的密切对应也是比较明显的证据。

③ 韩儒林：《关于西北民族史中的审音与勘同》，载氏著《穹庐集》，上海人民出版社1982年版。又，笔者撰有《审音与勘同之法在蒙元史等研究领域内的运用》一文，对这种方法作了更详细的阐述，文载《中央民族大学学报》2006年第3期。

明显的例子。①

这样，19世纪下半叶以来，一流的汉学家除了古汉语外，一般还掌握多种比较难理解的语言或文字——如蒙古语、满语、藏语、阿拉伯语、波斯语、各种突厥语族语言等——以及不少死文字，如契丹文、西夏文、吐火罗文等。他们还善于对这些不同文字的材料进行对照研究，或是对材料本身进行校勘，或是相互补充印证，从而揭示一些史实。通过对不同族群所操语言的比较研究，汉学家们对中国周边少数民族部落、族群的演变以及与其他势力的相互影响一般也有比较深入的认识。正因为有这些条件，中西交通和中国周边民族史的研究就成为汉学界历史研究方面较多关注的领域，也是成绩最辉煌的两个领域。夏德（F. Hirth）的《大秦国全录》（1885）、亨利·玉尔（Henry Yule）的《契丹和通往契丹之路》（1866）、布莱茨奈德（E. V. Bretschneider）的《中世纪研究》（1887）、劳费尔（B. Laufer）的《中国伊朗编》（1919）、沙畹（Ed. Chavannes）的《西突厥史料》（1903）以及伯希和的大量文章是其中突出的成就。

自清末以来，不少学者将汉学和中国的乾嘉考据学进行过比较，指出二者之间有许多契合之处。确实，乾嘉考据学的实事求是精神与汉学严谨朴实、有一分材料说一分话的学风并没有多大区别，乾嘉考据学的研究路子，即主要通过对文字材料的训诂考释、对史料证据的归纳总结也同汉学的基本思路没有二致；因此，认为乾嘉考据学的方法是科学的方法并没有什么不妥。实际上，Sinology一名译成"汉学"，也正反映了清末民初学人认为它与乾嘉考据学有相通之处，因为"汉学"这个词本来是乾嘉考据学的专用名词，与注重义理的"宋学"相对。但是，另外，即便我们把道咸以后西北舆地学、辽金元史研究的兴起甚至成为显学看作是乾嘉汉学的继续，这些学者对域外史料以及边裔民族史料的重视，如洪钧等人对穆斯林史料的运用，看成是乾嘉学术的发展，我们也应该看到，从语言学角度切入，尤其

---

① 伯希和对"拂菻"一词的勘同，原先以报道的形式刊布于《亚洲学报》（*Journal Asiatique*）1914年第2期。参见韩儒林《关于"拂菻"》，载南京大学元史研究室编《韩儒林文集》，江苏古籍出版社1988年版。

是运用审音与勘同之法,仍然是当时的大多中国学者所不具备的技能。因为语言学,包括汉语音韵学,乾嘉学者,甚至到民国初年,中国大多学者并不擅长。① 因为有这一限制,从语言学角度阅读古典汉文文献、分析中国周边族群就不大可能,对多种文字材料进行比照更不容易,何况非汉文材料的阅读一直到民国初年仍然是中国学者的一大障碍。尽管某些文字史料可以利用欧洲文字的翻译,但当时已有的欧洲文字翻译大多是语言学兴起前的东西,翻译者很少借助语言学对史料本身进行过仔细校勘,因而价值并不大。

总之,在历史领域,汉学研究的方法要求学者,一要通晓多种语言,能够阅读多种文字的史料,二要善于对各种文字的材料进行归纳对比,三要将语言学的成就介入历史研究,可以说,各种学科和历史学的结合,到目前还只有语言学介入的成就获得过普遍的认可。正因为汉学是这样一门基本功要求极高、难度甚大、专业性很强因而也就有些冷僻的学问,② 直到今天,西方学术界仍然"一听 Sinology 就肃然起敬"③。但是,就今后的民族史、中外关系史研究来说,要回答其中前人尚未解决的基本史实方面的一些问题,舍汉学传统路子则别无他法。

(二) 中国研究对我们的启示

从汉学转变为中国研究,不仅仅只是改换了一个名称而已,它还意味着一些实质性的变化。1964 年美国亚洲研究协会年会上,一些过渡时期的汉学家和称之为中国研究学者更恰当的人士对汉学过于强调文本的精致释读和严谨考证的学术倾向、对汉学将文献和细节的掌握以至将研究技巧作为研究目的的传统、对汉学家将问题意识基本上

---

① 段玉裁说过,若能知"支""之""微"三韵区分死而无憾,如果用现代语言学分析其实是非常简单的事。

② 曾有人用稍带戏谑的语调说,汉学家不但惯于"操着一种令人难懂的口音来宣读全部是从原始资料中搜集来的七种语言的注脚",而且认为那些试图采取不同路径的人"其实是因为没有能力把握文本,所以才只好去摆弄历史"。参见姚大力《历史学失去魅力了吗?》,载骆玉明等《学说中国》,江西教育出版社 1999 年版。

③ 周勤:《本土经验的全球意义:为〈世界汉学〉创刊访杜维明教授》,《世界汉学》创刊号 1,1998 年。

第四章　展望

集中在"是什么"（what）方面的作法表示了不满，他们认为透过文本去把握文字背后的历史文化意义比对文献的释读更为重要。这些学者们认为，对中国的研究，不仅要回答"是什么"的问题，更要回答"为什么"（why）和"如何"（how）的问题，而要做到这一点，单凭汉学家们那种严格的史料考据是不够的，学者们必须一方面为历史演变寻找有效的解释框架，另一方面还得借助社会科学的角度和方法进行历史人文的研究，而且，有效解释框架的寻求本身有时还得靠社会科学帮忙。

这一转向的出现，一方面由于汉学家尤其是过渡时期的汉学家本身学术兴趣的转移，20世纪四五十年代的中国历史文化专家，如拉铁摩尔（Oven Lattimore）、魏特夫（K. A. Wittfogel）、列文森包括后来成为中国研究代表的费正清（J. K. Fairbrank）等人的研究风格，与之前伯希和等学者的风格有明显的不同；另一方面，则在于西方史学界于20世纪中叶——特别是50年代——受到了社会科学全方位的渗透，这一西方主流学术的转型影响到了关于中国的研究。西方社会科学向历史学等人文学科的渗透，应该说在20世纪早期就已经开始，但差不多要到第二次世界大战结束，历史学和科学——严格地说是社会科学和人文科学之间的"铁幕"才最终被打破。[①] 关于中国的研究，本身属于边缘学科，因而它的变化要比主流学术的转型有些滞后。但是，由于主流学术的变化是一个渐进的过程，关于中国历史文化的研究，即传统的汉学转向就也是一个逐渐的过程，像魏特夫等人在四五十年代与传统汉学有较大差异的学术取向应该也与当时社会科学向人文科学尤其是历史学介入的趋势有关。

社会科学的介入，甚至可以说是人文科学的社会科学化，即将人文科学变为分析性的学科，在对中国历史文化的研究方面，使得中国研究就研究对象而言，与汉学也有区别。中国研究注重探讨社会大众的或地域性的小传统，尤其重视对社会科学各领域，如经济

---

① ［美］巴勒克拉夫：《当代史学主要趋势》，杨豫译，上海译文出版社1987年版，第53—70页。

方法篇

学、社会学、政治学、人类学、地理学、人口学、心理学等方面的研究，并将它们与人文学科贯通；而汉学，尤其是狭义的重在研究中国本土历史文化的汉学，主要关注的还是由精英文化构成的大传统，注重基本的人文学科如文、史、哲方面的探讨，而对社会科学的方面则注意不够。汉学天然地带有历史的倾向，与东方学各分支一样，其实是想去"探寻一种业已消失了的历史陈迹，并相信能够以最严谨的方式重现"[1]，汉学的研究对象很可能与当代无关；而中国研究则有强烈的现实意识，强调对近代和当下史实与事实的分析，而对前近代的历史，一般不会追溯太远。就本人从事的中国民族史而言，中国研究对古代中国的民族史研究甚少，但中国研究这门学问本身，尤其是它对中国近代史的研究，以及受此影响的一些西方学者对中国古代民族问题的研究——这种研究能否称为"中国研究"则是一个有争议的问题——仍然在研究理论、研究角度和研究方法上给我们以很多启示。

先说研究理论方面的启示。我们不能说汉学传统对中国历史的宏观问题完全没有兴趣，但它处理这些整体性的问题时往往具有概括性、鸟瞰式特征，比较笼统。汉学的主要成绩还是在于细部考证，不少情况下甚至给人以特别烦琐、陷入枝节的印象，宏观的理论思考毕竟不是它的擅长。而中国研究则不同，追求理论解释框架的有效性是它的特征之一，这种有效性同时意味着理论框架的多样化且不固定，费正清以"挑战—回应"、列文森以"传统—现代"模式解释晚清以来的中国近代史，柯文（Paul A. Cohen）则提出了"在中国发现历史"的思想与它们针锋相对，他们的框架在一定范围内都有可取之处，这一点对我们很有启发。我们对一些历史问题的宏观理论思考，除了少数的游谈无根、空洞无物者外，似乎仍有两种主要倾向。一种不大关心，走传统考据路子，应该说，历史学发展到今天，单纯的考

---

[1] 周勤：《本土经验的全球意义：为〈世界汉学〉创刊访杜维明教授》，《世界汉学》创刊号1，1998年。

第四章 展望

据已经远远不够。① 另一种比较重视理论，但理论太苍白枯燥，比如用五阶段论解释各国的历史；用斯大林的民族定义来解释世界上的所有民族，包括前近代民族，等等。实际上，历史是复杂的，现实是五彩缤纷的，不可能存在放之四海皆准的永远不变的真理。人类社会复杂多样，其演变过程个个不同，解释的理论也就应该丰富多彩，不可能以某种单调的框架就能够说明一切。

比如，"落后民族总是被比其先进的被征服民族的文化所征服"，这是马克思主义经典作家分析蛮族入侵罗马帝国以后的史实时提出的观点，国内不少学者拿它来分析中国历史上建立在汉地的由少数民族建立的区域性或全国性政权有时并不合适。受这种理论束缚，学界过于强调了这些政权中少数民族汉化的成分，实际上，像辽、金、元、清等少数民族政权，尽管有统治民族汉化的成分，但同样也有拒绝汉化的张力，有时反汉化的趋势甚至会占上风，这一相反方向的史实中国学者普遍重视不够。以清朝为例，强调满族统治者汉化的国内学者明显有两个缺失：其一，很少利用满文史料；其二，他们忽视了像元、清这样的包含各种民族，特别是政治文化与汉族大不相同的北方民族的多民族统一帝国，纯粹的汉族王朝之前从未实现过的基本事实。即便这几个政权在汉地采纳了相当多的汉族王朝的统治方式——需要注意的是，另外，它们在边疆民族地区也采纳了相当多的当地的传统方式——统治者的种族本位意识仍然是一直存在的，有时还非常强烈。魏特夫是汉学向中国研究过渡的学者，他在和中国学者冯家昇先生合著的《中国社会史·辽（907—1125）》② 一书的序言里提出了著名的"征服王朝论"的理论框架，认为公元10世纪上半叶以后在

---

① ［英］约翰·希克斯（John Hicks）认为，在史学研究中是否需要理论，在于研究者是对一般现象还是具体经过感兴趣，如果是前者，就需要理论。参见其著《经济史理论》，牛津大学出版社1991年版，第2页。不论其概括是否准确，可以肯定的是，今天历史学的对象，绝大多数都是单纯依靠史料考订做不出来的，即必须有理论的帮助。刘东认为："哪怕再粗陋、再空虚的理论，也只能以更精深、更博大的理论去取代，而万不可代之以对理论思维的厌恶，否则就将受制于最没有根底的最坏的理论。"参见其文《理论与心智》，载刘东主编《中国学术》第7辑，商务印书馆2001年版。

② Karl A. Wittfogel & Feng Chia-sheng, *History of Chinese Society, Liao* (907–1125), Philadelphia: American Philosophical Society, 1949.

方法篇

汉地建立的北方民族政权与十六国、北魏时期的北族王朝政权明显不同，后一类王朝的建立者民族在向汉地渗透过程中逐渐忘记自己的本民族特征甚至民族本身，而前一类王朝一般通过向汉地的短时间征服建立，汉地是一个为统治民族提供服务的被征服地区，这类王朝的统治民族对汉化的态度是有保留的，他们完全的汉化要等到征服状态结束以后。尽管征服王朝理论中国学者不大喜欢，但实事求是地说，它对辽、元等王朝统治者的种族意识的分析要比传统的理论解释更胜一筹。

再说研究角度方面的启示。中国研究学者们研究切入的角度往往新颖独特，这些角度经常从社会科学各领域中汲取过来。或者研究历史上的一些社会学中的范畴，这些范畴是传统的过于只关注上层的历史学经常不予重视的，如妇女史研究、秘密社会史研究、家庭史研究、公共领域（public sphere）研究①等；或者将社会科学的一些规律运用于历史研究，如伊懋可（Mark Elvin）将经济学中边际效应递减规律运用到中国近一千年来的经济史研究，施坚雅将区域经济中的市场系统与区域系统理论运用于晚期帝制中国较发达地区的经济史研究；或者从社会科学中借用一些经过重新诠释或定义的概念，以此为切入点来观照中国历史的某些方面，如美国人类学家格尔茨（Clifford Geertz）考察印尼稻作农业后提出"内卷化"（involution）概念，黄宗智（Philip Huang）将这一概念修整后尝试用于对长江三角洲地区经济的考察。就某一方面而言，切入的角度不一，得出的结论可能有

---

① "公共领域"概念最早由德国哲学家、社会学家哈贝马斯（Jügen Habermas）提出，20世纪90年代以来，一些学者如罗威廉（William T. Rowe）等尝试将它引入中国研究。罗威廉注意到将这一概念以及与之紧密相关的市民社会理论用到前近代的中国史研究有不少困难，但仍然认为研究晚清社会时这种分析模式还是有效的。实际上，我们如果不拘泥于公共领域这一纯西方色彩概念的特定所指，而将它仅看作是介于官、私之间的社会领域，我们就可以发现，自唐中后期以来，中国社会这一领域的面貌与之前有了很大的变化，但学界对此的研究做得很少；这一历史分析模式的最大指导作用，我认为就在于可以帮助我们为研究中华帝国后期史拓展出一大片崭新的关注面。学界长期争论的"唐宋变革期"说法，不论是赞同者还是反对者，似乎都还没有系统地从这一领域中吸取一些研究成果。

第四章 展望

分歧，甚至大相径庭，但是总会将研究引向深入。①

研究角度的新颖，除扩大了研究领域外，至少还给我们以三点启示。第一，注视以往研究中经常被忽略的史料或者对它们进行再解释。中国的经济史研究，传统的汉学家，尤其是欧美汉学家一般不大重视，中国学者多从政治经济学或生产关系角度切入，伊懋可、黄宗智、彭慕兰等人则都注重生产力方面的因素，常被中国学者忽视的这方面的资料就大大开掘了出来或者从生产力角度给了重新观察，而不同学者观照的角度不一，这些材料又不断获得重新定位自身价值的机会。

第二，相对于宏观叙事和纯粹考据而言，这些角度所指示的范畴往往处于中间层次，从这些角度出发进行研究，得到的结论有时虽不一定有严格的史料证据，就是这些角度本身，如从社会科学中得出的规律或概念自身，有时也不一定有多少史实证据支持；但这些研究一般也不至于天马行空。杨念群先生对此有很好的阐述："现在已无人能够否认，历史研究需要天赋和直觉，只不过不可滥用，需要自设边界而已。关键在于我们现在还形不成一套规范式的方法，既摒弃笨夫式的毫无灵气的僵化思维，又能防止天马行空式的对直觉的滥用，在这方面美国中国学研究（中国研究的学者主要在美国——引者注）给我们提供了一个非常有益的启示，即通过中层理论的概念化积累，来规范对史料的解读。一方面它用中层理论的概念转换不断引导着史料搜寻出现新的惊喜发现；另一方面每个中层概念在知识积累方面形成相互衔接的递增特性，使问题的讨论和史料的搜集必须被限定在概念

---

① 以中国近一千年来的经济，尤其是江南地区的经济史研究为例，伊懋可得出的高水平均衡陷阱和黄宗智得出的内卷化结论，都认为江南经济长期以来只有增长没有发展；彭慕兰（Kenneth Pomeranz）则提出直到19世纪以前欧洲英格兰经济并不比同期中国江南经济有优势，之后才出现"大分流"现象。参见以上诸学者的著作 Mark Elvin, *The Pattern of the Chinese Past*, Stanford, 1973；[美] 黄宗智：《长江三角洲的农民家庭与乡村发展：1350—1988》，程洪等译，中华书局1992年版；[美] 彭慕兰：《大分流：欧洲、中国及现代世界经济的发展》，史建云译，江苏人民出版社2003年版。

方法篇

规定的范围之内,这样就防止了对主观直觉的随意滥用。"①

第三,这些角度的提出,一般有很强烈的现实意识。中国研究是为现实目的服务的,研究角度一般也是根据现实状况提出的,从这些角度切入研究中国历史,实际上为历史和现实间架构了一座桥梁,这种桥梁沟通的不仅仅是近代以来的历史和现实,很多时候还能直接沟通古代和当下。不少人一直迷惑的历史如何和现实挂钩问题,从中应该可以得到一些答案。

中国各地区经济发展差距的拉大和苏东剧变的现实,使西方一些中国研究的学者提出了"民族国家认同"(national identity)的概念,意思是不同的族群如何对自己的国家有一种排他性的归属感。从这一角度研究中国历史,可以发现中国古代的族群认同往往被政治认同所冲淡,政治认同包括对超越具体王朝而始终存在的天下中国这一政治共同体认同和具体的王朝认同两种。前者我们习惯称之为"天下中国观",认为天下理应只有一个主要以德而不以武统一的国家值得忠诚,分裂时期只是为下一个统一时期做预备而已,分裂时期的一个政权对另一个政权的征服被看成为"一国"内的统一战争。这种认同起源甚早,影响深远。后一种王朝认同得到强化是宋朝以后的事,由于没有不亡的王朝,这种认同的影响要逊于前者。就天下中国观而言,至少会引发如下一些在民族史上值得深入探讨的问题:首先,原始的这一观念所指称的中国,无疑是汉人建立的以汉文化支撑的国家,那么非汉族在汉地建立政权时,汉人如何认同这个政权?西方学者就此提出了文化至上主义(culturalism)的观点,同中国古人所讲的"能行中国事,则为中国主"意思差不多。也就是说,天下中国观后来有过调整,不再强调汉人建立,而突出汉文化支撑这一因素。但是我们知道,10世纪上半叶以后的一些所谓征服王朝,它们的种族本位意识比较浓厚,这种情况下,汉人如何看待它们呢?以元朝为例,在笔者看来,当汉人发现蒙古统治者在"行汉法"路上逡巡不前时,寄希

---

① 杨念群:《美国中国学研究的范式转变与中国史研究的现实处境》,载黄宗智主编《中国研究的范式问题讨论》,社会科学文献出版社2003年版。该文中的"概念",与本文所说的"研究角度"大同小异。

望于政权和统治族群以及该族群中人进一步汉化、在汉文化中寻找精神寄托、怀疑政权合法性以及忠诚异族的王朝统治，即王朝认同超越天下中国认同等几种情况都存在，需要具体分析。其次，天下中国观使得古代中国产生不了多国平等体系的观念，但天下一国，终究是一种理想状态，实际情况则是多国、多政权并列，这种情况下如何处理现实和理想间的不协？当中国本土地区只有一个强大政权时好办，只要通过将边缘地区纳入朝贡体系、将它们视作藩夷小国——不管其实际有多大——就可以，而当本土地区分裂，尤其是分裂为势均力敌的强大政权时，问题就复杂了。① 比如，宋金对立，固然可以看作是下一次统一的预备期，但当时身处其中的人，在处理现实多国，至少在两个都认为是正统国家之间的外交关系时，怎样既为现实利益考虑采取经常将对方看作平等政治实体的外交举措，又能维系理想的意识形态主张？这个问题似乎还没有怎么引起学界的重视。再一个，天下中国观是在汉地社会形成和发展出来的，在汉地建立的非汉族政权，它们的统治者和统治族群怎样看待这种观念？如果接受了这种观念，过程是怎样的？因为天下中国观的形成，与早期汉人对边夷情况不大熟悉有关，而像建立元朝的蒙古人，在立足中原前其铁骑踏越的范围要远远大于中国本土地区。

  民族国家认同这一研究角度是从现实社会中得到启示的，用它来分析中国历史上的情况，考察中国人国家认同的变迁过程，得出的结论反过来对现实的思考也很有意义。② 中国历史上的族群认同经常被

---

  ① 分裂时期的一些小国，不敢有统一天下的野心，甘愿处于臣属地位，如五代时期的一个吴越国王临死叮嘱部下"子孙善事中国"。见《资治通鉴》卷277《后唐纪六》，明宗长兴三年三月，中华书局1956年点校本。

  ② 民族国家认同概念的最早提出，大概是在20世纪60年代，但并没有引起多少学者重视。20世纪90年代以后，对中国各族群的国家认同问题的讨论成为热门。有些西方学者曾经对中国这方面的将来持悲观态度，认为由于中国传统文化被国人重新认识（即20世纪80年代的文化大讨论）以及反帝国主义的列宁主义意识形态和指令性计划经济的中止，会使得原先由它们所支撑的中国政治权力的合法性、国家目标、现代化途径乃至社会结构等在转变过程中发生极大的不确定性。参见姚大力《变化中的国家认同》，载复旦大学历史系等编《近代中国研究集刊·近代中国的国家形象与国家认同》2003年第1辑，上海古籍出版社2003年版。我们当然不能因为不赞同西方学者的基本判断而忽视该问题意识的深刻现实意义。

方法篇

政治认同所冲淡,但它们始终存在,当政治认同的合法性遇到危机或政治认同本身淡化时,族群认同就会激发出来。近代以来,传统的天下中国观被多国体系概念取代,王朝认同也不再存在,但谋求国家主权独立的愿望成为不同族群的共同要求,族群认同再次被政治认同冲淡。当下的情况已经与一百多年前完全不同,如何继续维系不同族群对国家的归属感?我们似乎可以从以下两条路径思考这个问题。第一,传统天下中国观中天下唯有一个大国且处于世界中心、没有平等他者的概念已经不合时宜,但文化至上主义仍有一定的参考意义。历史上这种主义主张将汉文化而不是具体的族群甚至具体的国家作为人们忠诚的对象,今天,如果继续像传统那样,将汉文化当成普世适应的唯一文化,认为其他周围文化都比它落后,最终都要发展成汉文化,也就是说,如果继续有华夷之辨的思想,那也显然是不合时宜的。但是如果能发展出一种各族群都能普遍接受的文化,文化认同超越具体族群认同的传统就会转化成为一笔可贵的历史遗产。因此,如何建设中华民族文化就成为今天维系各族群中国家认同的一项艰巨任务。第二,西方近现代的民族国家是近现代民族主义思潮的产物,近现代的民族也好,民族国家也好,它们的形成都是通过权力主体转移到全体国民一方,亦即形成所谓人民主权而实现的,也就是说,民族、国家和民主实际上是三位一体的。今天,当中国由传统意义上的国家向现代意义上的民族国家转化时,再要有传统意义上的政治认同已经不可能,比族群认同更迫切的诸如主权丧失等外部环境的压力或危机也不再存在或已经减轻,而要在短时间内建设各族群共同认可的中华民族文化也不是件容易的事;这种情况下,要维系甚至加强各族群对国家主体的凝聚力,除了经济上共同繁荣外,我们似乎还应该更多地思考一下西方民族国家形成过程中的经验。[1]

最后说下研究方法上的启示。我们习惯说"史无定法",历史研究在方法论上没有固定的套路,但实际上,长期以来,我们历史研究

---

[1] 关于这一方面的论述,参见姚大力《变化中的国家认同》,载复旦大学历史系等编《近代中国研究集刊·近代中国的国家形象与国家认同》2003年第1辑,上海古籍出版社2003年版。

的主要方法还是史料学方法、考据学方法和归纳法三种，西方历史学科社会化以前也是如此。尊重史料是历史学家的基本要求，依托史料说明问题是历史学区别于其他学科的根本特征，与近代西方史学家以及汉学家相比，乾嘉学者和以前的中国学者在这方面的欠缺主要体现在史料的范围上不够宽广，史料真实性的鉴别上不够科学。[①] 考据法就是通过对史料的整理、排比考订出史实，如前文所述，西方汉学家在这方面善于将语言学运用于史实的考订。归纳法就是从分散的、零星的史料入手，从个别的、具体的事例中寻找带有普遍性或规律性的东西，这种普遍性或规律性的东西范围有大有小，像乾嘉学者和一些西方汉学家较多总结具体的事实而对宏观的概括一般不大重视，中国研究的学者则比较重视相对宏观的和一般现象的总结。

　　严格的史料学方法、考据学方法和归纳法，要求历史研究文字写出来的成果每字、每句都有根据，这首先就限定了历史研究的范围，因为我们不可能在任何方面，尤其是稍微有些宏观的方面找到那么多证据，有时，要把通过历史学方法考订归纳出来的一些孤立现象贯穿起来也不大容易有足够的史料证明。其次，即使史料是真实的，考据、归纳的过程也是严格的，仍然不能保证得出的结论就是正确的。其一，史料记载是否准确反映事实，它记载的是一般情况还是特殊情况，是不是仅仅只是作者个人的见识？[②] 其二，归纳法是根据所论问题的需要而有选择地挑选一些史料来进行的，这种以举例子得出结论的方法有天然的缺陷，因为社会生活现象极其复杂，随时都可以找到任何数量的例子或个别的材料来证实任何一个结论；也就是说，举例子得出的结论，其实都是单称命题，要通过例证证明不同甚至相反结论也不是不可能。在对宋代经济史的研究中，不少人通过"选精""集粹"途径从彼此迥异的甚至矛盾的诸多史料记载中挑选出若干认

---

　　① 胡适曾批评中国的传统史学说："中国人作史，最不讲究史料。神话官书都可作史料，全不问这些材料是否可靠。却不知道史料若不可靠，所作的历史便无信史的价值。"姜义华主编：《胡适学术文集·中国哲学史》上册，中华书局1991年版，第18页。胡氏的概括有偏颇之处，像司马迁、司马光等著名史家，挑选史料时非常谨慎，但他的说法总的而言还是有道理的。

　　② 比如，关于元代政治制度的很多汉文记载反映的只是汉人对时势的理解，与真正史实有较大偏差。参见拙文《论元代中书省的本质》，《西北民族研究》2003年第3期。

方法篇

为最重要或认为最具有代表性的例证推导出宋代江南农业革命的结论，李伯重先生指出，他们忽视了这些例证大多只具有特殊性而不具有普遍性、忽视了这些例证中所提到的诸多农业进步因素其实不容易共存并且常常受其他条件制约的事实，因而其结论也是站不住脚的。①

历史学主要方法——史料、考据和归纳方法既然有如此的局限，就需要考虑用别的学科的方法和理论进行弥补或修整。② 历史学的社会科学化，即将历史学由传统的叙述模式转变为分析解释模式，将史学主要目的由传统的探索历史表象转换为追寻表象之下隐藏的深刻内容，更加需要借助各门社会科学甚至自然科学的理论、方法（如比较研究法、计量法、统计学方法、田野调查法、系统论方法等），包括它们的研究模式，如经济学的由抽象到具体模式、社会学的从具体入手注重统计的模式等。受此影响，西方中国研究者的论著也比较多地采纳跨学科的研究方法，这一点很值得我们借鉴。几部重要的中国研究作品，如史景迁（J. D. Spence）的《王氏之死》（1978）、孔飞力（Philip A. Kuhm）的《叫魂》（1990）、黄仁宇的《万历十五年》（1981），都是先提出一个问题或角度，再通过一个或几个个案的详细完整的展示以揭示这些个案所包含的解释那个问题或角度的意义，进而对那个问题或角度给出答案，整个过程中都大量吸收社会科学的理论和方法，与汉学家通常采用的提出问题、组织材料以直接回答那个问题的方式相比，中国研究应该说很好地避免了考据法和归纳法局限的影响。

中国民族史不是西方中国研究的主要关注点，但从已有的一些论著中，比如丹尼斯·塞诺（Denis Sinor）主编的《剑桥早期内陆亚洲史》（1990）、弗莱彻（Joseph Fletcher）的《蒙古人：生态环境和社

---

① 李伯重：《"选精"、"集粹"与"宋代江南农业革命"》，载氏著《理论、方法、发展趋势：中国经济史研究新探》，清华大学出版社2002年版。

② 比如宋代农业革命论者认为宋代江南由于有了"最好的耕犁"和因"人多地少"导致的充足的劳动力，导致了"精耕细作的发展到了一个新的高度"，李伯重先生根据经济学的一般原理认为这不可能。同样，关于宋代江南的水稻亩产量，史料记载出入很大，革命论者认为可达到五六石乃至六七石，李伯重先生根据自然科学原理认为这也是不可能的。参见其文《历史上的经济革命与经济史的研究方法》，载氏著《理论、方法、发展趋势：中国经济史研究新探》，清华大学出版社2002年版。

会状况》[1]、巴菲尔德（T. J. Barfield）的《匈奴帝国式部落联盟：组织和对外政策》[2]和《危险的边界：游牧帝国与中国》（1989）、联合国教科文组织集多国学者共同撰写的六卷本《中亚文明史》（1987年起陆续出版）等，我们还是很明显地感受到研究者进行了跨学科研究的有益尝试。比如，国内学界对中国北方民族史的研究，长期以来都着重于政治事件史研究，尤其是与汉地社会关系的政治史研究，而对其社会形态、政治结构等方面，或者不怎么予以重视，或者按教条式的社会发展理论进行机械比附。当然，史料的限制是主要原因，但是如果开阔思路，还是可以有一些新的发现的。巴菲尔德受从事非洲和西南亚洲游牧部族研究的政治人类学的启发，在《匈奴帝国式部落联盟：组织和对外政策》一文中提出了蒙古高原游牧国家组织的产生不是该游牧社会的内在动力的结果，而是由于需要某种国家组织的形式来有效地应付与它毗邻的比较大而且更为组织化的定居国家的观点。诚然，这一观点没有考虑游牧国家得以产生的内在政治资源是一大缺陷，但对我们仍然有两点启示。第一，它很好地回答了内陆亚洲草原带上为什么强大的游牧国家总是在最东面的蒙古草原产生再延伸到西部而不是相反；而且，这一论点还让我们意识到通常认为的游牧民族和南方农耕社会实力此消彼长的看法可能是一种误解。第二，文章提出的帝国式部落联盟（Imperial Confederacy）的概念对我们理解从匈奴到蒙古的草原游牧国家政治组织非常有帮助。根据巴氏的定义，我们可以看到，在蒙古之前草原游牧政权帝国式部落联盟中存在着两层领属权，即核心部落集团首领家族对征服或归附各部的间接的政治、军事、统治的权力和处于这一领属权约束与限制之下、保留在臣服诸部原有君长手里的那一部分对部众的直接领属权，而随着成吉思汗大蒙古国的建立，领属权只在黄金家族成员间分割和继承，原来的两层

---

[1] Joseph Fletcher, "The Mongols: Ecological and Social Perspectives", *Harvard Journal of Asiatic Studies*, Vol. 46, 1986.

[2] Thomas J. Barfield, "The Hsiung-nu Imperial Confederacy: Organization and Foreign Policy", *Journal of Asian Studies*, Vol. 41, 1981.

方法篇

领属权制彻底取消,帝国式部落联盟转变为真正的游牧帝国。①

需要说明的是,本文将西方学者中国研究运用的理论、切入的视角、采纳的方法分开来叙述只是为行文的方便,实际上它们是一体的。理论和视角常常只是所指范围宽窄的区别,比如黄宗智提出的内卷化,我们可以说是一种研究角度,也可以说是一种理论;魏特夫提出的征服王朝论可以说是一种理论,也可作为一种研究问题的视角。理论和视角又是广泛意义上的方法。吴承明先生曾经指出,某些情况下,"方法论在史学研究中应当占有与历史资料同等重要的地位"②。李伯重先生也说:"虽然有了正确的方法也未必一定能够得出正确的结论(因为还会受现有资料的限制等),但若没有正确的方法,即使有很好的资料,也会得出错误的结论。"③ 两位学者都是以经济史现身说法,实际上史学的任何分支,包括中国民族史的研究都应当重视广泛意义上的方法的探求,西方学者的中国研究在这方面给了我们很好的启迪。

(三) 中国研究新转向对我们的启示

20世纪80年代以来,西方史学界又出现了一些新的变化,对这些变化的总体,目前尚没有一个公认的术语进行概括,但它们很快影响到了中国研究领域。笔者以为,史学界人文思考的复归和后现代思潮的影响是引起学术转向的两个比较重要同时又相互关联的因素,它们对我们也有很重要的启示。

先说史学人文思考复归对我们的启示。早在20世纪60年代,当中国研究同西方史学一样社会科学化时,就有一些敏锐的学者对此持保留态度甚至进行质疑。在前述亚洲协会年会上,史华兹(B. I. Schwartz)就对中国研究的社会科学化趋势提出警告:"在对一种文化的各有关方面尚未获得充分认识时,就急于从某个孤立的'专业'出发,把它概括为一个封闭的'模式'或'体系',以便机械地

---

① 关于这方面的详细论述,参见姚大力《塞北游牧社会走向文明的历程》,载氏著《北方民族史十论》,广西师范大学出版社2007年版。
② 吴承明:《经济学理论与经济史研究》,《经济研究》1995年第4期。
③ 李伯重:《"选精"、"集粹"与"宋代江南农业革命"》,载氏著《理论、方法、发展趋势:中国经济史研究新探》,清华大学出版社2002年版。

运用该专业的方法去对它进行描述，这样做很可能是在培育无果之花，甚至导致种种荒谬的结果。"① 更有学者将此比喻为社会科学这一彪形大汉对历史女神的粗暴强奸。20世纪70年代以来，西方史学界对社会科学介入历史学科的后果进行了深刻的反思，意识到这种介入容易导致历史学魅力的丧失：社会科学化，归根究底，是运用类似研究自然科学的方法、思路来研究社会和人的本质，其理论出发点是，对所有研究对象，不论是自然事件还是人类社会现象抑或个人行为都可以通过科学的模式进行理解或解释；但是，自然现象是无意识的，而人类社会、人的行为是有意识的，用研究自然科学的模式解释它们显然不够，在历史学社会科学化过程中起重大作用的年鉴学派就将人的主观作为和偶然的人类事件对历史的影响估计严重不足。反思者意识到，社会科学化的后果是，活生生的人际关系变成"网络"，有声有色的历史过程被"体系""结构"取代，各种偶然性的独特性的历史事件成为各种各样"规律"过程中不重要的音符，一句话，历史的主体——人类本身在历史研究中反而变得可有可无了。反思的结果是历史学人文思考的复归，人类行为的主观性在历史研究中再次被凸显出来。

　　人文思考的复归，对我们的启示至少有二：首先，这不是简单地否定曾经有过的社会科学化过程，而是在此基础上的一种超越。国内史学界可以说没有经历过类似的过程，我们不能因为西方学界对它的超越而索性不走这条路，我们需要考虑的是怎样既补好这门课，又尽量避免这门课的消极后果。

　　其次，观念本身成为历史研究的基本关注对象之一。历史上人类曾经对一些事件、人物、共同体等形成过各式各样的观念，这些观念与实际情形很多时候有一定的差距，有时甚至完全就是想当然地想象出来的。以往的历史研究，经常把这种观念内容作为研究历史事实时的参考史料，比如说，研究周公，我们可能会把后世史料中记载的后人对他的看法作为重要的引用参考材料；也有不少学者研究这些观念

---

① 转引自姚大力《历史学失去魅力了吗？》，载骆玉明等《学说中国》，江西教育出版社1999年版。

方法篇

本身的变化,但目的是说明观念演变过程中的社会背景,重点在于观念演变所反映的社会事实,像顾颉刚对孟姜女等民间传说的研究,陈学霖对刘伯温故事的研究,目的还是在于揭示这些传说或故事演变过程所反映的当时的社会面貌。观念本身的历史研究,侧重点和之前的研究不同,它的目的就在于揭示观念本身的演变以及观念本身和其演变所带来的影响。特别是影响这一块,我们以前关注得较少,这种研究对我们具有相当大的参考价值。比如前述天下中国观就是一种在中国历史上长期存在于人们心目中的世界观念,它的最直接的影响是在中国传统政治资源中孕育不出现代世界多国体系的概念,现代国家观念中的"主权"意识只能从外面引进。当然,天下中国观的影响在梁启超、列文森等人的论著中已经有所阐述,但仍有大量观念的研究有待深入。①

比如,关于民族或族群的界定,国内的学者大多以斯大林的定义为参照,国外学者大多在每一项具体的研究中根据研究对象的实际情况和具体特点作特定的界定;② 相对而言,以往的国内外研究,都较多强调民族或族群的客观基质,如语言、宗教、体质、传统文化等,而很少将人们主观上的认同因素包括在内,实际上,这一主观因素恰恰是民族或族群得以生成和继续存在的最重要因素。本尼迪克特·安德森(Benedict R. Anderson)在他划时代的经典著作《想象的共同体》(1983年初版,1991年出修订本)为民族下了一个充满创意的定义:"它是一种想象的政治共同体——并且,它是被想象为本质上有限的,同时也享有主权的共同体。"③ 安德森定义的对象是近现代政治意义上的民族,但仍对我们研究前近代的民族或族群的历史有借

---

① 西方学者将观念史引入中国历史研究,目前最值得借鉴的作品是柯文的《历史三调:作为事件、经历和神话的义和团》(1997),此书杜继东中译本已经由江苏人民出版社2000年出版。何伟亚(J. L. Hevia)的《怀柔远人:马嘎尔尼使华的中英礼仪冲突》(1995)也是一部比较重要的作品,不过笔者觉得此书成就似乎不宜特别拔高,它的邓常春中译本于2002年由社会科学文献出版社出版。

② 马戎:《民族关系的社会学研究》,载氏著《民族与社会发展》,民族出版社2001年版。

③ [美]本尼迪克特·安德森:《想象的共同体》,吴叡人译,上海人民出版社2003年版,第5页。

鉴意义，比如，就某些民族共同体而言，我们需要重新考虑它们形成的时间。① 安氏的定义对思考当下中国多民族国家内部的民族关系走向更有参考价值：民族或族群的产生是需要一定客观基质的，它们不能无中生有地任意产生，但一旦产生以后，即使客观基质消失了，主观因素——自我的认同，有时也包括他者的排斥——仍然会存在，民族或族群便成为表达某些人集体的象征符号。马戎先生指出："在实际过程中，群体间实质性差别的消亡很可能早于群体名称象征意义的消亡，特别是对群体的划分予以制度化以后。"② 中国的历史学者，如要对中国的未来有前瞻的眼光，看来很需要从西方学者的论著中吸取一些内容，安德森的想象的共同体概念是值得我们反复回味的。

再说后现代思潮的影响及对我们的启示。史学人文思考的复归，一方面与史学界自身的反思有关；另一方面，与20世纪中期以来社会科学本身的人文化也有关，这一点因为与本文关系不大，就不展开了。需要说一下的是另外一个很重要的促进因素，就是近二三十年来，西方史学界受到了后现代思潮的全面影响。后现代思潮流派众多，彼此差异也很大，不可能用简单的几句话就能概括，但在以下几个方面，各派还是比较相近的，对史学界的人文复归趋势也产生过一定的影响，同时又很值得我们反思。

首先，后现代对近代启蒙运动以来宣扬的一些主流价值观，如科学、理性等提出了怀疑，这就启示我们历史不仅仅只有常态的一面，对非常态的，如病例、变态、梦境以及各种精神现象等研究，其实也是可以大有作为的。虽然这些研究不一定颠覆原来的基本结论，但会大大扩大历史的研究面，而且会使历史面貌显得更细密、更丰富、更真实，就像一棵大树，主体固然是树干和正常的绿叶，但也会有败叶、枯叶和落叶才会成为一棵完整的大树。

其次，与上面一点相关，后现代对传统的历史因果关系的解释和历史目的论（teleology）提出了质疑。近代以来，西方史学界实际上

---

① 例如，人们一般认为，随着大蒙古国的建立，统一的蒙古民族共同体就基本形成；这个说法看来值得商榷。

② 马戎：《论民族意识的产生》，载氏著《民族与社会发展》，民族出版社2001年版。

方法篇

不管哪个流派,都是在这一基本的假定前提下进行研究的:人是理性动物,人类的行为是可以解释的,由人类行为组成的历史活动也是可以用因果关系解释的,进而出现了历史是有目的的观念。后现代对人类行为的因果联系提出了质疑,进而对历史目的论和历史哲学中的形而上学——比如种种形式的决定论——作了无情的解构。对于后现代的这种否定,我们自然不能不加思考地全盘接受,但它确实对我们有一些启示:人是最复杂的动物,人类不是每一个行为都是有目的的,传统的因果解释的缺陷就在于为解释而解释,任何一个过程都是根据后面的结果去观照,都被看成导向唯一结果的原因,而不是从其本身去看待,有时甚至为了迁就因果关系而把一些与之不符合的历史事实故意忽视、排除或者扭曲。比如,研究民族文化,经常对它们的形成煞费苦心地寻找些理由,实际上,有不少文化内容是没法解释的。历史的发展是多方面的,认为只有一条必然的趋势是将错综多头的历史简单化的行为;在任何一个历史时期,其实都有多种趋势的可能,最终发展出哪一种趋势由很多因素,包括相当多偶然因素决定。但在历史研究中,我们经常看到,不少人就一个具体的史实,往往根据后面的结果来评判,与它相背离的史实就认为与历史趋势背道而驰而遮蔽了它本来的意义。杜赞奇(P. Duara)《地方对国家的叙述:现代中国的联邦主义与中央集权主义》[①]考察了民国时期的省份地方主义运动,认为陈炯明在广东"倒孙"行动的失败被贬抑为一次叛变,实在是代表了事后的意识形态操作:从事实本身来看,陈炯明的"倒孙"缘于其"粤人治粤"的主张与孙中山"党人治粤"主张之间的冲突,而这种冲突反映了两种民族国家观念之间的冲突,陈炯明不是没有民族国家的观念,也不赞同省份的独立,只是他所设想的国家要从底面的整合开始。杜赞奇认为,陈炯明对民族国家的理解后来被垄断霸权的话语表达判定为不正当。杜氏的这一解读不仅指引我们从另一个角度去看这一事实,而且在中国民族国家建设、整合国内各民族关系过程中的今天,思索一下杜氏所揭示的民国年间联省自治运动的

[①] 该文作为第四章收入他 1995 年出版的重要学术著作《从民族国家拯救历史:民族主义话语与中国现代史研究》,此书王宪明中译本已于 2003 年由社会科学文献出版社出版。

意义，也不是没有价值的。总之，后现代对史学界的这种冲击与前面一点类似，有助于我们重新捡拾起诸多被忽略或被有意无意曲解的史实，有助于我们认识历史的饱满性和立体性，有助于我们认识人类历史过程的复杂性、多样性以及断裂性。只要不受认为理所当然的某些成见的影响，不受历史目的论和一些先入为主的观念的制约，对这些复杂历史现象的研究，是完全有可能对某些耳熟能详的共识性的成说进行重新检讨的。

再次，后现代对西方中心论进行了彻底的挑战。在西方学界，可以说，没有一种人文学科、社会学科的理论能像自然科学中的公理、定理一样不受到一点的质疑，就是生物学上的达尔文的进化论也是在持续的怀疑、攻击中不断修整的。这种重视历史问题、社会现象复杂性的作法很值得我们学习。近代以来，国人全面拥抱现代化，而对现代性双刃剑的负面因素实际上重视不足。西方中心论在西方是一个比较少受质疑的观念，但仍然有异样的声音，只是在后现代兴起以前，挑战不够彻底。以西方学者的中国研究来说，费正清等人的"挑战—回应""传统—现代"论是典型的西方中心论，柯文"在中国发现历史"对之进行了修正，但柯文的目的还是在于解释中国哪些因素阻碍了现代化的产生，骨子里还是以西方为参照物。黄宗智的"内卷化"理论本质上是经济史上的西方中心论，受到弗兰克（G. Frank）、王国斌、彭慕兰等人的大肆攻击，但是这些攻击者尽管承认在很长一段时间，比如直到19世纪以前，中国经济并不比欧洲落后，某些方面还比欧洲先进，然而到19世纪以后，中西历史毕竟发生了"大分流"，中国落后了。用王家范先生的比喻，他们还是将中国的烧饼与西方的面包在对比，只是以前的学者仅注意烧饼烧煳的一面，彭慕兰他们发现了另一面的芝麻很香，但烧饼终究不如面包，终究是面包要淘汰烧饼。[①] 说到底，这些挑战者只是认为费正清等人的西方中心论有漏洞、不完整而已，并不是说框架本身不对，他们还是想以西方的历史演变模式来解释中国，重在关注中国缺少什么的探索以及质疑中国何以未

[①] 王家范：《"西学东渐"还是"西学东变"——彭慕兰的〈大分流〉打破"欧洲中心主义"了吗?》，《文汇报》2004年5月16日第8版。

方法篇

发生类似现象，而对中国历史的特殊性如专制政治制度和权力经济对社会、经济各方面的全面笼罩认识不深切。后现代思潮不同，它将西方历史的发展仅仅看作人类历史上的一个特例，当然它也反对有常态存在；后现代认为任何地方、任何人群都有自己独特的历史演变方式。不论这种看法是否偏颇，但至少完全以西方中心论为基础研究其他地区的历史确实会有问题，正如杜赞奇所说，将西方历史看成普遍化的历史，就会"把其他社会和知识形式纳入自己凌驾于一切的框架之中并发现后者处处捉襟见肘"①。可以相信，即便我们不赞同后现代的"虚无"倾向，但在历史研究中，尤其是前近代的民族史研究中，只要受到一点它的警告，慎防西方中心论或其他线形历史论——如华夏文明优于周围少数民族文明等说法——的片面性，我们就会在一定程度上"拯救"（杜赞奇语）出曾经被掩盖、改塑和抹杀的某些历史。

后现代对西方史学、对西方中国研究的影响当然不止以上三个方面，比如它对传统史学编撰方式和叙述方式的质疑，对历史叙述和文学想象关系、研究者主体与史实客体关系、史料文本和研究论著关系等历史认识论上的革命性思考等，都对史学界产生了或大或小的影响。研究后现代思潮本身和研读受其影响的中国研究论著，"可以藉着后现代主义所关心的议题，增加我们思考的幅度及敏锐性"②。

最后聊一个话题：新一轮中西互动是否可能？20世纪80年代以来，西方史学界的转向，在我看来还有一个启示，就是中西学术界应该可以出现继国学—汉学互动之后的第二度互动。民国年间，在西学以及作为西学边缘的汉学的刺激下，中国学术进入一个新的阶段，我们一般称之为"国学"。国学的产生和发展，离不开西学和汉学的影响，一流的国学家们不仅对西学与汉学有高度的兴趣和敏感，而且大多与西学界、汉学界的同行——主要是汉学界同行——一直保持着密切的接触，同时又守住了本土传统学术的根本；与此相应，西方汉学

---

① ［美］杜赞奇：《从民族国家拯救历史：民族主义话语与中国现代史研究》，王宪明译，社会科学文献出版社2003年版，第5页。
② 王晴佳、古伟瀛：《后现代与历史学：中西比较》，山东大学出版社2003年版，第180—181页。

界的学者也很关注中国学者的研究。所以王国维先生说："中西二学盛则俱盛，衰则俱衰，风气既开，互相推动。且居今日之世，讲今日之学，未有西学不兴而中学能兴者，亦未有中学不兴而西学能兴者。……虑二者之不能并列者，真不知世间有学问事者矣。"① 从晚清开始的东西方学术的互动，使得中国学术到20世纪二三十年代达到了一个巅峰状态，树立了在国际学界中中国学者学术的地位。但是此后，由于各种原因，中国学者和西方的接触少了下来，尤其是内地学者，20世纪50年代以来很长一段时间，较少对西方学界的动向和研究成果有所了解。近20多年来，中西方的交流逐渐频繁起来，但是总体而言，以下两种倾向仍然需要改进。第一是对西方同行的研究成果了解还是不够，对他们研究问题的思路不够敏感，还有相当多的人甚至对他们的研究不感兴趣。第二是对立足于本土的学术研究思路的再出发仍缺乏足够的探讨。西方人文学界经历社会科学化的洗礼之后，再度向人文思考复归，实际上也提醒我们，中国本土学术经历半个多世纪的曲折之后，是否也能从民国学者守住的根本的基础上再出发：至少，西方学者再怎么高明，毕竟是在异文化的视野中观看中国，而身处本土文化中的中国学人总是会有一些国外同行们难以切身感受的自觉。② 只有这两种倾向彻底改变了，新一轮中西学界的互动才能成为事实，在国际学界的舞台上也才能重新树立中国学术的地位。有学者将目前同样研究中国历史和中国问题的中西学界同行难以交流比喻为"学术科索沃"[3]，在笔者看来，如果真有"学术科索沃"存在，责任也只能在我们自己而不能怪我们的洋同行：首先，他们对我们的研究时刻关注着，读他们的作品不难发现，国内杰出的研究成果，他们都注意到了，倒是我们自己做研究时，经常不管他们在干什么；其次，我们能再像民国国学大师们那样，拥有和国外同行不一样

---

① 王国维：《〈国学丛刊〉序》，载氏著《王国维遗书》第3册，上海古籍出版社1983年版。

② "再出发"一词为余英时先生所创，参见其文《试论中国人文研究的再出发》，载香港城市大学中国文化中心编《九州学林》创刊号，复旦大学出版社2003年版。

③ 李零：《学术"科索沃"：一场围绕巫鸿新作的讨论》，载刘东主编《中国学术》第2辑，商务印书馆2000年版。

方法篇

的只属于我们自己但又能吸引他们的学术思维吗？

三　颠覆还是纠偏——读王明珂先生系列著作[①]

　　王明珂先生的《华夏边缘：历史记忆与族群认同》《羌在汉藏之间：一个华夏边缘的历史人类学研究》《英雄祖先与弟兄民族：根基历史的文本与情境》和《游牧者的抉择：面对汉帝国的北亚游牧部族》这四部书在大陆人类学界的反响好像没有在历史学界尤其是在民族史学界那么热闹，笔者认为，这反映了一个事实：我们民族史学界有一个危机感，感觉这个学科的继续深入遇到了瓶颈。这个瓶颈就是有价值的尤其是有特殊史料价值，比如能够更新传统看法的，这样的新史料越来越难以发现。我们可能会遇到一些别人没用过的史料，但它们的价值很可能只是对一个已有的结论作个注脚而已，不仅不能够对原来的结论提出质疑甚至连深入都不太容易。当然，我们可以对大家都比较熟悉的常用的史料进行重新诠释，但这样的重新诠释也不是没有止境的。笔者觉得当前民族史研究就遇到了这样的困惑：缺乏新史料，研究如何深入？我们这几天开的会，以"民族史研究的发展和创新"为主题，也说明了有这样危机感和困惑感的人其实是不少的。

　　在这种窘境下，读王先生的书，是会给我们眼前一亮的感觉的。

---

　　① 本节内容原载安平秋、张玉春主编《古文献与岭南文化研究》，华文出版社2010年版。原题注：本文是笔者在2009年10月于青岛大学举行的"民族史研究的发展和创新"学术会议上的发言稿，是一篇书评，所评的是王明珂先生的四部书，分别是：《华夏边缘：历史记忆与族群认同》《羌在汉藏之间：一个华夏边缘的历史人类学研究》《英雄祖先与弟兄民族：根基历史的文本与情境》和《游牧者的抉择：面对汉帝国的北亚游牧部族》。这四部书都既有台湾的繁体版，也有大陆的简体版。前三部书是先有繁体版，后有简体版。第四部书好像是两种版本同时发行。前三部书笔者简单地核对了下《羌在汉藏之间：一个华夏边缘的历史人类学研究》的繁简体版本区别，发现简体版有些删改，这些删改对作者的主要思想基本上没有什么影响，但在行文、论证方面则还是有些影响。第四部书因为笔者没看到繁体版，不知有没有差别。就笔者所知，这四部书的出版信息如下：《华夏边缘：历史记忆与族群认同》，台北允晨文化公司1997年繁体版，社会科学文献出版社2006年简体版；《羌在汉藏之间：一个华夏边缘的历史人类学研究》，台北联经出版公司2003年繁体版，中华书局2008年简体版；《英雄祖先与弟兄民族：根基历史的文本与情境》，台北允晨文化公司2006年繁体版，中华书局2009年简体版；《游牧者的抉择：面对汉帝国的北亚游牧部族》，广西师范大学出版社2008年简体版。

114

他把人类学引进到历史学研究中,是不是预示着一种新的研究方式?我们经常说史无定法,只要有助于历史研究的,不管是什么学科的东西,都可以拿来借鉴。我们借鉴过语言学,借鉴过社会科学,也借鉴过自然科学,在各种曾经借鉴过的学科中,语言学的成效是有目共睹的,而对人类学的借鉴又是我们很欠缺的。现在王先生做了个典范,借鉴了人类学,总的而言应该说是很成功的。这个成功的典范是不是就意味着人类学可以像以前的语言学那样,给有点陷入困境甚至给人以日薄西山感觉的民族史研究带来新的希望呢?

不能不说,这里出现了很尴尬的一幕。我们习惯的传统的民族史研究,其理论基础都是认为民族是一种在若干客观基质方面有共同特性的人类群体,比如说"四个共同",比如说体质、语言、文化等。王先生尽管说自己不否认这些客观基质的存在,但他的倾向又是很明显的,就是对这些客观基质进行解构。在他看来,体质、语言、文化等范畴的所谓共性和差异都是不怎么靠得住的。今天,我们还在找各种看起来更为客观的因素,比如基因,比如分子生物学上的根据,那么,按照王先生的论断,这些所谓客观因素,是不是一样只是在水中捞月?也就是说,王先生的书整体上是给人一种"破坏性"感觉的。如果客观基质说靠不住,王先生的解构就不是在解救遭遇困境的传统民族史研究,而是在彻底颠覆它了。正因为让人感觉有点颠覆的味道,所以,王先生的书,今天有的人为之叫好,也有的人对之惶恐。

其实,冷静思考一下,王先生所说的族群认同是一种主观认同,这何尝不是一种客观现象呢?王先生说,民族认同特别强调一个"族"的共同祖源(不管这个祖源是不是个客观事实),强调共同资源的分享和区分,这和别的人类群体的认同是明显不同的,比如政治组织,就不会强调共同祖源,也不怎么强调资源的共享和区分。这就说明,族群认同尽管主观,但不是任意的主观,这种不是任意的主观本身就是一种客观现象。王氏提出的文本、文类、神话、传说甚至历史学者的历史著作都是某种历史心性的产物,这本身也是一种客观的事实,只是当事人或相关的人有时没意识到而已,就像以客观史学著称的兰克,人们早就分析出他的作品一样有强烈的主观倾向。实际上,王氏将近代人类学田野调查的成果用以比照历史上的情况——这

方法篇

是他著作的精彩之处，但其最大缺陷也在于此（等会说明）——其基本的出发点也是说在类似的环境下，人类可能会作出近似的选择；这就说明，王先生本人是把人类学作为一种以客观见长的学科看待的。事实也正是如此：人类学和文学、哲学不一样，它主要研究的还是人类的客观现象，包括精神领域内的客观现象；它要对民族史研究起推进作用，当缘于它的客观性，而不会是它的"破坏性"。前面说了，王先生的书在人类学界没有刮起旋风，笔者想主要是因为人类学界对他所揭示的东西可能并不觉得奇怪，而历史学界则由于和人类学界接触过少，所以，猛一看他的东西，就会觉得很惊讶。

但笔者并不是说，王先生的书价值不高，相反，笔者认为他系列著作的价值称得上是里程碑式的。这个里程碑式的价值不在于颠覆了传统的看法，事实上它们也没有颠覆传统的研究取向和建立在这些取向上的诸多结论，这和当年有点"搅乱"史坛的古史辨派大不相同，和今天注重破坏而缺少建设的后现代史学也很少共通之处。这个里程碑式价值就是开辟一条结合人类学的历史学研究，特别是民族史研究。王先生的著作，至少在三个方面其价值应当大书特书，这些价值都是历史学结合人类学后产生的。

第一，他时时提醒我们注意以往民族史学界确实没有怎么留意的也是不应该忽视的民族认同上的一个客观因素，即民族认同的主观性。也就是说，民族是客观基质和主观认同共同的产物。这个主观认同是有一定的客观基础的，不同族群对自身的主观认同这个认同本身也是有相对客观的共性存在的；而这些客观基质又是主观认同下的客观基质——这一点特别重要，是我们以往基本没怎么想到的。由此出发，王先生的研究启发我们，任何一个族群，所包含的人群范围都是会变化的，甚至，一个族群存在与否，有时也不一定是铁板钉钉的一眼就能看出来的事实，它的存在与否往往还取决于人的主观看法，包括内部的主观认同，和王先生所说的边缘外人群对它们的主观"异化"。总之，在族群成因的客观基质和主观认同方面，王氏提醒我们，忽视其中的任何一项都是有偏差的。

第二，他时时提醒我们警惕又一个客观事实，任何的史料、史料书写的方式，也就是王先生所说的文类以及可以用得上的传说、神话等都是有一定的倾向性的,实际上,就是我们自己的历史研究,也是某种历史心性的结果,必然带有主观性。这一点看起来和后现代历史学所说的史学和文学的界限有时难以区分,因为意思差不多,但王先生高明之处在于他提醒我们思考这样的问题:如此主观的历史心性是怎么产生的,为什么会有这样的历史心性?它的背后是什么?这也就是他所说的透过"历史表相"去看"历史本相"。不仅如此,他还提醒我们不仅要看到这个历史本相,还要看到历史表相如何作用于历史本相,从而一定程度上改变历史本相。这样的学术取向,应该说是大大扩大了历史的研究面。

第三,王氏将人类学田野调查的成果用于历史研究。其实前面两点也是这个内容,这里撇开前面的两个因素谈点别的。与前三部人类学味道较浓的书相比,《游牧者的抉择》历史味更浓。正如姚大力师所指出的,要评价这部书,先得提及在此之前的几部相关的著作。[①]一是拉铁摩尔的《中国的亚洲内陆边疆》,二是巴菲尔德的《危厄边疆:游牧帝国与中国》和《游牧部落的选择》,三是迪科斯摩的《古代中国及其外敌》。从这几部书一路下来,我们明显地看出,王氏的书受它们影响很深,当然,在王先生的书里,基本上也都明白指出了。比如,该书第一章上可看到巴菲尔德《游牧部落的选择》的影响,虽然书中没有特意点明,而第二章则基本上脱胎于迪科斯摩的书。全书精华部分的第三到第五章明显可看到巴菲尔德《危厄边疆》的身影,第六章则是作者自己的发挥。

说他的书受前人的影响,并不是贬低它的价值。王氏书超越前人的地方也是很明显的,主要表现在第三到第五章。巴菲尔德将中国北方的游牧部族主要分为两大类,说突厥语的一类,讲满—通古斯语族语言的一类,王氏扬弃了这种分类。王氏也没有沿袭我们习惯的对北方民族的分类,即将它们分为四大块:东北满—通古斯语族的一类,辽西森林草原族群的一类,蒙古高原游牧族群的一类,再有青藏高原族群的一类。由于作者研究的重点是两汉时期的与汉帝国有直接接触

[①] 参见姚大力《重新讲述"长城内外"——评〈游牧者的抉择〉》,载氏著《读史的智慧》,复旦大学出版社2010年版。

方法篇

的北方游牧部族，所以他将东北和青藏高原的两类撇掉，而加上了一类河湟高原河谷的西羌族群。就两汉时期的历史来说，这个分类是很合理的，不仅可以和另外两类进行显著的对比，而且对西羌进行了较为详尽深入的研究，我们的北方民族史研究确实对这个地方的部族曾经比较忽视。

我们以往的民族史研究，较多关心长城内外族群或政权间的和战史研究，对北方族群社会、政治结构等内容研究较少，巴菲尔德在这方面的成绩相当突出，他研究了北方族群政治结构的形成，指出这些政治结构的形成与该部族面临的农耕民族的情况密切相关。王氏的结论和巴氏的基本一致，但巴氏有很大的欠缺，就是忽视了北方游牧部族政治结构形成的内在因素，王先生的书在这些方面补充了巴氏的许多不足。王氏之所以能做到这一点，主要在于将人类学田野调查的结果恰当地运用到历史研究中。巴菲尔德本身也是人类学出身，但在这方面他确实有疏漏，从而让王先生得以补上。

但无可讳言，王氏书的缺陷也是很明显的，主要体现在他的第六章。中国历史两条主线中的一条，北族王朝史的兴衰，从长时段上来看，有何规律可循？我们国内的学者，对这个问题好像不是太感兴趣，体现在他们的研究成果中，可以看到两种明显的宏观思考理论。一种是五阶段论；再有一种是兴衰循环论。在这方面，必须承认西方学者做得比我们好。像魏特夫、巴菲尔德等，对此都进行过相对而言比较深入的思考。他们的视野往往向两个方向发展。横向上，比较整个欧亚草原带上的游牧部族；纵向上，比较两千年间的游牧政权。王先生该书第六章，也是这方面的尝试，其动机无可非议值得肯定。但这一章给人的感觉是比较粗糙。在这一章中，作者先设了一个框架，认为历史的本相是北方部族谋求突破所谓的长城封锁线或守住自己的资源区域以应付汉地农耕人群的侵入，然后用这个框架解释两汉以后的长城内外历史。应该说，这个框架解释两汉时期的历史比较奏效，但解释以后的历史就很难让人信服了。首先，作者明显忽视了以后历史中的一些变量，比如，热兵器的出现，比如清朝后期的移民实边等。作者简单地将辽金的勃兴和乌桓鲜卑的兴盛画上差不多是等号的东西，这明显是一个硬伤。作者认为蒙古的兴起和匈奴的兴盛也是同一种类型，显然是一个失误。实际上，在巴菲尔德的书中，他就已经指出，蒙古是北亚游牧部族历史上的一个"异数"，它汗权前所未有地强大是一个难以解释的东西，所以只好用"异数"这个词来形容，而王先生对这一点故意视而不见，实在不应该。其次，王先生不同意像魏特夫、巴菲尔德等人的宏观思考，但他并没有提出坚实的证据，只是先入为主地认为自己的框架合理，其他的解释都不妥，这也是不容易服人的。再说，王氏的本质上是一种兴盛循环论的解释体系，其严密程度本身就远远不如被他认为不妥的那些理论框架。

王氏的这一不足，即先入为主地设一个理论框架，再排斥别人的框架，其实也是魏特夫、巴菲尔德等学者都有的毛病；当然，我们这里不评价哪种理论更优或更站不住脚，只是指出这些学者在构建框架和论证自己体系中的不足之处。本来，他们都有很深的人类学造诣，但在解释这种比较宏观的历史时都犯了共同的毛病，笔者认为原因在于两点。第一，他们对人类学的效用过于自信，犯了类似年鉴学派那样的重视环境、重视结构而轻视事件、轻视人的选择能力的失误。王先生虽然多处讲历史本相和历史表相的互动，多处讲人突破本相的选择，但他将两汉时期游牧部族和汉帝国的互动视为一种模式，并认为以后的历史基本上都在这个模式下重复，就可以看出，他更看重的是他所谓的那个一般不大变化的历史本相，但历史终究是复杂多变的。王氏的这一不足，其实在他的前面几部书中也有体现，比如《华夏边缘：历史记忆与族群认同》书中，谈到南中国人的华夏认同，作者主要着眼点在南中国人接受太伯奔吴的传说上，他显然忽视了历史上一拨拨的由中原往南方的移民在华夏认同往南扩张过程中的作用，也忽视了南方地区的文化根基和华夏文化间容易兼容这个前提。王氏他们在宏观思考北方部族历史时，所以会有缺陷的第二个原因，也是更重要的原因，就是我们一开始就提到的话题，史料不足。他们这些人将人类学引进到历史学中，解决了很多具体的问题，但这个功效好像也有限度。一旦超过某个限度，人类学再怎么客观，如果没有坚实史料的证据，它也只能停留在猜想的层面。前述王氏等人过于相信人类学功效的倾向，笔者觉得也是因为史料不足而产生的：既然很少这方面的史料，不如索性主要依赖人类学。在这一点上，笔者认为魏特夫倒要比王氏高明一些,因为他的理论体系毕竟还有不少直接的史料依据——当然魏氏理论能否成立是另一回事。不过,我们做民族史的很容易通过一些史实挑出他们论证中的毛病,但实事求是地说,就他们的问题意识,我们其实也是很难回答的。他们利用人类学成果已经回答了其中的部分,剩下的超越于人类学功能之外的,如果没有史料怎么办?

这样转来转去,我们似乎又回到了起点:任何别的学科的东西,都可能对历史学有促进作用,但终究不能取代史料,而如果特有价值的史料越来越难发现,我们的民族史研究又如何深入呢?

四 元史研究,有待走出"瓶颈"[①]

和其他断代史研究一样,昔日的元史研究,主要的成就包括三方面,一是史料的整理,二是专题的研究,三是通论性著作和工具书的编纂。今后的元史研究,依然是在这三个方面下功夫,只是第三个方面的新成就,需要在前两个方面新成绩积累到一定程度时才能取得。

就史料整理而言,今后需要继续做史料的挖掘、点校及译注等工作。元史研究的史料,有的很分散,如碑刻史料、地方志史料、宗教文献中史料等,对它们的搜集是一个很庞大的工作。有些史料还在国外,比如前几年在韩国发现的《至正条格》就是元代非常重要的法律文献。史料的点校也是值得做的,尤其是硬译文体史料。这类史料因为通读困难,不少人不敢轻易使用,如果有多种高质量的点校成果,学界同人经过比较后能择善而从,这类史料也就会得到充分利用。元史研究,需要利用众多的非汉文史料,能够读懂所有文字史料的人是不大可能有的,每一个学人其实都需要借助别人的翻译成果。懂得某一种非汉语文的学人,应该尽量多做一些翻译史料的工作以嘉惠学林。另外,元史研究是一门世界性的学问,国外有众多同行,相应有众多文字发表的研究成果,这一点只要读一下陈得芝师《蒙元史

[①] 本节内容,原是拙文《"元史研究"课程弁言》的第六部分,该文载暨南大学中国文化史籍研究所、江门市档案局主编《陈乐素先生诞生110周年纪念文集》,齐鲁书社2014年版。

《研究导论》的研究篇就能强烈感受到；同样地，能够方便阅读这么多种文字元史研究成果的中国学人极其罕见，所以，国外众多的研究成果，也需要有人能做一些"为他人做嫁衣裳"的工作，将它们及时地翻译介绍过来，供国内学者参考。前辈学者冯承钧先生，不仅翻译沙畹、伯希和等国外顶尖学者的学术论著，还在翻译的同时进行考订补充，他对学界的贡献一点都不亚于做专题研究者。当然，冯先生自己的专题研究成果也有不少是经典之作，后学如我辈需要仔细研读。另外，我们还必须关注考古发现，以前我们在这方面确实做得不够。

专题研究，今后要着重对元代历史的一些薄弱之处进行深入探讨。元代思想史、法制史、医药史、社会史、蒙古旧制对元代社会的影响等都还是目前研究比较薄弱的地方。另外，像元代中后期史、元代民族地区历史地理、包括蒙古政权在内的北方民族政权历史演变特征等，目前的研究也还不够细致深入。① 国外学者的中国史研究也启示我们，像元代妇女史、公共领域情况、社会生活中的传播史、民族认同情况、疾病瘟疫情况等，也是值得我们探讨的课题。这些研究不够的方面，有一些史料还算较多，前人没来得及做；大多方面则确实史料不多，给人的感觉是很难做，甚至感觉是在做无米之炊。笔者觉得不管史料多还是不多，我们都应该不满足于简单地对史料进行归纳总结的办法。我们应该在研究理论、研究角度上多下功夫，充分吸取别的学科的理论和方法，充分进行多学科的综合。②

但是，我们不得不承认，目前的元史研究处于一个"瓶颈"阶段。第一，这些薄弱之处能否做出来是个疑问。元史学者都有这种感觉，能做的值得做的基本已被做完了，能想到的尚未被做的，可能就是不能做的，因为没有足够的史料解决它们。在弥补史料不足的缺陷方面，别的学科可能会帮上点忙，但历史学的根基终究是史料，任何其他的东西都不能取代史料。其他学科的理论、方法、逻辑推理、调查结果等，它们必须和史料充分结合才能对历史学研究有效；如果没

---

① 参见拙文《元史领域有待加强研究的几个宏观问题》，《西北师大学报》2005年第4期。

② 参见拙文《西方学者中国史研究对我们的若干启示：以民族史为重点》，载达力扎布主编《中国边疆民族研究》第1辑，中央民族大学出版社2008年版。

有足够的史料，或者说找不到它们和史料的结合点，它们的功效就会大打折扣。第二，正如姚大力师所说，"上世纪蒙元史研究已取得的丰硕成果，既是属于当今的一笔宝贵学术财富，又对今日的我们形成一种严峻的挑战"①；前面所说的元史研究中的薄弱之处即使做出来，它们能否对前辈学者的现有成果做一点深入或推动其实是个更大的疑问。很有可能，它们并没有对前人的成果做多大程度的补充和修订，而只是在给他们的成果做注脚。导致研究出现瓶颈阶段的这两种因素，在别的断代史研究中也同样出现，但在元史研究方面显得更为突出。

　　如何走出瓶颈？姚大力师提出建议："蒙元史研究在前一阶段较为充分的发育，很可能会给今天带来一段相对沉潜的时期，需要我们耐心对已有成果进行反复咀嚼，在反复思考中探寻新的思路和新的学术突破口。"② 也就是说，我们需要暂时"歇"一下。在这个歇的过程中，一方面扎实掌握前人的研究方法——如作为元史学者看家本领的非汉文材料阅读、硬译文体材料阅读、审音与勘同技能等——充分消化他们的研究成果，深入了解他们的研究高度、他们的研究结论；另一方面，尝试新的研究途径，力图借助这个新途径而做出些前人没做到的东西。姚大力师在《谁来决定我们是谁？》③一文中提到，民族史研究有三把新钥匙：分子人类学、比较历史语言学和民族社会学。这三把新钥匙对元史研究也是适用的，元史学者惯用的审音与勘同之法就是第二把钥匙的实践运用。第一把钥匙和第三把钥匙都属于广义的人类学范畴，确是昔日中外元史学者大多没有怎么充分借鉴的。语言学有助于历史学，这是得到公认的；社会科学、自然科学也能在一定程度上对历史学有促进和帮助，这一点也不容否认。海外学者这些年的研究显示，日后的人类学很可能起到以前语言学那样的作用。在寻找新史料越来越困难的情况下，借助人类学进行包括元史在内的历史研究，笔者觉得是个很有前途的做法。

---

　　① 姚大力：《二十世纪中国的元史研究》，载氏著《读史的智慧》，复旦大学出版社2010年版。
　　② 同上。
　　③ 该文载葛剑雄等《谁来决定我们是谁》，译林出版社2013年版。

新途径的尝试，意味着可能失败。不仅仅是借助新途径的研究，其最终的学术结果可能会让人失望，未能"实现对现有研究水准的新突破"①；而且，其新途径本身，也可能未必有效。借鉴人类学研究历史，台湾学者王明珂先生无疑是这方面的佼佼者，笔者曾对他的系列论著写过一篇书评。②书评中肯定了他将人类学引入历史学研究的做法，认为这种办法委实解决了一些靠传统历史研究方法难以回答的问题，比如北方游牧部族政治结构形成的内在因素等。书评也指出了他的缺陷，实际上是这种方法的缺陷：尽管人类学天然地带有客观性，但一旦用于历史研究，它的功效也是有限度的，超过这个限度，人类学再怎么客观，如果没有坚实史料的证据，它也只能停留在猜想的层面；也就是说，人类学的很多成果，包括今人的田野调查，包括一些看似是人类的共性特征，毕竟不能取代原始的史料。笔者这里要强调的是，指出新途径目前运用过程中的不足，指出其途径本身未必有效，指出其结果有可能不会成功，并不意味着这样的尝试不值得进行，恰好相反，试错的过程同样值得我们钦佩、值得我们为之付出。只是，在表面上"歇"实际上在试错的过程中，我们需要对失败能宽容、对无成果面世能理解的学术氛围，不然的话，"听凭浮躁习气和急于求成的心情滋长，不但无济于事，而且还会把事情弄得更坏"③。

---

① 姚大力：《二十世纪中国的元史研究》，载氏著《读史的智慧》，复旦大学出版社2010年版。
② 参见拙文《颠覆还是纠偏——读王明珂先生系列著作》，载安平秋、张玉春主编《古文献与岭南文化研究》，华文出版社2010年版。
③ 姚大力：《二十世纪中国的元史研究》，载氏著《读史的智慧》，复旦大学出版社2010年版。

专题篇

第一章 政治演变

一 成吉思汗的遗产与忽必烈的变革：综论元王朝政制二元性对当时社会和其后历史的影响[①]

成吉思汗的孙子忽必烈建立元朝后，"立经陈纪"，成一代之制。

[①] 本节内容原载刘正刚主编《历史文献与传统文化》第17辑，暨南大学出版社2012年版，作为一章收入中华书局2013年版《一本书读懂元朝》时有所删节。原题注：在2012年7月中国蒙古史学会主办的"纪念成吉思汗诞辰850周年学术研讨会"上，笔者以本文作了大会发言，得到与会部分学者的点评，作者在此向这些学者表示诚挚的谢意。又，本文作为一章收入笔者目前正在撰写的专著《一本书读懂元朝》中，该专著将由中华书局出版。按照中华书局拟定的书稿体例，文章中不用注释（收入本书时，笔者略加了几个必要注释），尽量少用引文。本文以阐述史实和宏观论述为主，用了少量的史料引文，这些引文多为元史学者所熟悉，它们大多出自常见的元史史料，如《元史》《元朝秘史》《史集》《元典章》《庚申外史》《董文忠神道碑》等。文章参考的前人论著，主要有：1. [德] 傅海波等编《剑桥中国辽西夏金元史》，史卫民等译，中国社会科学出版社1997年版；2. 陈高华、史卫民《中国政治制度通史·元代》，人民出版社1996年版；3. 张帆《元代宰相制度研究》，北京大学出版社1997年版；4. 周良霄《皇帝与皇权》，上海古籍出版社1999年版；5. 周良霄、顾菊英《元代史》，上海人民出版社1993年版；6. 萧启庆《元代几个汉军世家的仕宦与婚姻》，载氏著《蒙元史新研》，台北允晨文化公司1994年版；7. 姚大力《论蒙元王朝的皇权》，载王元化主编《学术集林》卷15，上海远东出版社1999年版；8. 白钢《关于忽必烈"附会汉法"的历史考察》，《中国史研究》1981年第4期；9. 姚景安《忽必烈与儒臣和儒学》，《中国史研究》1990年第1期；10. 赵文坦《忽必烈早期与汉族士人关系考察》，《山东大学学报》1997年第4期；11. David M. Farquhar，"Structure and Function in the Yuan Imperial Government"，in John D. Langlois eds.，*China under Mongol Rule*，Princeton University Press，1981；12. Francis W. Cleaves，"The Sino-Mongolian Inscription of 1362 in Memory of Prince Hindu"，*Harvard Journal of Asiatic Studies*，Vol. 12，1949；13. [美] 余英时《"君尊臣卑"下的君权与相权》，载氏著《中国思想传统的现代诠释》，江苏人民出版社1989年版。本文中部分观点在笔者以前的一些论著中也有提及，这些论著包括：1.《论元代中书省的本质》，《西北民族研究》2003年第3期；2.《元代怯薛新论》，《南京大学学报》2003年第2期；3.《论元代君臣关系的主奴化》，《江海学刊》2004年第1期；4.《辽西夏金元史十五讲》，上海古籍出版社2008年版。

他所奠定的"规模宏远"、其后子孙必须恪遵的"成宪",今天的学界已经一致公认是蒙古法和汉法的二元混合,也就是说是在保留成吉思汗政治遗产的基础上,有选择地采纳了一些汉式制度。无论是旧史家所说的元世祖"附会汉法",还是近代以来学者所说的"忽必烈行汉法"均不等于少数学者曾经认为的"元朝政治制度汉化"、蒙古统治者"被被征服者的文明所征服"。但是,就世祖所定的这个二元体制而言,还有很多疑问学界并没有做出令人特别满意的回答。比如,元世祖为何不用成吉思汗的遗产蒙古法作为整个帝国的国家体制?他又为何不改弦易张,用汉制彻底取代乃祖的政制遗产而使之成为国家的政治根本?对这两个问题,以往的学者往往用这样的意思回答:蒙古法不适合汉地,汉法不适合蒙古社会。但为什么不适合?学界尚未给出让人信服的结论。元王朝的政治二元性不同于辽朝的二元性,这一点也已为学者公认,大家都认为,在元朝政治制度中,蒙古法和汉法是融合在一起的。但究竟哪些是蒙古法因素,哪些是汉法因素,哪些属于二者结合后产生的新因素,似乎又都还没有被缕清。有些人单凭某些制度拥有一个汉式名称就认为它们完全属于汉制,比如中书省、枢密院、翰林国史院等,这种论断其实大有问题。再有,元王朝二元性的政制对当时的社会有哪些影响?哪些在后来的明清时期给否定了,哪些还在继续?就中国历史长期演变趋势而言,元朝二重性政制中,哪些因素产生了深远影响?这些问题似乎都还没有得到充分研究论述。本文拟就这些宏观问题作一些初步的探索。全文分四个部分:(一)二元体制的确定;(二)国家符号体系二重性的意义;(三)中央职官制度中的二重性;(四)二重性政治制度的影响。全文得出结论:就中国政治制度的演变而言,宋元变革是一个大的转折点,君主开明专制从此演变为君主绝对专制,但这种大转折、大演变与蒙古人对汉地的征服其实没有必然联系。

(一) 政治制度两重性的确定

元王朝控驭的地盘,包含了中国几个不同的文化区域,有汉文化的汉地,有游牧文明的蒙古草原区域,有藏文化的青藏高原藏区等;王朝的民众,分属不同的文化族群,除了汉族人、蒙古人、藏族人

第一章 政治演变

外,还有不少信仰伊斯兰教的人,此外,东北地区、中西南地区也还有种类繁多的非汉族族群。在临民层次上,元朝统治者针对不同的文化区域和不同的文化族群,一般采取各随其俗的统治方式,只是对蒙古人以外的族群,在运行原先统治制度的同时会加入一些监临、牵制因素,以保障蒙古统治者的利益。比如,在汉地,对汉族人,元朝统治者采用了汉文明传统的中央集权、军民分治方式,实行赋役制度;各个路、府、州、县实际掌行政的长官还是由汉族人担任,但是蒙古统治者另设一个一般由蒙古人担任的达鲁花赤进行监临,再设一个一般由色目人担任的行政长官副手以对汉族行政长官进行些牵制。蒙古人的分封制度、诸色户计制度对汉地老百姓而言是蒙古人带来的新东西,但从制度上讲,它们对老百姓的影响有限。比如分封制度,汉地有些老百姓属于某个蒙古诸王贵族的投下户,但他们和不属于投下领主的国家编户齐民,负担按道理是一样的;当然事实上,投下领主对投下户的肆意盘剥无法避免,投下户的实际负担要比国家编户的重一些。诸色户计对汉地百姓生活也有影响,有些家庭需要世代从事某种职业,这与唐宋以来中国民间社会流动性渐强的趋势相违背,不过,民户以外的户计,从总数上来讲,所占的比例很小。所以,对汉地民众而言,与之前中原王朝相比,非汉民族的统治,"异"因素并不突出。在其他文化区域,情况也类似,蒙古人的征服基本没有改变当地社会原先演变的趋势。

这些不同的文化区域、不同类型的文化族群,对国家政治事务而言,最重要的是汉地、汉民族族群和蒙古草原、蒙古民族族群,另外,作为蒙古人治国主要帮手的色目人在政治事务上影响也比较大。除了藏族人以外,色目人没有自己可以归属的较大的文化地域,当时的穆斯林文化区还只是在形成过程中,所以色目人的影响主要来自个人而不是来自地域。元王朝的色目人中,有相当多的人来自东部伊斯兰世界,当时波斯语是这些东部伊斯兰世界的通用语言,元王朝因而将蒙古语文、汉语文、波斯语文都作为了官方的语言文字。不过,就临民层次之上的国家政治制度设计而言,蒙、汉两种文明的传统政制是蒙古统治者主要依赖的资源,由色目人带过来的制度方面的因素并不多,奥都剌合蛮、阿合马、桑哥等人的作为被视作与汉法对立的回回法，就其本质而言，其实就是增加官府对民众的剥削度，是一种与民争利的横征苛敛之术而已，不具有制度层面上的意义。具有制度层面意义的，还是草原社会和汉地社会的传统政治设计。这两种文明的传统设计，用今人的眼光来看，没有本质区别，都是一种专制体制。不过，同样的专制体制，具体操作方式有区别，专制的程度也略有差异。

　　蒙古草原制度在成吉思汗建国时基本定型。地方上，游牧民分属于一个个的千户，千户长负责监管牧民的日常经济生活；牧民每年需向政府或所隶属诸王交纳一些牲畜，根据自家牧养动物的种类按一定比例上交；有作战任务时，男丁需要从军，从军日子里的个人生活所需，也要从家里带上，政府或诸王不提供。国家层面上，将游牧千户的一部分分属于诸王，剩下的大部分归国家，由大汗管辖，属黄金家族共同"家产"。归诸王和归国家的牧民，其负担理论上也是一样的，都要根据比例上交牲畜，作战时都要自带衣装粮马从军。中央政府内，大汗底下设一些断事官管国家行政，断事官配一些必阇赤做助手；大汗另委任一些军事长官专门负责作战时的指挥任务。大汗身边设置一支庞大的禁卫军，蒙古语称之为怯薛，按制度其人员总数是一万人。禁卫军中的负责者、与皇帝接近者兼担国家的各种事务，断事官、必阇赤中都有人来自怯薛。千户长、军事长官、怯薛都是可以世袭的，断事官、必阇赤类似于临时差遣，不一定世袭，不过一般也会长期担任。诸王在自己的封地内，也会设断事官、必阇赤，甚至也有自己的禁卫部队。在帝国中央政府内，诸王也派驻自己的代表，以保障自己能获得共同"家产"即国家编户牧民那块产生的收益。

　　蒙古帝国地盘扩大到其他文化区域，这些区域没有像草原那样分封，就要统统由大汗来统治管理。临民层次上，大汗安排代理人处理这些地区事务，这些代理人多数还是该地原来的人，比如汉地的世侯。大汗另外安排达鲁花赤监临这些代理人，代理人的主要职责就是给蒙古人交纳贡税，帮助蒙古人提供兵源、军饷，有时也需要领兵帮助蒙古人去攻城略地。地盘大了，漠北政府管理起来不方便，蒙古大汗派一些断事官、必阇赤常驻某个地方，专门负责一定范围内的被征服区行政事务。第四任大汗蒙哥在位时，索性将被征服区划成三大块。一块是中原汉地;一块是畏兀儿和附近地区;再一块是中亚阿姆河以西地区。每一大块地域上各设置一个断事官—必阇赤派出机构(汉文中习惯称"行尚书省",实际上大蒙古国中央并没有尚书省,行尚书省是一个不恰当的称呼),负责该大块地域的行政事务。这些派驻地方的断事官—必阇赤行署(行尚书省)都直接对大汗负责,不受留在汗廷的断事官—必阇赤机构管辖,汗廷的断事官—必阇赤主要负责草原地区事务和汗廷日常政务,汗廷和在外三行署间以及行署彼此间的关系倒是由汗廷断事官—必阇赤机构负责协调。草原地区人口少、居住分散、经济结构单一;被征服农耕区有大量的代理人,蒙古政府这种比较简单的由怯薛、汗廷断事官和在外断事官行署组成的国家政治结构运行起来没有大碍。

忽必烈即位后,阿姆河以西地区不属他所有,畏兀儿和附近之地也不易守住,他的帝国最主要的区域是蒙古草原和汉地。忽必烈迎合汉人喜好,正式将负责行政事务的断事官机构改名为汉式名称中书省,地方上的断事官行署相应改称行中书省。大蒙古国时期,作为汗廷断事官副手的必阇赤的机构习惯被汉人称作中书省,耶律楚材就被人称作中书令,但大蒙古国时期汗廷的中书省不是主掌行政事务的机构,不能和元朝时期的中书省相提并论。和元朝中书省职能相似的大蒙古国官署是汗廷的断事官机构,它在地方的行署习惯被人称作行尚书省,按道理汗廷的中央断事官机构应当被称作尚书省;不过奇怪的是,当时并没有人这样称它,该机构里的断事官倒是有被称作丞相的,如著名的失吉·忽秃忽就被人称作"胡丞相"。忽必烈没有沿用汉人的习惯,正式将地方行政机构改叫行尚书省,而是叫作了行中书省;中央的行政机构也相应叫作了中书省,忽必烈此举,主要是要向大家表明,他的治国方针要和蒙哥不一样。就职掌而言,忽必烈的中书省、行中书省和大蒙古国时期的汗廷断事官机构以及地方断事官行署其实一样,都主掌行政。

随着国家地盘的不断扩大,随着征服战争结束后和平时期社会事务的迅速增多,以及地方上代理人制度的被取消、军民分治的实行,从中央到地方,所需行政人员的数目也急剧增长,职务分工越来越明确和细化。地方上,以前人数很少的一个断事官行署就可以治理庞大范围内的行政事务,现在变得不可能了,行省的数量也就相应增多。在中央,有不少事务从行政系统中分立了出来;还有些事务是根据现实需要而另外设置的,它们或隶属中书省或独立于外。众多的或属中书省或不属中书省事务,以前的中原王朝如果也有的,忽必烈和他的汉人谋臣如刘秉忠、许衡等,就按照以前中原王朝的成例,设置一些相应官署和官员来负责处理,如翰林国史院负责文翰和编史任务,御史台负责监察事务;属于蒙古人王朝特有的,就另外命名,如佛教事务,专设一个机构管,后来命名宣政院,该机构还附带直管吐蕃之地。大蒙古国时期,国家军政比较简单,草原牧民按传统兵民合一,有打仗任务了,自己带粮马衣装过来从军;汉地签军、军饷事务则由代理人操办。到了元朝,没有代理人了,军政要由蒙古人政府和地方行署直接办理。本来国家军政,也是由行政官员操办的,李璮之乱后,忽必烈对汉人很多的中书省不大放心,就模仿宋朝,专设了一个枢密院来分管国家的军政。中书省中汉人势力式微后,这个机构和枢密院之间界限就不大分明了,而地方上,行省则一直兼带掌管本省军政。整个国家的政治结构布局大概在忽必烈即位后的十年内成型。

这样的政治结构,是忽必烈在原先蒙古旧制的基础上,引进了一些汉式制度而成。表面上看,和以前的中原王朝挺相像。有宰相机构中书省负责行政,有枢密院管军政,有御史台管监察,有翰林院管文翰等。当然,也有众多的机构是以前中原王朝没有的,不过那些机构给人的感觉是它们在国家政治活动中作用不大,比如宣徽院,负责怯薛组织日常事务的管理;再比如,管理各个皇帝斡耳朵的机构,对国家政务也不起多大影响。事务多,机构多,所需官员多,不可能都从怯薛中来。大量的官员就来自别的途径,如由吏而来、因荫叙承袭而来等。这些职务除了少量可以世袭外,大多数行流动迁转法,这也与大蒙古国时期情况很不相同,是吸收了汉文明政治传统的结果。

但是这样的政治体制和中原王朝其实还是有很大不同。就中央和地方的关系而言,中原王朝讲究中央集权,地方上所有的权力最后都集中到中央;元朝本质上也中央集权,但是它的各个行省又分走了很多权力,也就是说,地方上的权主要集中到行省这一层次,行省和中央的中书省则是并列的。顺帝时期的脱脱任中书省右丞相期间,中书省较多地干预了行省事务,① 而元朝其他时间,中书省和行省各管各地盘的事。中原王朝遇到这样看起来有点地方割据味道的情况极可能发生分裂,而元朝不会,这是元朝的特殊性:元朝各行省的主要官员来自怯薛,他们对元朝皇帝自称"奴婢",对皇帝绝对忠诚。就宰相机构而言,元朝的宰相主要负责政令的施行,决策不是它管的事。国家的决策一般由皇帝和身边的怯薛商量,宰相可能刚好也以怯薛身份值班,参与了决策,但从制度上讲,中书省宰相不负责决策,它负责怎样把皇帝的命令传达下去,怎样去执行这个命令。对于皇帝的命令,宰相不赞成的可以向皇帝奏改,但不能像唐宋宰相那样不签字而让它不通过。军政上,元朝军官一般世袭,这与中原王朝大不相同。官员来源上,唐宋王朝一般通过科举选拔官员,元朝高官出自怯薛,高官职务不世袭,但怯薛的职务则多数世袭;高级职务以外的官员,也有相当大的比例出自荫叙承袭。也就是说,元朝官员的来源相当狭窄。中下级官员中的多数来自于吏,这也与中原王朝原则相背离,唐宋王朝重儒士,对于吏,则很轻视。

　　那么,忽必烈的王朝,有没有可能改弦易张,直接借鉴唐宋王朝的政治结构,用汉式政制来彻底取代原先的蒙古旧制呢?比如说,用了汉式制度,宰相拥有了决策权,不允许怯薛干政;将中书省变作行省的顶头上司,行省有什么举措要经过中书省批准,草原上,诸王的兀鲁思分封也取消,所有牧民都是国家的编户牧民;国家所有职务均不能世袭,取消诸王和各种贵族的特权;政治职务对全社会开放,官员来源主要靠科举,不想让汉人有多少影响力的,可以制定专门针对蒙古人的科举;等等。甚至学习宋朝,行政和军政分开。这样的情形有没有可能呢?应该说,不会。

　　其一,蒙古人的王朝和以前的北魏王朝不一样,蒙古统治者不会主动将自己融入汉族族群,它始终将自己视为征服者,汉民族则视为被征服者,在他们的意识中,被征服者要为征服者服务。所以维持征服者族群蒙古人的利益,是这个王朝的立国根本。要做到这一点,就

---

① 这一重要观点为《剑桥中国辽西夏金元史》作者发现,参见该书中元末期史一章的论述;但目前尚未引起国内元史学者充分重视。

必须保持民族隔阂，要把蒙古人和汉人区别开来，同时对人数众多的汉人世界要保持警惕。这样，汉人在国家政治结构中就不可能拥有多少政治资源，不可能拥有多大的发言权。忽必烈潜邸时期和在位初期周围簇拥了很多汉人文士，但他对这些人究竟信任到什么程度其实是大有疑问的。即使没有李璮之乱，忽必烈也不会让这些汉人儒士继续在国家政务中居于中心地位。国家政务机构中，汉人不起主导作用，"用夏变夷"就很难了。

其二，没有汉人起主导作用，蒙古人自己能不能主动学习汉文明来变革旧制呢？这就更加不容易了。在征服者当中，像忽必烈那样了解且比较熟悉汉文明的人毕竟是少数，大多数的蒙古人是不愿费心去了解的。用被征服者族群文明取代自己的传统，征服者从情理上难以接受，这是人之常情：任何一个征服者都希望被征服者接受、服膺征服者民族的文明而不是刚好相反，尤其是当征服者族群文明并不是所谓的"落后文明"时。

其三，在蒙古人看来，汉文明并不尽善尽美。比如说，完全的中央集权，他们认为不如地方分权好，对传统中国来说，是高度的中央集权好还是适度的地方分权好，委实是个难以判断的问题；贵族分封，蒙古统治者也认为不赖，事实上，元朝瓦解后蒙古人能继续在草原地区对明朝形成威胁还真的倚赖了他们的分封制度；怯薛人士对大汗的奴婢意识他们认为可取，如果没有这样的意识，中央集权程度不高的元王朝要一直不发生地方分裂和割据也是难以想象的事；职务世袭蒙古统治者认为不是一无是处，汉地社会唐代以来，各种人士阶层都出现不同程度的流动性，理论上没有哪一户人家会世世代代从事某项事业，蒙古统治者则认为某些集团或阶层还是需要让一些人去世守，这样才能保证这些集团或阶层随时都有足够的人员；汉式科举制度使平民有可能跻身社会上层，官员的迁转法使得任何一个职务都不会长期被某人占据，任何一个官员理论上也都有可能担任不同品级的职官，在蒙古统治者看来，这样的人事管理制度未必尽如人意，尤其是汉式的科举，还产生了很多喜欢空谈而处理实际事务能力较差的官员；等等。军政和行政较大程度地分开，对蒙古统治者来说，也是不大熟悉的。所以，对蒙古政权来说，最好的选择就是以自己的政治传统为基础,适当地引进一些汉式制度以使自己的统治更为有效。能够被引进的汉式制度,应该是他们能理解的,比如说,用中书省命名断事官机构,都负责行政,只是名字不同而已;应该是他们认为可取以至于必需的,比如枢密院、御史台机构,他们认为设置这些机构有利于他们的统治;应该是他们认为不会过分损害蒙古人利益的,仁宗推行科举,制度上就设计成了对蒙古人整体利益不产生多大损害。官员迁转法也被引进,但高级官员多来自怯薛,中下级官员中也有很大比例来自荫叙承袭,其他则多出自吏,科举出身者人员很少,又很难当上多大的官;这样的官员迁转法自然不会太损害蒙古人整体利益。至于其他的一些制度引进,如汉式的太庙祭祀等,有与没有都无损蒙古人利益,而有这样的制度,还能让蒙古人的统治合法性在汉人中多得点支持,它们引进时也就没有多大阻力了。

所以,忽必烈时期确立的国家政治制度是在大蒙古国时期的政制基础上引进了一些汉式成分因素而形成的,到 1270 年左右,基本定型,以后的变化就很少了,而且这些变化没有改动忽必烈时期的基本框架,正如史料中所说,"世祖立经陈纪,所以为一代之制者,规模宏远矣"。在临民层次,不同的民族族群主要采用各自原先的统治方式。国家层面上,总体显示蒙古法和汉法的平衡。不过元朝的国家政治制度面貌和以前的辽朝也不相同。辽代国家层面上汉法和契丹法明显地二元并立,汉法对汉民,契丹法对契丹人,这个王朝的政治制度很容易看出是二元的;而元朝,蒙古法和汉法很多地方都融合在一起,很难分清两种制度孰轻孰重。比如,中书省,表面上看和以前的宰相机构很相似,负责国家的行政事务,但宰相没有稳定的决策权、影响力强的宰相都来源于怯薛、这些影响力强的宰相在皇帝面前以奴婢自称,等等,这些其实都是草原旧制的因素。另外,元朝也还有一些因时势的需要而产生的新东西,这些新东西、新举措就很难说是蒙古法还是汉法了,只能说是这个王朝的新产物。如在南方少数民族地区的土司制度,就是这个王朝的新产物,不能说是蒙古法产生的,也不能说是汉法形成的。

(二) 国家符号上的两套体系

总的而言，临民层次以上层面，元朝没有实行辽朝那样明显的二元对立双轨制，但又处处体现了蒙古法和汉法的二元混合。不过，在体现王朝统治合法性的国家符号体系上，元王朝又一直存在着来自汉制和来自蒙古制的两套明显区别的形式，[①] 它们昭告着人们，这个王朝的特色是政治制度具有二重性。

第一，国号二重性。成吉思汗建国，以大蒙古国为国号，忽必烈于1271年决定采用"大元"为国号。根据汉人捉刀的《建国号诏》，他们认为应当有一个美名来代表自己的王朝。美名要能使这个王朝在历代中原王朝的统系中占一位置，看来大蒙古国之号有些别扭。美名要能反映王朝"舆图之广，历古所无"的事实，像汉唐那样以初起之地或始封之邑为名，都不足以显示其盛大，用某个族群的名称作为一个民众包括多个族群的王朝的国号，也就"不无少贬"了。于是他们取《易经》"乾元"之义，以"大元"为国号，即大之至也的意思。需要指出的是，国号是两字"大元"而不是人们习惯说的一个字"元"；国号带"大"字应该不始于元，辽、金的国号很可能都带"大"字。很多人对忽必烈以大元为国号给予很高评价，认为他舍弃比较"粗鄙"的"大蒙古国"而代之以文雅的"大元"说明了他推行汉法的决心，这未免有些言过其实。它仅仅反映了蒙古统治者考虑到了自己的政权需要汉人认同而已，以中性的字"元"来取代民族色彩太强的"蒙古"字眼。忽必烈取大元国号并不表示他要将这个王朝汉化，还在于一个被很多人忽视了的事实：自大元国号确定后，尽管汉文文书中不再使用大蒙古国之名，但蒙古文书中则一直没有废除，也就是说，两种国号其实是一直并行的。当然，在蒙文文献中经常将两种国号并称，比如在元末的一块蒙古文碑刻中，称自己的国家为"大元大蒙古国"或"又称作大元的大蒙古国"。蒙文文献比汉文

[①] 元朝国家符号上的两套体系，大部分已为姚大力大师揭出，参见其文《论蒙元王朝的皇权》，载王元化主编《学术集林》卷15，上海远东出版社1999年版。笔者本文中略作了些补充阐述。

文献大度,加上"大元"一词,可能是因为蒙古统治者意识到真正的"大蒙古国"是包括诸王兀鲁思和诸汗国在内的政治共同体的集体国号,而自己的王朝只是这个大共同体的一部分,所以在"大蒙古国"前面要加上"大元"这个限定词。

第二,纪年方式两重性。汉式年号的采用自忽必烈即位漠南那年开始,以后汉语的政府文献都采用汉式的皇帝年号加干支纪年,但蒙文文献乃至一些译自蒙文政府文书的汉文文献仍长期用蒙古传统的十二生肖纪年方法。译自蒙文政府文书的汉文文献留存下来的很多,在它们当中我们经常读到"狗儿年""羊儿年"这样的字眼。十二生肖本身不一定是汉人的创造,即使是汉人创造的,蒙古人也不一定直接跟汉人学来。元王朝蒙古人有一些东西看似学汉人的,比如避讳——不过不严格——其实是跟畏兀儿人学的,当然畏兀儿人最早可能是直接跟汉人学的。用十二生肖纪年则肯定不是汉人的创造,蒙古人跟谁学的就不须深究了,反正成了他们的传统。

第三,元朝皇帝即位要履行两套仪式,一套是汉式的,一套是蒙古式的。蒙古式的仪式中包括了诸多汉式仪式中不可能有的情节,遗憾的是汉族大臣们不能参加,汉文史料中就很少记载了。

第四,元朝的国家祭祀情况也类似,有汉式的也有蒙古式的。汉文史料中主要记载了蒙古皇帝汉式祭祀礼制的详情,给人的印象是这个王朝在这方面基本采纳了中原王朝的体制;其实不然,蒙古统治者还要进行一套蒙古式的祭祀礼制,祭祀的对象、方式都和汉制大为区别,这些场合汉人一般也不能参加。即使是汉式祭祀,蒙古统治者也根据他们的需要和理解有选择地取舍,比如汉人倍加重视的太庙亲享,在蒙古人看来远不及他们在日常生活空间中祖先祭祀场合的活动来得重要,忽必烈建立了太庙,但他本人一直没有到太庙中享祭过自己的祖宗。被汉人视为第一重要的郊祀,元朝皇帝也不热心,因为蒙古人有自己传统的撒马奶子的拜天仪式,元朝直到文宗时期才由皇帝进行了这一汉式祭天礼仪。

第五,元朝皇帝去世后,要给汉语和国语(即蒙古语)两种庙号或称号。元朝皇帝死后,太庙中要定个汉式庙号,如世祖、成宗等。同时,还要给他一个蒙古语的称号,如给世祖忽必烈的国语称号是

"薛禅",给成宗铁穆耳的国语称号是"完泽笃"。皇帝死后,给一个蒙古语的称号大概是在仿照汉人给皇帝定庙号、谥号的制度,但这种国语称号算庙号还是谥号呢?蒙文史料中提到某个皇帝时,多用这个蒙古语称号,一般不用皇帝的汉式庙号。汉文史料中指称某个皇帝时,多用其庙号,极少提及他的蒙古语称号。少数的场合,将蒙古语称号和汉文庙号并列。硬译自蒙文的汉文文献,很多时候则按照原文,用蒙古语称号指称皇帝。看来,在汉人心目中,蒙古语称号类似于庙号,但是绝大多数皇帝这两种语言称号间并不存在语词意义上的对译关系,如"薛禅"是贤明的意思,和"世祖"这两个汉字没有什么关联。史料记载,武宗皇帝和仁宗皇帝的国语称号"曲律""普颜笃"是根据他们的汉语庙号而翻译过去的,但是,这两个蒙古语称号"曲律"和"普颜笃",与汉语庙号的含义仍有较大距离,曲律意思是俊杰、骏马,普颜笃意思是有福的。从语词意义上说,这些皇帝蒙古语的称号和汉式制度中的谥号倒是有相通之处,都是死后对他们的一个总体评价,以赞扬为主,但汉、蒙文字史料又都不怎么提及皇帝的汉文谥号,而且蒙古语称号和汉文谥号间也没有语词意义上的对应关系。看来,蒙古人对汉式传统中的皇帝谥号和庙号的意义分不大清,所以他们定的蒙古语称号我们也不好说是庙号还是谥号,只能说是模仿汉人的习惯,在皇帝死后给他们的一个蒙古语尊称。需要说明的是,这种尊称和铁木真的尊号"成吉思汗"是不一样的,后者是铁木真生前就获得的称号,前者则是仿汉制,在皇帝死后给他的称号。1206年铁木真建大蒙古国,群臣给他上尊号"成吉思汗",汉文译作"成吉思皇帝",汉文史料中实际上是没有"成吉思汗"这个说法的。窝阔台在位时,群臣称他"合罕",以后各大汗皇帝,生前蒙古人实际上都称他为"合罕"。不过在汉文文献中,"合罕"常用来专称窝阔台。前面提到,汉文文献指称元王朝的大汗、皇帝,一般用其汉语庙号,铁木真、窝阔台也称太祖、太宗。而译自蒙古文的汉语硬译文书,指称世祖之后的皇帝,用其死后所上蒙古语称号;而前四汗,太祖用"成吉思皇帝",太宗用"合罕皇帝",定宗、宪宗则直呼其名,写作"贵由皇帝""蒙哥皇帝"。

　　第六,圣旨诏令有两种文体。前面提及,元王朝的官方语言文字有蒙语文、汉语文和波斯语文三种。汗廷和宫廷内，君臣的讨论都用蒙古语进行，庙议的过程和决定也用蒙古文来撰写。完成以后除了不涉及汉人事务的以外，都需要在基本保留蒙文文本原有词序的情况下对它们机械地逐字硬译成汉语文本，这些被称为"圣旨"的汉文文本今天读起来相当费劲，不过当时的各级政府机关的汉人官吏应该是比较熟悉这种经常让我们感到不知所云的硬译文书的。各重要的政府机关有时也会出台这些奇特文体的文书命令。这些奇特文体的圣旨、文书，原来的蒙古文文笔流畅，但一硬译成汉语，就极不通顺了。它们本来也是可以用典雅的汉语文言来翻译的，但元朝政府似乎有意要和汉族文人作对，不仅不用文人笔下惯用的典雅用词，专门找一些口语词汇，而且还要把蒙古文的语法特征体现出来，这样就使得翻译出来的句子极不符合汉语语法习惯，人们很难读懂。皇帝汉文指示，除了这种硬译文体的圣旨外，元朝翰林国史院的汉人大臣有时也得以直接用汉文代皇帝起草即位、命官、祭祀等文书，它们称为"诏书"，汉文的诏书文笔自然典雅。诏书要翻译成文笔通顺的蒙古文以便两种文本同时发表。由于圣旨（包括蒙古文原文的）是具体执行的命令，它的地位其实要高于诏书。

第七，元朝的都城是两个而不是一个。前四汗时期，帝国政治中心在漠北。窝阔台在鄂尔浑河上游建立了一个都城，名哈剌和林（今蒙古国哈尔和林），并在和林周围立四季行宫。忽必烈继位后，和林城不再为国都，位于漠南草原之地的上都（位于今内蒙古正蓝旗境内）和中原之地的大都（今北京）成为王朝新的两个都城。元朝皇帝一般每年二月或三月从大都北上，八月或九月自上都南还，有些皇帝驻跸大都的时间比较长，如顺帝一年在大都的时间一般达八个月。皇帝赴上都，除后妃、怯薛外，中央官署的主要人员随行，到上都设衙理事，只留副职若干居守大都，重要的军政事务要急驿奏报上都朝廷处理，也就是说，这一阵子帝国的中心在上都而不是在大都。朝廷中枢夏秋季在上都、冬春季在大都，不仅保持着游牧民族行国的习俗，而且在上都期间，除处理政事外，还要举行蒙古习俗的祭天、祭祖、贵族大宴会、向贵族颁赐等事宜，并要进行大猎活动。实际上巡幸上都和居守大都也成了一种国家同时维持蒙古制和汉制的象征形式。

　　国家符号体系的两重性表明了元王朝的最高统治者对自己的定位是双重的，既是蒙古人的大汗，又是汉人的皇帝，他们同时从蒙古人和汉人中寻求认同；强调元政权汉化的论者不免对前一因素重视不足，而事实上很多情况下，为蒙古人大汗的意识要比为汉人皇帝的意识强，汉人和被征服的汉地应该为蒙古人提供服务成为元王朝统治者根深蒂固的思想。

（三）中央职官制度中的二重性

　　大蒙古国时期，官制简单。汗廷设断事官机构管行政，这个机构内有几位断事官，另有一些必阇赤作为助手管文书事务。忽必烈建立元朝后，机构增多。中央最主要的机构有三个，即中书省、枢密院和御史台，它们分别掌管行政、军事和监察。军事、监察事务从行政系统中分离出来，并和行政鼎立而三，这种模式是继承或模仿金王朝而形成的——一定程度上也参考了两宋的制度——不过，金朝管行政的机构名尚书省，它的御史台作用也没有元朝那样突出。另外，元中央还有一些掌管具体事务的专门机构。如全国佛教事务由宣政院掌管，它还统辖吐蕃地区；道教事务由集贤院负责管理，崇福司则专门管理基督教事务，回回哈的司掌管伊斯兰教。太常礼仪院、翰林国史院、大司农司、都水监（管水利）、太仆寺（管牧业）等也是中央各专门机构，其中翰林国史院分担了一部分原先必阇赤的事务。原先断事官机构所管的行政事务，有一些并没有被中书省继承，如对蒙古人的司法事务，后来的中书省刑部就不能独自处理。原由断事官机构处理的有关蒙古人司法的事务，在断事官机构主体被中书省取代后，主要由元朝另设的机构大宗正府来处理。中书省取代断事官机构，被取代的业务范围还是比较多的，而翰林国史院就不能说是取代原先的必阇赤机构了，因为它从必阇赤那里分过来的权限很少。翰林国史院的官员可以代皇帝撰写诏令，但圣旨仍然由必阇赤来撰写。元朝中央的必阇赤广泛设置，皇帝身边怯薛中有，外廷中书省内有，元朝还另设一个蒙古翰林院，主要任务是将皇帝的蒙古文圣旨硬译成汉文，这个机构中的官员绝大多数都是必阇赤。

第一章 政治演变

中书省名义长官是中书令，由皇太子担任，不设皇太子时，该职位就空缺。省内实际主要官员有右丞相、左丞相、平章政事、右丞、左丞和参知政事等，他们合称宰相。两种丞相品级一样，两种丞品级也一样，但蒙古人尚右，官员排名时右者要居上。右丞相一般只能由蒙古人担任，色目人可以任左丞相。汉人极少能任丞相。元朝建国初，功勋卓著的汉人将领史天泽担任过一阵子的右丞相，不久就改为左丞相。除了史天泽，还有三位汉人担任过左丞相。一是忽必烈朝的耶律铸，他是契丹人，耶律楚材之子，忽必烈与阿里不哥争位时，他舍弃妻、子来投奔忽必烈，忽必烈赞赏他的忠诚，任他为中书省左丞相；二是顺帝朝的贺惟一，他们家族在元朝地位甚高，祖父、父亲均为上都留守，贺惟一是一个蒙古化了的汉人，他被赐蒙古姓，名字也改成蒙古式，叫太平，在元朝官方资料上，他列为蒙古族官僚；三是元末的扩廓帖木儿，原名王保保，在元末非常时期是国家主要倚赖的军事力量首领，担任过一阵子左丞相，但他在朝中时间极短。平章和平章以下的宰相，倒有不少汉人担任过，如世祖朝的王文统（平章）、赵璧（平章）、姚枢（左丞）、许衡（左丞），仁宗朝的李孟（平章）等。南人中任过宰相的只有两人，一是世祖朝的叶李，任过尚书省左丞，当时尚书省是真正的宰相机构；另一是顺帝朝的危素，任过中书省的参知政事。

四种宰相，后来定额，右左丞相各一员，平章政事四员，右左丞各一员，参知政事二员。不过完全按定额置员的时候很少，元朝各种机构都是如此，很少按所定的员额数配备官员。一般来说，宰相所起作用大小，跟他在宰相群体中的排名一致，右丞相排名居首，发言权也最大。元朝著名的右丞相有世祖朝的安童，成宗朝的完泽、哈剌哈孙，英宗朝的拜住，文宗朝的燕铁木儿，顺帝朝的伯颜、脱脱等。但是，宰相影响力和其排名不一致的例外情况也是常见的，这与元朝的特殊性有关。其一，宰相大多由怯薛兼任，在怯薛中被皇帝器重的人即使在宰相名单中排名靠后，他也可能比名字在他前面的人更有影响；其二，宰相讨论事务，经常像今天的圆桌会议那样，每人都有表达自己意见的权力，签名时大家联署，不同意见也写上，最后由皇帝拍板，这应该是蒙古旧制共同议事传统的保留。

中书省辖六部，六部设尚书、侍郎等官，这与中原王朝类似。不过，元朝六部总的而言，比唐宋六部清闲。一来中书省本身执行了很多事务；二来有很多事务被一些专门机构分走，如枢密院承担了大多军政事务，太常礼仪院负责了很多礼仪事务，蒙古人的刑政也多不归中书省管，这样，礼部、兵部、刑部事务就大为减少。元朝吏部、户部的事情较多；有关城池修浚、工役造作、局院管理等事多属工部掌管，这个部的事情也不少。

和唐宋宰相机构不同，元王朝的中书省只是一个执行机构，它没有决策方面的权限。诚然，唐宋中原王朝政制中，最终决策权也只操于君主之手，但宰相拥有制度化的议政和辅助决策权。如重大决策由皇帝和宰相们在朝会或其他高级别议事会议中决定；宰相等官员有诏令的初拟权和封驳权；皇帝的内降敕旨也就是皇帝由内宫偷偷摸摸直接发出去的命令批示因为没有宰相副署便不具有合法性，执行机关可以拒绝执行；等等。但是在元朝，没有皇帝定期上朝听政的朝会制度，重大决策往往是皇帝在内廷独自或和部分官员——包括身边当值的怯薛——商议后作出的，因此很多情况下宰相并不与闻决策，除非他被特别召去或刚好以怯薛身份轮值。宰相也没有制令权和封驳权，官员的奏章和入疏由怯薛送至御前，奏闻过程和所有内廷决策经过都由怯薛中的必阇赤加以记录，圣旨的撰拟、翻译也由必阇赤为之，这些必阇赤大多不是宰相机构人员；圣旨成文后直接交给中书省或其他执行机构或由中书省转发到其他机关付诸实施。唐宋官员拒绝执行被称为"斜封墨敕"的皇帝内廷指令的事情在元朝显然不会有了。没有稳定的议政和辅助决策权力的元朝中书省同金朝的尚书省以及大蒙古国时期的大断事官机构类似，都是北族王朝行政组织和程序简化特征的反映。虽然金朝的尚书省和元朝的中书省人们一般都称之为宰相机构，但它们与其说是唐宋宰相制度的自然发展，不如说是北方民族入主中原的产物。元朝曾经三次短暂地设置过尚书省，两次在世祖朝，一次在武宗朝，不过尚书省一旦设立，中书省之权就差不多被夺空，中书省成了虚设；所以元朝的尚书省不过是中书省换了一个名而已，尽管和中书省并列，它们之间并没有唐朝初年那样的分权关系，即中书省拟诏令，尚书省负责执行。

第一章 政治演变

元朝中书省建置初期是管军事事务的。由于省内汉人官员势力较大，忽必烈对他们不放心，于是仿照宋朝枢密院与宰相对掌军、政的二府制度，另设了主要由蒙古人和色目人组成的枢密院负责军事。枢密院名义长官是枢密使，和中书令一样，例由皇太子兼领。实际主事官员有知枢密院事（简称知院，定置六员）、同知枢密院事（简称同知，定置四员）、枢密副使（简称副枢，定置二员）、佥书枢密院事（简称佥院，定置一员）等。知院、同知一般由蒙古人、色目人担任。任过知院的汉人有两位。一位是贺惟一的儿子贺均，他和乃父一样，是一个蒙古化的汉人，也有一个蒙古名，也先忽都，父子均以蒙古名行世，汉名反而很少使用。另一位是扩廓帖木儿，元末非常时期短暂担任过知院。担任过同知枢密院事的汉人也只有五位，其中包括一位高丽人，一位蒙古化的贺惟一，一位取了蒙古名字的因镇压红巾军有功而受任的刘哈剌不花（他本是南人，但长期居住在北方）。另两位是世祖时期率军远征爪哇的将军史弼和其副手之一汉人高兴（另一位副手是畏兀儿人亦黑迷失），但史弼和高兴出任同知枢密院事不是在世祖朝，而是在实行无为而治的成宗朝。远征爪哇失败，世祖对史弼他们很恼火，成宗时宽宏大量，给了这两位世祖朝硕果仅存的汉人将军以很高的军事职位。元朝任职副枢、佥院的汉人稍多一些，如世祖朝名臣史天泽、赵璧均出任过副枢。枢密院四种主要职务，没有一个严格意义上的南人出任过，任职的汉人即使是当了知院、同知的，也不能参与枢密院的核心机密，比如"天下兵马总数目，皇帝知道，院官里为头儿的蒙古官人知道"，汉人则不能"阅其数"，也就是说，连全国兵力有多少，枢密院里的汉人官员也是不能知道的。枢密院讨论重要的军政事务时，汉人官员会被阻挡在门外，不能进去参与。与中书省相比，枢密院地位略低，但它可以自行上奏军务、自行举荐官属，也就是说很多事情不用通过中书省。中书省中汉人势力衰微后——大约在忽必烈即位五六年后，汉人官员就普遍受到排挤，以后汉人官员再也没能像忽必烈即位初期那样风光——省、院间界限实际上不大明确，枢密院的独立性便大为降低，两机构官员经常一起共事或互兼职务；当然枢密院自行处理一些院内事务的权力还是保留的。

监察机构御史台是蒙古人政府采行汉制而设立的,他们觉得设置这样的机构有助于对国家的治理。御史台也独立于中书省以外,它可以自行奏事、自行举荐官属,它的地位也比中书省略低,不过比唐、宋、金时代都要高。中国古代监察理论一向认为监察官员要秩卑权重,秩卑了,他们才不在乎职位,才敢于刺举,但是监察官员地位低很多时候是难以真正权重的,因而监察效果会打折扣。所以元朝提高监察机构地位,从制度上讲未必不好。不过监察权本身属于消极作用,如果对行政处处牵制可能导致行政权无法充分发挥其兴利除弊的积极功能,但这主要取决于监察权的行使状况,与监察机构、监察官员地位高低似乎关联不大。

元朝御史台官员有御史大夫、御史中丞、侍御史等,定额都是二员。御史大夫"非国姓不以授",也就是说只能由蒙古人担任,唯一例外是蒙古化的汉人贺惟一曾出任过这项职务。色目人也偶有任御史大夫的,如顺帝初年,钦察人燕铁木儿弟撒敦任左丞相时,他的侄子、燕铁木儿之子唐其势就任御史大夫。出任御史中丞、侍御史及以下职务包括治书侍御史、殿中侍御史、监察御史等的汉人比较多,总体而言,作为元朝监察系统的御史台机构中,汉人官员比例大大超过枢密院,也超过中书省,这是该机构的性质决定的。它负责监察,需要一些真才实学的汉人,出仕完全依赖出身的人很多不适合这种职务。但南人在该机构中任职的依然极少,"世祖以后,省、台之职,南人斥之不用"。与枢密院相比,御史台的独立性终元一朝倒是都比较强,中书省很难插手台内事务。但中书省和御史台的主要官员间可以有很密切的私人关系,如父子、兄弟、叔侄、死党等,当然有时也会是冤家对头,这就大大减弱甚至异化了御史台的功能。另外,元朝不设谏官,按道理什么人都可以上书建言,相对而言,御史台系统的人向皇帝谏议的时候较多,所以,时人有时也直接称监察官员"职当言路",但毕竟不是正式的谏官,和唐宋制度不同。

由于地盘广大,中央机构在外地设立分支或派出机构是蒙古人的传统。大蒙古国时期,除了漠北汗廷设大断事官群体外,后来在地方上还设立了三个分支机构,它们彼此之间包括和汗廷的大断事官群体间并没有隶属关系,而是一起对大汗负责。忽必烈即位初,设立中书省，中书省也在全国设立了不少派出机构，它们后来慢慢固定成地方机构，就是元朝的十个行省，和中书省分别管辖一定的地区。尽管行省成了地方机构，但它们和中书省之间并没有隶属关系，而是平级的。因此，将元朝的行省制度看成是中原王朝地方郡县制度的自然发展可能并不恰当。枢密院也曾设过行院，后来因为中央中书省和枢密院之间界限不很明确，地方上行政和军事事务也就都归行省，多数时候不再设枢密院分支机构，但地方有事时，还是会临时设立一些的。监察系统除了中央设御史台外，地方上也有两个分支机构，三个机构一直共同存在。一个分支治所在今天的南京，名江南行御史台，简称南台；另一个分支治所在今天的西安，名陕西行台，简称西台；相应的中央的御史台也称中台或内台。全国划分成22个监察道，分别隶属于中台和它的两个分支机构。三个御史台彼此之间也是平级的。当然与地方的分支机构比起来，中央的中书省和御史台会拥有很多便利，地方上有事情要由中央的相应机构向皇帝奏报，中书省和御史台也就比地方机构多拥有了一些协调和统一全国事务的权力。元朝的皇帝对御史台很重视，忽必烈说，中书省是他左手，枢密院是他右手，两手有病就让御史台来治。

  元朝最重要的中央机构其实是自大蒙古国延续下来的怯薛组织。怯薛成员有1万人，根据接近天子的程度，大体可分为"预怯薛之职而居禁近者"和普通的"宿卫之士"两部分，前者有数百人至千余人，是怯薛中的核心，也是皇帝最为信赖的人。全国高级官员，像中书省、枢密院、御史台以及行省主要负责人大多由这些人担任，四怯薛长出官就为一品。怯薛在外廷任职，如担任宰相后，依然保持怯薛中职务。如果是在地方任职，卸职后要回到怯薛；如果在中央机构任职，那么怯薛和外廷职务同时担任，到了怯薛值班的那三天，他要回怯薛中而不是去外廷。也就是说，元朝的高级官员大多是双重身份的，汉文史料记载这些人的履历时往往不惮其繁地历数他们的外廷职务，对怯薛一职往往一笔带过，实际上，怯薛职掌才是他们真正的身份和地位标志，而宰相之类的官职仅相当于一种差遣，一种临时性的工作。这些人在政治上起多大作用，有时并不取决于他的外廷职务级别有多高，而跟他在怯薛组织中接近天子的程度密切相关。怯薛时常

145

得以与闻机密；因为密近天光，在皇帝决策时可以发表意见，而且容易被皇帝采纳；官员经常通过怯薛把自己的意见转述给皇帝而不是通过中书省等转递奏章；皇帝临时决定某件事要宰相等官员去办，就派怯薛人员前去传令，很多时候还是口头。对这些现象，不少人认为怯薛妨碍了中书省等机构的正常运作，是一种类似历史上宦官篡夺宰相权力的非常行为，其实这是拿中原王朝的政治模式去套不一样的元王朝的政治结构。元朝的宰相机构只是一执行机构，重要人员都由怯薛成员兼任，怯薛组织才是这个王朝的中枢机构，它的人员预政是他们参决政务的合法形式和途径。

  应该说，除了像怯薛这样一些特殊的组织或机构外，元朝的官制从表面上看，很大程度上被纳入了汉式的君主官僚制形式之中，大多官署、官职之名与职掌在唐宋职官体系中可以找到相同、相近或可比拟之处。但是我们似乎仍然不能说这个王朝的官制很大程度上汉化了。君主官僚制的特征主要的有这样几个方面：官员被君主聘用，享受俸禄；官员的职掌、权限范围、品秩高低一般有明确的规定，机构、官员彼此间形成多重制衡；官员任职流动，讲究回避；国家职位对社会大幅开放等。这些特征元朝有的具备，如官员被君主聘用，享受俸禄。有的不完全具备，如职位等级化方面。元朝很多官员的职掌、权限范围不是很明确，四种宰相，尽管右、左丞相的影响力多数时候比平章他们大一些，但四种宰相之间实际上是没有明确的职务分工的。元朝相当多的机构有多头现象，甚至正职比副职还多，如六部各部尚书有三名，侍郎只有两名，多头之间尽管有品秩之分，但与他们的实际作用发挥关系也不大。和中书省一样，各衙门议事往往也采取圆议制度，多头不管品秩高低都可以发表自己意见，最后大家共同署名。特别是高级别机构的圆议，官员很多来自怯薛，品秩高低对他们权力大小的影响就更小了。官员品秩不代表他的实际影响力，与此相关，元朝官署还有一个奇特现象，就是很多机构的品级空前绝后的高，有大量一品、二品的机构，如政治上实际影响力很小的翰林国史院一度一品，和中书省品秩接近；掌天文历数的太史院定制二品，而中书省下的六部按传统才三品；掌正宫皇后财赋的中政院竟然一度也达到一品，长期定在二品。另外，元朝大量机构职掌交叉、重叠，如

第一章 政治演变

负责礼仪事务的有中书省的礼部（三品）、有太常礼仪院（二品）、有太禧宗禋院（一品）等，它们不是用来相互牵制而是因为官制没有系统，往往遇事就设。因此，元朝一方面官制简单，只重视事务性官署机构的设置，在决策系统上，不愿意像唐宋那样有专门的机构，如中书省、门下省等；另一方面又冗杂混乱，等级化不强，官员、机构间彼此制衡难以实现。事务机构冗多、同样职掌官署并设、高品级机构和官员多、行政多头，这些都是蒙古旧制喜欢条块分割特征的延续。条块分割有两种：一是按地域分割，二是按事务分割。同一种事务可以由不同的机构去承担，承担不同事务的机构在政治地位上的差距都不要太大，以显示这个地盘是我的，这种事务是我管的这样的意味。政治事务条块分割实际上也暗中表现了蒙古传统的分封制精神。

中原王朝官员任职流动特征在元朝没有好好体现。最重要的怯薛职务大多是世袭的，外廷职务有不少也长期被某些人掌握。如木华黎的后代相当多位居中书省，博尔术的后代则相当多位居御史台。博尔术孙玉昔帖木儿连任中台御史大夫20余年，地方监察官员也有不少长期在一地任职，这些其实对监察作用的发挥都极为不利。回避原则在元朝也没有充分体现，王朝职官只对少数人开放，同一家族成员同时占有省、院、台高级职务的现象比比皆是。元人的入仕途径相当狭窄。要职基本上被怯薛垄断；荫叙、承袭的官员数目极为可观，大多武官是世袭的，几个蒙古、汉人贵族世家子弟凭借祖上的功勋和与皇室家族结成的亲密主从关系攫朱夺紫，占据官僚体系中的各个要津，他们占据高官的比例，令东汉魏晋的一些门阀世族的记录大为逊色——需要强调的是，元朝代代仕宦不绝的贵族与辽金王朝对君主进行牵制的皇亲国戚贵族是完全两样的。官僚来源上的极度封闭性，是蒙古旧制的又一集中体现。在整个官僚队伍中数量上占最大比重的是由吏入仕者。元朝重视实际事务的处理，对它们熟稔的胥吏大受欢迎，而不屑为此道的儒家士大夫只好靠边站了。元中期起实行了科举，但由进士入官者——包括蒙古人和汉人——只占官员总数的"百之一"，跻身高位者凤毛麟角。在官员任用上，与所有征服王朝一样，强调民族分别。高级官位多为蒙古人和来自西域等地的色目人占据，汉族人很少能进入这个行列，挤进仕途的汉族人大多只能在中下级的

147

职位上耗却一生。汉族人占全国人口的绝对多数——元朝的总人口大多时期估计有 6000 余万,蒙古人、色目人估计不会超过 200 万——而据一份史料,在中央官中,汉族人的比重还不到 2/3。

(四) 宋、元变革:元朝二重政治制度的影响

1260 年,忽必烈开平登基时,在即位诏书中说:"爰当临御之始,宜新弘远之规。祖述变通,正在今日。"他所确立的政治制度,委实可用"祖述变通"形容:一方面,继承原先的蒙古旧制;另一方面引进些汉式因素。这种二重性的政治制度对当时的社会有什么影响?对后来的中国历史又有哪些影响?下面我们就来回答这两个问题。说明一下,忽必烈的政治制度中,包含了地方治理上的新举措,对后世影响特别大的有行省制、土官制以及宣政院管理藏区制等,这些内容本文暂不涉及。

先来分析二重制度对元朝当时社会的影响,主要有这样几个方面。

第一,汉族人很难在政治领域起多大作用,主要的官职被蒙古、色目人占据,汉人只能任一些副职或级别较低的官职,而南人则连这些副职、低级别官都很难当上。汉族人不容易当上官,这对汉地社会的影响挺大。在传统社会里,个人要起作用往往通过入仕途径,在政治领域内发挥,现在这条路障碍多多。有些人就想方设法去走这条障碍多多的窄道,比如放弃苦读经书而学吏牍之道;元朝想入仕者依附权贵的现象也比以前朝代更为突出,特别是南人络绎不绝地北上跑官成为该王朝的一道"亮丽风景线"。当然,不是名门出身,能当上大官的几率极小,入仕的汉族人总体而言,在国家政治生活中影响不大。也有些汉族读书人索性放弃这条窄道,他们走上了别的路子,比如去从事戏曲、书画、自然科学等。也有少部分文人甚至离经叛道,他们用别样的生活方式诠释着对这个看起来有点"怪诞"的社会的理解。[①] 汉族文人入仕之道被

[①] 典型的代表人物有顾瑛、倪瓒、杨维桢等。有意思的是,这些文人大多活动于元朝后期的浙西地区。这种特殊文化现象的出现,与元朝蒙古人政府对江南地区的实际政治控制情况、浙西地区的地方文化传统和社会习俗、儒家文人的习性和心理素质等诸多因素之间是否有联系,是一个值得思考的问题。

大范围地堵塞，很不利于元政权合法性在汉人当中的认同。

　　第二，能够入仕的汉人官员，除了少数出身与皇室有密切关系的显赫家庭以外，大多以吏而入仕途；喜欢读儒家经典的传统士大夫则在政治上基本没有什么前途，那种"学而优则仕"的社会面貌在元朝没有呈现。唐宋以来，任官重儒轻吏有其不足的一面，比如读书太多的儒士经常会脱离实际，面对棘手的现实问题，有时不知如何下手加以解决，高远的理想状态应对不了现实的复杂状况。但我们也必须承认重儒轻吏有它的合理性。按照儒家文明的政治理想设计，政治除了权力结构和行政方式等政治本能以外，还有教化功能，它承担着养之以仁惠、文之以礼乐的道德使命和文化责任，也就是古人所说的"政所以正不正者"。所以，先贤始终强调政治家们不应滥施严刑酷法，要轻徭薄赋而不能刻核寡恩而终失大道，也因此，历代从中央到地方，被公认的出色官僚，除了时刻注意慎刑减负并在政治管理事务上显得沉着干练高效外，还都相当重视文化事业，比如关注各级学校教育、重视祭祀先贤、注重引导社会习俗转变等。当然，就实际政治状况而言，中国古代不经民众许可便掌握政治和经济资源的官僚们——中国的经济一直是权力经济，只要有权力就能掌握经济资源——他们中绝大多数人的实际行为总是与设计中的理想状态形成巨大反讽。这种反讽在元朝表现得更为突出了。蒙古、色目官吏政治素养和业务能力大多比较低，汉人中由吏出身者的道德素质普遍也不如熟读儒家经典的士大夫官僚。总之，儒家思想的实践功能在元朝大大淡化。

　　第三，分封制度有明显消极影响。成吉思汗将大蒙古国的若干地盘和上面的千户牧民分给自己的儿子和几个弟弟，让他们建立兀鲁思。诸弟兀鲁思到世祖朝中后期，独立性降低，诸王成为听命于朝廷的列王，但在兀鲁思内部仍然是宗主。拖雷兀鲁思和属于黄金家族共同财产的大兀鲁思合并后，情况也同东道诸王兀鲁思类似。其他诸子兀鲁思后来则变成事实独立的汗国。听命于朝廷的列王，其兀鲁思上的游牧部众，按道理和大兀鲁思上的游牧部众负担一样，但实际上，总体而言，前者受到额外盘剥的时候要比后者多得多。窝阔台时期，帝国范围扩至中原，蒙古统治者本欲继续进行这样的兀鲁思分封，被著名的契丹族官僚耶律楚材劝止。于是采取了一种折衷办法，新征服地区约有70%的民户，分给各宗室诸王，少数的驸马、功臣也得到一些，被分封的民户（称投下户）和其他属于国家的民户承担一样的赋税，只是这赋税中丝料的一部分，由国家转交给他们的领主（又称投下主），各投下主在国家相应机构中设置自己的代表以维护分封利益，但不能直接向投下户征收；投下户集中的州县监临官（汉语音译作达鲁花赤）可由投下主任命。忽必烈灭亡南宋后，江南20%强的民户分封给诸王，与北方相似，南方投下户由国家转交给投下主一定数额的户钞，从他们上交的税粮中抽取折算。分封程度的减弱和形式的变化意味着帝国家产逐渐集中到了君主名下，也意味着中央集权的程度有所加强——当然，元朝的中央集权程度比起唐宋来还是差很多，各行省总揽地方军政财权——但投下分封仍旧带有浓厚的封建因素。理论上讲，封建制度和郡县制度是同一光谱的两极，各有优势和不足，这里不讨论这种制度的优劣，只是想指出，在元朝，投下主虽然按规定不能直接向投下户征收丝料，但他们经常不把这规定当回事。他们总是把投下户看成是属于自己的私属民户，于是擅自向他们横征苛敛，许多投下户为此倾家荡产，因此投下户的实际负担要比普通民户沉重得多，这和草原上诸王兀鲁思上的游牧部众负担比大兀鲁思上的牧民负担沉重情况相似。另外，元朝诸王贵族还经常通过掳获、招收、影占以及国家赐予等形式占有不少人户，他们也称为投下人口，但不承担国家的赋税差发，专为领主服役。不论哪种投下人户，他们与领主的人身依附都要高于唐宋王朝。

第四，职业世袭制总体而言不利社会发展。除了草原牧民兵民合一，世代从事游牧与行军打仗外，其他被征服区域包括汉地上民众的各种职业，如从军、煮盐、工匠、驿站服务以及宗教职业甚至读书等也都要世袭，从事这些世袭职业的人户家庭分别称为军户、盐户、匠户、站户、僧户、道户、儒户等，统称诸色户计。在汉地民众当中，元王朝至少有30多种户计。这样的职业世袭制，保证了各种职业都有一定的人手参与，但不能不说，对唐代以来汉地社会人员相对自由的流动趋势而言，这种制度是一种倒退。

第五，分封和诸色户计制度以外，征服状态也使得汉地不时受到额外骚扰。为了维护蒙古人的特权和利益，蒙古统治者始终将汉地作为满足他们需要的财富主要来源地区。国家的财政经常很紧张，官僚的俸禄以及对蒙古贵族的赏赐、对蒙古部民的赈济是财政支出的大头，一旦财政紧张，主要就从汉地想办法。元世祖时期有些色目财政大臣，如阿合马、桑哥等，很善于理财，效果很突出。本来解决财政问题是任何一个王朝包括中原王朝都需要的，但元朝理财大臣往往通过加赋、垄断经营等与民争利手段实现国家财富增长。虽然中原王朝这种现象也常见，但终究会被儒家思想认为不符大道；元王朝这种现象更为突出，而且又主要是通过对汉人的剥削来奉养蒙古人。这种未免有点竭泽而渔的理财法（很多人将它们称之为回回法），对汉地经济无疑是一种破坏和干扰。

　　当然，与以上五种影响相比，还有一些影响更为深远，它们不仅影响了元朝当时的社会，还影响了后来的中国历史。下面我们就来分析这些更为深远的影响。

　　与唐宋相比，总体而言，元朝的制度，中央集权程度弱，而君主专制色彩强。元朝政治制度中，蒙古旧制方面的因素，有的对当时影响不算太大，如事务机构冗多、同样职掌官署重复设置多、高品级机构和官员多、行政多头以及中央集权程度弱等；有的影响则比较大，如官僚来源过度封闭、地方上实行各种分封、民众世袭从事某种职业等。元朝官员选拔上重吏轻士不算蒙古旧制，但属于引进汉法过程中的变通产物，它对当时的社会也有一些影响。但这些元朝社会的产物在后来的明朝制度中绝大多数给否定掉了，也就是说，它们对元朝的社会有影响，而对后来的中国历史则影响不大。二重性制度在当时有重大影响并对后来有深远影响的，主要有三个方面。一是官员与君主之间形成主奴关系；二是宰相权力大幅减小；三是皇权空前强大。

　　先说第一点，元朝官员和君主间形成了主奴关系。元朝高级官员主要来自怯薛中的核心成员，这些核心人员的来源主要有两个方面。一是黄金家族世袭奴婢中的突出者。草原上有些家族因为战败而世世代代为另一家族的奴婢，如木华黎家族，世代为成吉思汗家族之奴。草原地区的奴婢与汉地社会的家奴不完全一样。草原上也有家奴，在主人家里从事劳作。但更多的奴婢，在主人家之外，有自己的家庭、牧场、财产，但身份仍然是主人的奴婢，主人需要时必须无条件为主人提供服务；如果不听主人使唤，就像木华黎父亲告诫的，主人可以将奴婢的"心肝割了，脚筋挑了"。不管是家奴，还是在外有自己独立家庭和财产的奴婢，都是世袭的。世代为奴的人中，有些人与主人关系很好，因才能突出而受主人器重，主人称他们为弟，重要的事情委付他们去做。元朝皇帝的怯薛组织，地位很高的人不少就出身于这些世袭奴婢家族。二是铁木真时期簇拥在他周围的那些那可儿和他们的后代，这些那可儿向铁木真宣誓效忠，他们实际上也变成了大汗的奴婢，而且也要世袭。铁木真建立国家后，出自世袭奴婢家族的也好，出自那可儿家族的也好，他们中的佼佼者多得到历代大汗重用，帝国主要政务就由他们为之，他们对自己的世袭奴婢身份感到相当自豪，因为只有拥有这种世袭奴婢的身份才可能被君主重用。元朝有一些高级官员的蒙汉两种文字墓碑现在尚存，汉文中称他们出身时，会说他们是"元勋世臣"，这四个字对应的蒙古文作"斡脱古·孛斡勒"，该词直译意思是"老奴婢"，实际上是指世袭奴婢中的杰出者。也就是说，"奴婢"尤其是"老奴婢"这样的词，对这些人来说，是个荣称。在这些世袭奴婢中，自己是奴、大汗（皇帝）是主的意识相当强烈，而且是从小就知道的。元顺帝的太子爱猷识理达腊小时候和自己的小伙伴、右丞相脱脱（脱脱也是皇帝的怯薛）的儿子一起在皇宫里玩。脱脱儿子背爱猷识理达腊在皇宫里转圈，太子很开心。背了几轮后，太子要求轮换，由他来背脱脱儿子转圈。脱脱儿子立刻跪下说："你是主人，我是奴婢，只可以奴婢背主人，不可以主人背奴婢。"小皇子爱猷识理达腊因未能如愿而很不高兴。主奴意识甚强，确保了官员很少敢于犯上作乱，地方行省权力大，也不用担心会搞割据分裂。

除了这两种人以外，怯薛中还有大量的其他人员，他们或主动投靠过来，或被迫要求入质，如路级以上官员就要求有子弟到怯薛中去。这些人中也有少部分的汉人，元朝虽然经常限制汉人入怯薛，但一些潜贵汉人家族是不受这个限制的，如董俊家族、贺惟一家族就世代有人做怯薛，另外还有不少汉族人假冒蒙古、色目籍，混入怯薛

第一章 政治演变

中。不管是哪一族群的人，一旦入了怯薛，就把自己变为了奴婢，并会想方设法把自己变成受重用的"老奴婢"，他们也就乐于从事在传统汉人看来卑贱的奴仆事务。如董俊之子董文忠，官至金书枢密院事，权重位尊，但他同时又是一名怯薛，经常日夜给侍于忽必烈左右。有一阵，他连续四十几天夜夜"跽"（长跪）守在忽必烈床前，"杂妃嫔候侍从，休寝榻下"。有一天夜里，"上呼之，方㤉，熟寐不应，命妃蹴（踢）兴之"，妃不敢前，忽必烈骂道："董八（文忠）诚爱之专，敬慎之至，事朕逾父，汝以妾母，蹴之何嫌，而为是拘拘？"一个堂堂的三品大员，在内廷完全在操以前王朝宦竖之所行，大臣体貌，可谓扫地无存。

　　怯薛人员世袭为大汗或皇帝服仆妾之役，他们在国家政治中的突出作用、大汗给予他们的骄人礼遇和宠信以及他们的显赫地位等使得各族官员都受到影响，向皇帝自称奴婢的风气在元朝十分通行，不管他们在不在怯薛内任职。著名的南宋降将范文虎，在宋朝任过殿前副都指挥使，投降元朝后，忽必烈先任他为江浙行省左丞，后为了征讨日本，成立日本行省，范文虎当上了这个行省的右丞。这位在南宋王朝受过赵家皇帝极为礼遇的高官大臣到蒙古人王朝后，虽然没有当过怯薛，在忽必烈面前竟然也自称"奴婢"。总之，元朝特殊的怯薛制度，使得君主和臣下的地位差距拉大成了主奴关系，而此前中原王朝时期还只是简单的尊卑关系。在唐宋时期，官员们认为自己与皇帝因职务区分而君尊臣卑，但大家是在共同治理不属于某一家的"天下"。成吉思汗建国初就把天下视为黄金家族的家产，委派诸多奴婢以及受到奴化思想影响的千户、百户长去管理，以后，这种家产制思想慢慢演变成天下属于大汗（或皇帝）的意识，各级官僚普遍认为自己是大汗（皇帝）的奴婢家臣，处理国家政事就是奴婢家臣在替主人看守家产。

　　再说第二点，元朝宰相的权力大幅缩小。蒙古统治者引进汉法，是带有选择性的，对唐宋宰相制度的采纳就是如此，他们只引进了其中的执行功能部分，而对其中决策功能系统没有引进，这与他们重执行、轻决策的传统有关。唐宋时期宰相参与决策的方式，如朝会议事、帮助撰拟圣旨诏告文书、附署皇帝命令等都没有纳进到元王朝的

153

宰相制度中，元朝的中书省实际上只相当于唐初的尚书省。明朝初期索性将宰相的执行权也取消，由六部直接来进行，这样宰相也就不再需要，这一制度遂从中国历史上消失。也就是说，明朝取消宰相，元朝已经做了大部分工作。至于明朝后来设的内阁，它和以前的宰相机构完全是两码事。

再说第三点，元王朝的皇权空前强大。成吉思汗建立的大蒙古国，由于怯薛制度和因之而生的君臣主奴意识，大汗的权力已经空前强大了，所有的官员都是听命于大汗的奴仆。元朝时期引进了一些汉式制度，它们不仅没有削弱汗权（皇权），相反蒙古人有选择采纳的汉式制度，还导致了唐宋官僚制度中蕴含的相互妥协、相互制衡——好的政治制度都是各方相互妥协、相互制衡的结果——的原则受到破坏，特别是对君主的制约大多不能或不易实行，从而从制度上更加保障了皇权的独尊。唐宋宰相辅助皇帝决策制度未被引进，使得元朝君主决策时，已经没有什么人什么机构可以对皇帝的专断加以制约。元朝尽管有诸多这方面的实例，皇帝下了政令后，宰相向皇帝"复奏"，说这个政令不好，请皇帝再考虑，皇帝于是收回成命，但这种事后的复奏和唐宋王朝宰相事前对君主决策施加影响是不同性质的。此外，唐宋皇帝的诏令，即使宰相通过了，其他执行机构如果发现不合适还可以扣留不执行，而元朝则不容易出现这样的事。元朝不设谏官，为天子耳目的御史台官员"职当言路"，但那是统治者做做形式的。中原王朝皇帝对史官将自己的言行秉笔实录也有些心虚，元朝史官的这种职能也已经淡化。中原王朝的社会舆论，特别是士大夫、太学生的清议以及他们怀抱的道统高于政统的理想意识，也会对朝政，包括对皇帝的决策产生一定影响，而元朝汉族文人士气普遍比较低落。中原王朝制度相对来说有章法，皇帝和官员大多还比较按章办事，这也是制衡君主的一种手段，元王朝在这方面也欠缺很多。此外，中原王朝官员们能够牵制皇帝，还有很重要的一条，就是君臣都意识到天下非皇帝一家独享，人臣是国家的官吏而不是一人一姓的仆妾；可惜的是，这种意识没有能够被蒙古人引进，家产制的元王朝的官员们将官爵、职位视为天子的私恩，他们对皇帝发誓效忠于他本人。总之，由于蒙古

第一章 政治演变

旧制核心精神的延续，结合有选择采进的汉式制度，元朝的君主专制色彩前所未有地强烈。

元王朝没有采纳的限制君权的唐宋旧制，在以后的明清时期大多继续不采纳，如唐宋对皇帝有所制约的宰相制度，元朝以后，索性将宰相制度连锅端；有的制度虽然有所恢复，如史官制，不过对极权的君主已经没有多大影响。元朝特有的怯薛制度，明朝也取消，但因怯薛制度而产生的君臣主奴关系，明清王朝则继承了下来。

从表面上看，中国古代真正的君主专制是从金、元时期开始的，以前的中原王朝，由于有较多的制约君权因素，皇帝在决策时尚不能够独断专行。因此，我们可以说，真正的君主专制是征服王朝旧制和中原汉法结合的结果。不过，仔细分析，传统的汉文明在政治制度设计上，也是赋予君主以实际上的无限权力的。唐宋时期制约皇帝的一些宰相制度，如宰相机构撰拟诏令、皇帝命令要由宰相副署等，实际上并没有严格意义上的法理规定，而是开明专制君主有意让渡一部分权力给官僚后形成的。其他制度，如史官、谏官的约束等也非常有限。显然，如果遇到一个恣意妄行、无法无天的皇帝，什么宰相、什么史官、什么谏官、什么章法大概都无济于事。因此，元王朝大汗或皇权的空前强大与传统的汉式制度并不截然相背。蒙汉两种制度的本质都是君主专制，只是元朝以前，中原汉制的诸多皇帝能有意识地做到开明专制，而从元朝开始，君主则不愿意开明专制，而改行绝对专制。

与君主专制程度密切相关的，是君臣间的地位意识。汉文明政治制度设计上，这里又有一个反讽。它一方面赋予君主至高无上的绝对权力，臣僚的权力都来自他；另一方面又主张，各官员包括皇帝都对职位负责，彼此之间只有地位高低不同，按道理都不应该有尊卑之分。但是实际上，在集权、等级化的中原王朝，官员将爵禄视为皇帝的恩赐、忠诚于皇帝或上级甚至将自己贱视为奴仆而不是忠诚于职位——更不要说对下对民众负责了的事也屡见不鲜。汉文明理想的政治状态下，君臣没有尊卑之分，而现实的政治往往是下级对上级愚忠，上级对下级粗暴，君臣之间不仅有尊卑之分，时而也有主奴之分。不过，由于大多时期皇帝能够主动实行开明专制，在金、元之前的中原王朝，官员奴化的意识还是极少，国家政治也就体现为君主和官员"共治"色彩，虽然"共治"一词人们经常仅用来概括宋代的政治特征。金朝将杖刑带入国家政治中，君主的淫威已经不顾忌臣僚的人格尊严。元朝不仅继承了这种做法，它的怯薛制度、家产思想更使得官员的奴婢意识得到强化，而他们人格的尊严和自觉也就难得有了，前代那种共治式的政治面貌自然不会呈现。元朝以后的君主，放弃元朝以前的开明专制，继承元朝的绝对君主专制，自然一方面要像元朝那样，继续放弃对君主形成制衡的那些制度性因素，另一方面则要继承这个王朝所形成的君臣间的主奴意识。

　　对中国古代王朝分期，从不同的角度会得出不同的结论。就政治制度的发展而言，宋和元之间有很大的区别，应该视为两个不同的阶段。当然元朝的这些变化很多在辽、金时期就已经具有，不过后两个政权统治中国的范围有限，随着元政权全国的统一，传统的政治制度在中国古代大地全面变质。但是，另外，在元朝以前的共治政治中也持续呈现出一种缓慢然而确凿无疑的君主专制权力增强的趋势，君臣之间尊卑反差一直在缓慢地扩大。元朝以前，皇帝多愿意让渡一部分权力给以宰相为首的官僚机构，但他们又不断地在与宰相争夺这些权力，唐朝开始的用翰林学士牵制宰相，就是其突出的表现，这也就是被学者习惯称作的"皇权相权之争"，总的趋势是皇权越来越大，相权越来越小。我们没法确定如果没有金元王朝的插入，这种君臣尊卑关系会否自然演变成主奴关系；我们也没法确定，在一贯的开明专制气氛下，君主们会否逐渐使自己的权力最终突破官僚制度的制衡而自然发展成不受任何约束的独裁权力，虽然这种独裁权力从传统文明的角度看本来就是他们所拥有的，但经过长时间开明专制的洗礼，这种独裁权力也许已经变得不易为大家认同。我们可以肯定的只是，金元王朝，特别是元王朝家产制的职官体系为包含上述趋势的共治政治的变质提供了关键的契机，这种变质了的政治作为新的传统被以后的明清王朝继承。不过，从逻辑上讲，宋元变革虽是一个大的转折点，君主开明专制从此演变为君主绝对专制，但这种大转折、大演变与蒙古人对汉地的征服其实并没有必然联系。

二 元世祖"以夏变夷""信用儒术"辩[①]

（一）

元世祖忽必烈对中国历史的影响其实要大于他的祖父成吉思汗。成吉思汗创立了大蒙古国，开创了世界史上的蒙古时代。忽必烈建立的元朝虽然只是大蒙古国的一部分，却是中国历史上一个甚为特殊的王朝。它前所未有地将中国各个文化区，包括东北的农耕狩猎区、蒙古高原游牧文化区、汉地农耕文化区、青藏高原吐蕃文化区以及西南少数民族文化区等统一在了同一个政权之内，从而奠定了中国版图的基础；中国西北的穆斯林文化区也是在元朝时大致形成。忽必烈即位诏书中说，前四汗时期，"武功迭兴，文治多缺"[②]，他要改变这种局面。忽必烈的文治，不仅表现在征服统一战争中与祖先比起来，大量减少了杀戮行为；更重要的还是表现在对被征服的区域，他改变了以前的军事统管模式，"以马上治天下"的色彩大为减弱。他的文治制度、文治政策，有很多不仅影响了当时的社会面貌，还对其后的中国历史产生了深远影响，如行省制、土官制等。不过，当我们对元世祖这位重要人物进行研究时，却遇到了一个不小的尴尬：有关这位蒙古皇帝的原始材料绝大多数用汉文写成，这一点与乃祖大不相同，研究后者，汉文史料外，还有不少非汉文材料可供对比，如蒙古文史料、波斯文史料等。研究元世祖时，我们就不能不考虑这一个问题：当人们主要依赖一种文字材料去理解一个古人时，会不会受到这种文字材料的撰写者们自身的主观判断以及他们习惯的思维模式影响，尤其是，这种文字的语言并不是该古人的母语，而这些材料撰写者们本身和这位古人又有所隔阂时。这种隔阂可能不仅有语言隔阂、价值观念隔阂，可能还有身份隔阂，他们大多不能近距离地接触这位古人。作为人之常情，人们习惯从自己的文化本位角度看待和思考另一种文明

[①] 本节内容原载马明达、纪宗安主编《暨南史学》第8辑，广西师范大学出版社2013年版。

[②] 《元史》卷4《世祖纪一》，中华书局1976年点校本。

和它的民众，换位思考说起来容易做起来难，所以，任何一种文字材料，难免多多少少地带有一些它的作者们基于自身文化本位的主观意识。与此类似的，还有绘画作品。拉施特的《史集》原稿插图中，忽必烈多被画成了一个穆斯林；而马可·波罗书的插图中，忽必烈则被画成了一个高鼻子的欧洲人，还戴着拜占庭国王的帽子。两幅最有名的汉人绘画作品《元世祖像》和《元世祖出猎图》稍好一些，画出的是一个蒙古大汗的像，但它们准确吗？未必见得。《元世祖像》是台湾故宫博物院所藏历代帝王系列像中的一幅，这个系列中有《元太祖像》，这幅太祖像有所失真是肯定的，像主的蒙古色彩太淡。《元世祖像》是不是也有所失真，颇让人怀疑。撇开绘画作品，单说据汉文材料的元世祖研究，笔者认为，现有的对忽必烈的形象塑造，大多受到了这些汉文材料的深刻影响。这些汉文材料，对忽必烈的认识，多数突出了他的汉文化色彩，其中《元史》的评价最为典型，说他"以夏变夷"，说他"信用儒术"[①]。在早期的蒙古宗王中，忽必烈确实是对汉文明最了解也最有同情心的一位，因此他在北方汉人心目中博得了广泛的好感。笔者有些怀疑，他在开平的抢先登位主要出自身边汉族谋臣的鼓动而未必是他的本来意愿，这些汉族谋臣知道既然接受蒙古人的统治是不可更改的事实，那么统治者最好是对汉文明比较理解的宗王而不是对汉文明过于陌生的成吉思汗的其他后裔；二十来年后，导致皇太子真金早逝的南台奏议案，其奏议动机很可能也是如此，只不过，那时的忽必烈已经对汉人和汉文化很警惕，汉人的意愿没能实现。忽必烈即位后，以汉法治汉地，在国家政治层面上，他吸收了不少汉式典章制度，在历史上也就以行汉法著称。汉文材料突出了他这方面的内容，以至于后来直到今天还有一些人甚至认为他已经汉化。好在即使是汉文材料中依然有不少记载，能让人看出他的蒙古文化色彩。那么忽必烈身上的这些蒙古文化色彩和他的汉文化色彩比起来，孰轻孰重？汉文材料的撰写者，不管是直接说出的，还是通过文字潜意识里表达的，多数还是认为忽必烈的汉文化色彩更重，尤其是在政治制度方面，他们认为元王朝的政制主体是汉制，只是保

---

① 《元史》卷17《世祖纪十四》，中华书局1976年点校本。

留了一些用来维护蒙古统治者特权利益的成吉思汗旧制遗产,但这些旧制对政治的总体影响不大。今天的元史学界,已经有不少人对这种观点提出了质疑。就国家的政治制度而言,有些学者在认为汉法是主体的同时指出旧制的影响并非微不足道;更多学者则主张汉法和蒙古成分难以比较轻重,总体而言,二者差不多平衡;也有一些学者认为蒙古制的成分可能要超过汉制。不管怎么说,可以肯定的是,忽必烈的身份是双重的,他既是蒙古人的大汗又是汉族人的皇帝。文献记载和大量的研究,突出了他汉人皇帝的身份,显然有所偏颇,既然如此,今天我们要更加真切地认识这位对中国历史产生重大影响的政治人物,就要重视他的蒙古人大汗的身份,不能过于忽略他身上体现的那些有异甚至迥异于汉文化和汉人习俗的蒙古人、蒙古社会特征。以下笔者就这一话题略加论述。

(二)

个人性格上,忽必烈一直保留着不少蒙古人的特征,在这方面,我们可以说,他始终是个蒙古人,汉人的影响倒是微乎其微,所谓的"以夏变夷"是不恰当的夸张说法。

其一,忽必烈喜欢喝酒,喜欢众人尽兴喝酒的场面。他的孙子后来的成宗皇帝铁穆耳年纪轻轻时是个酒鬼,忽必烈对他很不满,但他自己也一直喜好杯中物,他的足疾与此有关。至元八年(1271),他派博罗欢去云南调查皇子云南王忽哥赤遇害事件,临行前他叮嘱博罗欢到那边要喝酒以抵御云南的瘴气,① 这大概是忽必烈自身的经验。忽必烈有时也会酒后失态。有一次,他喝酒时,"抱公(基督教徒爱薛——引者注)膝上,啐其项,左手挽公髯,饮以酒,顾谓皇太子曰:'有臣如此,朕何忧焉?'"② 这种失态无论如何不是一个汉人皇帝能做出的,即使有这般好酒的皇帝,也不会有这般失态的场面发生。忽必烈有时会忘事,前一天的命令第二天就更改;卢世荣下狱

---

① 姚燧:《平章政事忙兀公神道碑》,载苏天爵编《元文类》卷59,《四部丛刊》初编本。
② 程钜夫:《雪楼集》卷5《拂林忠献王神道碑》,宣统二年阳湖陶氏涉园刊本。

专题篇

后,他一直没有决定处罚方式,过了几个月才忽然想起这个人来,判了他死刑。这些估计都跟他好酒有关。忽必烈曾经告诫他的臣僚,如果他让杀某个人,先别杀,过几天再征求他的意见。这是他慎刑的表现,但也有可能,他意识到自己喝酒可能会误事,所以提醒臣僚注意。大元王朝经常举行盛大规模的诈马宴、宫殿里摆放巨大的酒樽,这是蒙古习俗的保留,也说明了王朝的主导者喜欢热闹的喝酒场合;史料中有记载,酒宴之际,忽必烈对不能大杯喝酒的臣僚处以脱衣服惩罚。①

其二,忽必烈慷慨大度,甚至拿自己的御用之物赏赐别人。对宗亲的赏赐,忽必烈总体给人"吝于财"印象,但这是跟他的几位"败家子"后代成宗、武宗等人相比较而言的,他自己出手其实也很大方。史料中记载了他对一些官员、宗亲的赏赐数量,用当时的物价一折算的话,就会发现都是不小的数目。比如,至元三十年(1293)夏,风烛残年之际,他到了大都积水潭一带,看到那里"舳舻蔽水",龙颜大悦,一下赏给主持通惠河开凿的郭守敬宝钞一万两千五百贯。② 这在当时是一笔巨款。汉文化传统,要求皇帝始终注意节流;汉文材料,也记载了很多忽必烈节俭的事例,但他往往一高兴,大笔一挥,一场赏赐就使之前辛苦节俭的成果付之东流。被视作受汉文化影响很深的忽必烈,还不时拿自己的御用之物,甚至他穿过的衣服、他使用过的手杖等赏赐属下,这对汉人来说,完全是不可思议的事。他用所御五龙车接南方名士叶李入宫,许他坐而议事,直到元末,南方文人仍对此啧啧称奇。③ 忽必烈所为是蒙古习俗的遗留,同时也说明汉文化在这方面对他的影响比较微弱,尽管他的朝廷里引进了不少汉人的朝仪制度。

其三,忽必烈喜欢围猎,喜欢奇异之物;他对各种事物、各种事情的喜怒直率表露,不造作不矜持。历史上汉人皇帝中也有少数人喜欢围猎,也有些人喜欢珍奇物品,不过他们一般会被儒士批评,会被

---

① 《元史》卷164《魏初传》,中华书局1976年点校本。
② 《元史》卷164《郭守敬传》,中华书局1976年点校本。
③ 陶宗仪:《南村辍耕录》卷26《五龙车》,中华书局1959年标点本。

朝臣劝谏，所以明智的皇帝在位时都会对它们有所克制。忽必烈不喜欢汉文化中重文轻武的取向，他始终保持着蒙古祖先的传统，每年都要举行数次场面极为壮观的围猎。他对这个传统还尤其重视。至元十年（1273），他下诏"禁京畿五百里内射猎"[1]，"东至銮州，南至河间府，西至中山府，北至宣德府……若有违犯底人呵，将他媳妇孩儿每头疋事产都断没也者"[2]。忽必烈对在禁地内放鹰者处以"籍没（家产）"和"没妻子"的重刑，这不是出于保护生态的考虑，而是担心自己围猎区内的动物被人猎杀。很多人知道，忽必烈喜欢乘坐象辇，这是他喜欢奇异之物的一个实例。实际上，史料中记载他这方面的例证还很多。比如，他喜欢外国人给他进贡豹子，专门规定途中要保证给这些豹子足够的肉食。[3] 亦黑迷失跟他讲僧迦剌国有著名的佛牙舍利，他念念不忘；亦黑迷失在占城前线作战时，忽必烈召他回来，叫他特地去僧迦剌国看看，说不定还有让他找机会下手将这件宝物拿回来的密令。后来他又让亦黑迷失去印度东南海岸的马八儿国，这次出海目的非常明确："取佛钵舍利。"亦黑迷失未能完成使命，估计忽必烈有点失望。[4] 元朝时的宫廷象舞，可能忽必烈在位期间就有了。忽必烈对奇异之物的喜好直率表露。当听说桑哥将别人进献给他的"珍珠和贵重物品"占为己有时，怒不可遏，桑哥被处死与此有关。[5] 不仅如此，他对各种事物、各种事情的态度基本上也都是直接显现的，他不造作不矜持，不刻意隐瞒自己的内心，他的臣僚很容易看出他的喜怒，不用费心揣摩他的心思。他主持佛道争辩时，倾向性太过明显。程钜夫江南求贤回来，忽必烈恨不得半夜里召见。赵孟頫是忽必烈求贤召过来的南人，君臣开始还聊得挺投机，但当赵孟頫认为叶李不如留梦炎时，忽必烈立马反感。这固然是君臣地位不平等造成的，但也能看出忽必烈不太会汉族人比较讲究的上层人物要"喜

---

[1] 《元史》卷8《世祖纪五》，中华书局1976年点校本。
[2] 《元典章》卷38《兵部五·违例·禁地内放鹰》，台湾故宫博物院1976年影印元刊本。
[3] 《元典章》卷16《户部二·分例》，卷首表，台湾故宫博物院1976年影印元刊本。
[4] 《元史》卷131《亦黑迷失传》，中华书局1976年点校本。
[5] ［波斯］拉施特主编：《史集》第2卷，余大钧、周建奇译，商务印书馆1985年版，第349页。

怒不形于色"。

其四，正如清朝史家赵翼概括的，忽必烈黩武嗜利。汉族皇帝也有人有这两大爱好或其中一种，不过这些行为一般会受到儒家文化信奉者的批评，他们认为理想的君主应该以德服人，应该怀柔远人而不要动不动就动武；对老百姓则要藏富于民，君主的政府不能和子民争利。忽必烈欣然接受过"儒教大宗师"的称号，但他黩武和嗜利程度，之前汉族皇帝又很少可以跟他匹敌。说实在话，没有他的黩武个性，大概也不会有元王朝的空前统一，他的谋臣郝经、许衡等人都是反对灭亡南宋的。他黩武的极限也标志着大元王朝版图的界限："10万远征日本的江南军……看不出带有什么武装，他们携带的是迁往开垦地所需的农具和稻种。江南军几乎就是个移民船队。"① 史料中记载了很多他不嗜杀的言行，派军队入占城前，他也像叮嘱伯颜一样要求出征军将领到占城后效仿曹彬不杀而取他国。但是忽必烈并没有始终做到这一点。伯颜屠常州、阿里海牙屠静江，这并不是将帅的擅自行为，它们必定得到过皇帝的首肯。对这两起屠城行为，我们可以找到各种解释的理由，但它们与忽必烈的黩武个性肯定也有关系。忽必烈在位期间，王朝开支极大，除宫廷巨额花费赏赐外，建造大都、连年四处用兵、开凿大运河等都需要大量的钱，而整个王朝也就他这一时期财政状况最好，这说明他的嗜利程度不容小觑；只是在他这一朝才出现了阿合马、桑哥这样让整个王朝人们一提起来就心有余悸的敛财高手，这不是偶然的。阿合马、桑哥制定的一些赋税额度，后来被继承沿袭，仅说明这些额度尚在社会承载能力之内，而不意味着这个额度不大，从而为阿合马、桑哥翻案。当然，元朝普通老百姓的常规赋役负担与阿合马他们定的赋税是两码事。忽必烈让人去探索黄河源头，想在那里"营一城，俾番贾互市，规置航船，凡物贡水行达京师"②，这里也能看出他的嗜利性格。一种版本的《马可孛罗游记》中说，忽必烈派人攻打日本，是因为有人跟他讲那里遍地金银宝物。③

---

① ［日］杉山正明：《中国历史08·驰骋草原的征服者——辽、西夏、金、元》，株式会社讲谈社2005年版，第326页。
② 陶宗仪：《南村辍耕录》卷22《黄河源》，中华书局1959年标点本。
③ ［意］马可孛罗：《马可孛罗游记》，张星烺译，商务印书馆1936年版，第345页。

第一章 政治演变

这一说法不见于其他记载，倒也不像无根之谈。

其五，忽必烈比较迷信。汉文化讲究不语怪力乱神，即使骨子里相信或者半信半疑，面子上都不能表现得太明显，不然会被视作开化程度低；尤其是上层人物，更要做到远离这些东西。在这方面，忽必烈跟他的蒙古祖先们没有多大区别而不像汉族皇帝。忽必烈军驻鄂州时，他派使臣偷偷去问龙虎山张天师，蒙古的军队能不能打败南宋，张天师让使臣带口信说二十年后当混一天下，说得他心花怒放。① 龙虎山道教在元朝地位甚高，直接源于这句神奇预言。伯颜军队出征后，忽必烈寝食难安，召集大批占卜算命之士，让他们预测战争结局，算卦之人"待诏公车，百十为辈"②。刘秉忠靠术数被他亲近，另一个阴阳学人士田忠良也因为数次算中结果而被忽必烈另眼相看，在朝中获得了不少的话语权。③ 中统四年（1263），忽必烈准备重用一个官员，任命前他又让术士来把把关。术士摸了一下这个人的肋骨，跟忽必烈说，"其人肋大，非极贵之相"；忽必烈本来还赞许他为"壮士"的，一听术者之言，立刻改变了自己的原先决定。④ 这一看来有点滑稽的事真切显示了忽必烈的迷信性格。忽必烈晚年，近臣推荐完泽为右丞相，忽必烈也是先让道士张留孙卜筮，结果为吉利后才正式任命。⑤ 佛道辩论时，他要道士们佩符入火，以试其法术，他心里说不定还真希望这些人有如此神奇法术呢。

其六，忽必烈不懂汉文，也没有刻意去学一点汉文，他对汉文明中重视儒家道德、重视诗文书画的取向不以为然，与此相对，他对科学技术则兴趣浓厚。他的潜邸旧侣中，他最喜欢的是不死读经史书籍的经济人才，他认为"读之不肯见用，何多读为？"⑥ 姚枢、许衡等理学家以道德作为判断是非的唯一标准，忽必烈其实不喜欢，他对他们的喜好程度恐怕不如对王鹗的喜欢程度。姚枢在王文统之后一度被

---

① 《元史》卷202《释老传》，中华书局1976年点校本。
② 姚燧：《牧庵集》卷18《杨恭懿神道碑》，《四部丛刊》初编本。
③ 《元史》卷203《方技传》，中华书局1976年点校本。
④ 黄溍：《黄金华集》卷28《答禄乃蛮氏先茔碑》，《四部丛刊》初编本。
⑤ 《元史》卷202《释老传》，中华书局1976年点校本。
⑥ 苏天爵编：《元朝名臣事略》卷7《平章廉文正王》，姚景安点校本，中华书局1996年版。

重用不在于他的理学思想而在于他的治国才能,姚枢很快去职也是因为他基于理学观念上的从政政绩未能让忽必烈满意。王鹗擅于写文章,在忽必烈看来属一技之长,但他本身对汉人的诗赋散文、书法绘画其实不大感兴趣。两位名满天下的南人赵孟𫖯和叶李征召过来,前者诗文艺术之名盖过其政治才能,后者则富经济才能,忽必烈对后者的信任就要远过于前者。汉文明对被视作"奇技淫巧"的科学技术不大重视,忽必烈则比较喜欢,元朝科技成就异常突出,与忽必烈个人的喜好及对科技人员工作的鼎力支持很有关系。

其七,忽必烈司法判罚有时比较随意。专制君主,既然被赋予无限权力,理论上他们可以想干什么就干什么,包括法外用刑,别人只能劝谏而并没有什么明确的制度可以去制约他们;不过,在元朝以前的中原王朝,又都很强调这样的思想:"刑赏,天下之刑赏,非陛下之刑赏,岂得以喜怒专之?"① 所以,正常君主法外用刑的实例其实不多。史称忽必烈以儒术治国,儒家文化在礼乐和刑罚上重前者慎后者,忽必烈也确实比较慎刑,元朝法制以轻刑在史上著称。但忽必烈并没有始终做到这一点。前面提到,京畿五百里内射猎者会处重刑。下文会提到一个例子,一件普通的杀一人案件,除直接行凶的主犯外,竟有三个没多大过错的从犯同时被判死刑。元朝的死刑,主要是斩刑,少量绞刑,忽必烈时还有一些特殊的处死手段,就给人以残忍印象了。如桑哥处死前,嘴里被填满脏东西。② 如果说这可以用蒙古社会中口里填土处罚犯人的传统来为忽必烈开脱的话,另一些死刑处罚手段只能用忽必烈有点随心所欲来解释了,如杖死、剥皮等。卢世荣被斩成肉酱、尸块喂禽獭大概也出于忽必烈一时之念。死刑以外,忽必烈随意判罚的事史料中还有不少记载。比如将犯罪官员置于狗圈③、用绳索锁住他们

---

① 《宋史》卷256《赵普传》,中华书局1976年点校本。
② [波斯]拉施特主编:《史集》第2卷,余大钧、周建奇译,商务印书馆1985年版,第349页。
③ 元灭宋主将伯颜从南方班师回朝,未给阿合马宝物遭阿合马诬告,忽必烈就将伯颜逮捕置于狗圈中,幸有玉昔帖木儿说情才免遭厄运。参见达仓宗巴·班觉桑布《汉藏史集》,陈庆英汉译本,西藏人民出版社1986年版,第155页。

牵拉他们拽车种地烧窑①等,这些处罚手段多不见于元朝正规法律文书条格、断例所规定的常规刑罚方式中,当是他一时冲动所想出来的招。佛道辩论,他规定输者要皈依敌方的宗教,最终道教失败,不少道士"削发为僧",也有些道士被割了耳朵鼻子并流放充军,②这样处罚就有点胡闹色彩了。元朝的条格、断例前后不一致处很多,这是元朝法律体制的一个顽疾,忽必烈本人就经常出台前后不一的圣旨诏令,以至他的臣僚经常要提醒他这次的圣旨"别了在先的圣旨"。比如,他对汉人能否实行收继婚的规定就前后不一,导致地方官员处理相关案件时往往犯难。

在个人性格上,我们还要提及忽必烈的宗教情怀。他的祖先大多信仰萨满教,母亲则是聂斯托里教徒。忽必烈本人接受过藏族高僧八思巴的灌顶,他后来把八思巴封为帝师,创立了对元朝历史影响甚巨的帝师制度。藏传佛教对忽必烈本人委实有一定影响,除了命令在大都建造佛寺、佛塔外,最让汉族文人感到惊讶的莫过于在汉式太庙中屡屡做佛教法事和在两都经常进行的"游皇城"活动了;尤其是前者,汉族文人真要哭笑不得,藏传佛教法事有时甚至在宫殿里进行。③值得指出的是,忽必烈所定的元朝汉式太庙制度中,还杂糅了不少蒙古制的因素,如祭祀牺牲有野猪、鹿、羊、天鹅等,而忽必烈本人又从未亲自在太庙中用汉族仪式祭祀过自己的祖宗。八思巴外,另一藏族名僧胆巴也颇受忽必烈喜好。阿合马主张淘汰无知无闻的僧尼时,胆巴对忽必烈说:"多人祝寿好,多人生怒好?"忽必烈说:"多人祝寿好。"嗜利的忽必烈居然没有支持阿合马而认同了胆巴。④ 但忽必烈本人是否皈依了藏传佛教?笔者认为非常可疑。史料中几乎找不到佛教教义对他产生直接影响的证据,他对该教的认识还局限于它可以为他和黄金家族"告天祝寿"的层次。这倒跟他对儒家文化的认识有点类似,他是"儒教大宗师",也承认儒高于释、道,但很多做法

---

① 《元典章》卷10《吏部四·职制·不赴任官员》,台湾故宫博物院1976年影印元刊本。
② 念常:《佛祖历代通载》卷21,载《大正藏》第49册。
③ 李治安:《忽必烈传》,人民出版社2004年版,第584—586页。
④ 念常:《佛祖历代通载》卷22,载《大正藏》第49册。

并不像儒。他在位期间，各种宗教中，藏传佛教地位最高，这不意味着他本人就是藏传佛教信徒。在宗教情怀上，笔者认为他和他的大多祖先一样，还是一名萨满教徒。他的后代，元朝的其他皇帝，笔者认为也多是萨满教徒而非藏传佛教信徒。不少学者认为，元朝统治者自忽必烈起已经皈依藏传佛教，这个观点值得商榷。有学者说忽必烈不嗜杀、轻刑是受了藏传佛教教义的影响，我觉得这种看法相当勉强：不嗜杀和轻刑不是佛教文化专利，丘处机就劝过成吉思汗不要嗜杀；窝阔台灭金时屠城行为已经大幅减少。

（三）

治国之道上，笔者认为忽必烈信用儒术和"行汉法"的说法也值得推敲。木华黎攻金时改变了成吉思汗时对农耕区着眼于抢掠破坏的做法，注重保护、注重生产和发展。汉地人口、城郭、农田等被保留下来，自然该用农耕区的治理方法，蒙古人政府出自草原，没有农耕区的治理经验，对征服的汉地，沿袭原来的治理措施也就是顺理成章的事。相对于传统而言，除了战争破坏外，前四汗时期汉地生产秩序与该地传统不一样的，主要在于世侯的林立。世侯在自己的地盘内，军民财通管，这大大违背了汉地中央集权、军民分治、管民官流动的传统。忽必烈即位后，利用平定李璮叛乱的契机，取消世侯，使汉地在临民层次上，其生产秩序基本恢复到了传统的样式——当中也还有一些蒙古人政府带来的新东西，如世袭户计、投下分封、达鲁花赤监临等，但对汉地正常的生产秩序而言它们的影响应该说比较有限——这确是忽必烈比前四汗的伟大之处；虽然窝阔台时期耶律楚材已经提出了这些汉法设想，但毕竟在忽必烈即位之前，很多未能付诸实施。针对汉地，忽必烈即位后，在临民层次上，改变前四汗传统，用汉法治汉地，这个说法可以成立。

忽必烈对被征服区域，临民层次基本采用当地原先的治理方式，不仅仅只是在汉地如此。吐蕃地区也是这样，维持原先的政教合一体制以及经济生产中的庄园制度；在云南也是如此，土官制度的推行，维系了原先少数民族族群首领控驭一方的传统。当然，对自己出自的草原地区，则继续用原先的千户制度。那么在临民层次之上的国家层面，也就是所谓的治国方针上，忽必烈信用儒术、以儒术治国了吗，他"行汉法"了吗？

　　这里，先要辨析一下儒术和汉法这两个不同的概念。儒术，是指儒家文化的政治主张，汉法则是汉地中原王朝大多实行的政治实践。两者有共通之处，都强调等级秩序，偃武修文也是它们的共同取向。但两者并不是表里关系。汉武帝以来，中原王朝统治者虽然强调独尊儒术，强调治国方针以儒家文化为指导；但是正如宋儒朱熹所说，孔孟之道未尝一日得行于天地间。对古代中原王朝的汉法政治，一直有一个准确的概括词，外儒内法，也就是说，儒只是表面的，汉法不等于儒术。以儒术标榜的汉族皇帝都不能以儒术治国，又怎能要求对儒家文化其实不大感兴趣的忽必烈做到这一点呢，他又到底能做到多少呢？就儒术本身来说，它主要是说一些原则性的东西，如前述的等级秩序、偃武修文等。注重等级秩序上，忽必烈基本做到了，虽然时有一些不尽如此的例证；不过，这种等级秩序也是蒙古社会的传统观念。偃武修文上，前面提到，忽必烈是比他的前任好了很多；但他在位三十来年，依然差不多年年有兵事，有被迫的，也有不少是主动的。他灭亡南宋对当地破坏不大，但其后频频的海外征伐对江南地区的骚扰程度则不亚于很多历史上的战争损失。另外，儒术强调轻徭薄赋、藏富于民，强调礼乐教化、慎刑省讼，个人修养上强调修身反省、强调一丝不苟，判断是非上强调道德感、重视义利之辨；说实在的，这些内容未必都是儒家文化的专利，佛教思想、道家哲学、道教主张中也有类似主张。当然，儒家文化也有一些别的思想不是太在意的主张，如积极用世、重视现实今生、远离神道等。对于轻徭薄赋、礼乐教化、重义轻利以及远离神道等诸多的儒家政治思想，忽必烈的实践和以前中原王朝皇帝的比起来，各有千秋，都部分地或有时地实践了这些主张，但没有一个人真正地、始终地以儒术治过国。

　　国家层面上，忽必烈不能说是信用儒术，以儒术治国，那么行汉法一说能否成立呢？他的王朝很多的政治机构，如中书省、六部、枢密院、御史台、翰林国史院等都是前四汗时期没有的东西，它们确是按照汉式制度的模板拟定的，但我们不能因此说他的政治体制就是或基本上是汉式的。不必说王朝中除了这些机构外，还有大量中原王朝所没有的官署官职，如中书省内的断事官、如宗正府、如宣徽院等——它们对国家政治事务的影响总的来说确实不是太明显——即使是这些有汉式名称的机构，真正运作起来时，也有很多方面不是完全按照汉式传统的，而是带上了蒙古制度的烙印，如机构里头官员往往多头，正职很多时候比副职还多等，我们不能因为这些机构有汉式名称就说它们是纯汉式的。如果说这些因素还不足以否认忽必烈的国家制度基本汉式的话，元朝另有一些政治操作就不能不让人重新审视这一说法的准确度了：这些政治操作基本上是成吉思汗开始的蒙古制度的体现，它们对国家政治事务的影响力度很多时候要超过汉式制度。

其一，中央与地方关系上，元王朝没有像中原王朝那样实行完全的中央集权，而是施行了一定的地方分权。汉法不仅主张临民层次上不允许地方官吏擅作主张，行政权、财政权等要由上面赋予，而且这些权力最后要集中到中央。忽必烈的王朝在临民层次上做到了中央集权，但临民层次之上，则没有做到这一点，地方上的权力集中到了行省。行省事务繁简固然不能和中央的中书省相提并论，行省一般情况下也不能直接向皇帝汇报本省事务，但政治级别上，它们是和中书省平级的，中书省一般不能过于干涉行省内事务。完全的中央集权和适度的地方分权，孰优孰劣是一个难以判断的问题，也不在本文探讨范围之内；本文只是想指出，元朝没有实行中原王朝一贯执行的这一政策，而改行行省集权的地方适度分权政策，与蒙古人的分封制传统有关，这种政策实际上继承了大蒙古国时期的断事官和断事官行署制度，也就是说本质上是一种蒙古旧制。

其二，行政、军事事务分开，元王朝也没有严格执行。临民层次，军民分治，这是汉地的传统，但在国家层面上，行政、军事事务分开，好像不是中原王朝的一贯主张，而更像是宋代的产物。忽必烈的王朝临民层次上实行了军民分治，国家层面上也模仿宋朝，专设枢密院掌军事事务。但和宋朝大多数情况下宰相不掌军权不同，元朝很多时候中书省和枢密院界限不明。应该说，这与蒙古旧制军民合一的传统也有关系。

其三，宰相基本没有决策权。元以前中原王朝最高决策权是在皇帝手上，但宰相还是有一些固定的辅佐皇帝决策的权力，如和皇帝共

第一章 政治演变

同决策、拟定诏令初稿、皇帝诏令经宰相副署后再执行等。唐宋等中原王朝的皇帝一般不行绝对专制政策，虽然法理上他们可以这么做；他们多实行开明专制，主动将自己的权力转让一部分给以宰相为首的官僚，主要就体现在决策系统上。唐宋皇帝时常以翰林官员来牵制宰相，反过来说明，实际运行的宰相制度——法理上可能会与皇帝拥有无限权力的原则不协调——是能够对皇帝的权力有所约束的。忽必烈的王朝不这样，很多时候中书省的宰相只能负责执行皇帝决策，这个决策是怎么出来的，他们并不知道；在预闻、参与决策上，他们经常不如怯薛。怯薛组织虽是王朝的政治中枢，至少其地位不亚于中书省，但其人员也不能像唐宋宰相那样在国家决策上对皇帝有所牵制。元朝宰相时常以怯薛身份参与决策，皇帝有时也召集他们一起进行决策，但毕竟和中原王朝宰相的辅佐决策性质不一样。元朝皇帝的诏令也不需要经过宰相的副署才能执行。作为执行机构，当宰相发现诏令不当时可以向皇帝复奏，请他再确认一下，这和以前王朝宰相相同，但元朝宰相因为地位低——元朝君相地位之间的差距要远大于以前的中原王朝——他们时常不复奏而直接去施行这些可能不当的诏令。史料中记载了发生在至元十四年（1277）的一件事："上召公（耶律希亮——引者注）至，奏对毕，（董）文用问大都近事。公曰：'囹圄多囚耳。'上方欹枕而卧，忽寤，问其故。公奏曰：'上都省檄奉旨若曰，汉人盗钞六文杀，以是囚多。'上惊问：'孰传此语？'省臣曰：'也可脱儿察。'脱儿察曰：'陛下在南坡，以语蒙古儿童。'上曰：'前言戏耳，曷尝著为令式？'"① 这件事表明，元朝的宰相在国家决策上是没有多大影响的，而且，他们对怯薛所传的皇帝圣旨一般也不敢违抗，这与传统的汉法大相径庭。决策系统上，元朝官员宰相也好，怯薛也好，都不能牵制约束皇帝，这是蒙古旧制汗权超大的表现，也说明汉法的宰相制度中用来制衡君主的部分忽必烈没有采纳，元朝政治从而就体现为绝对的君主专制，这对中国的历史影响很大，此后的明清王朝就继承了这个遗产。

　　治国之道上，其他有异于一般汉法的重要政治操作还有不少。官

---

① 危素：《危太朴文续集》卷2《耶律公神道碑》，台湾《元人文集珍本丛刊》本。

员选拔上，重视根脚出身，这与汉法主张的官职大幅面向社会开放的原则相背，元朝官员的来源就相当狭窄。汉法讲究的职务不世袭原则、官员回避原则、职务流动原则，忽必烈很多没有引进到他的朝廷中。怯薛、军官多是世袭的；阿合马当政时他的兄弟子侄遍布省院台和行省；忽必烈信任的玉昔帖木儿担任主掌全国监察事务的御史大夫竟一连长达二十来年，这在中原王朝来说也是匪夷所思的事。另外，元朝任官重吏轻士，政治、经济、法律等方面处处优待蒙古人，也与传统的汉法有别。

笔者坚持这个观点，忽必烈所定的"规模宏远"、其子孙必须恪遵的"不易之陈规"，也就是元朝国家层面上的政治制度是在成吉思汗创立的蒙古制度的基础上，有选择地引进了一些汉式制度而成的，是一种杂糅汉制和蒙古制的二元组合。两种制度中，哪一个更占优势，确实很难判断，不妨见仁见智，因为在不同方面，表现不一；另外孰为蒙古制，孰为汉制，有时也不容易泾渭分明地说清。但是可以肯定的是，忽必烈的制度既不是纯粹的汉法，汉法为主、蒙古制影响不大的说法也不能成立。[①] 要说忽必烈行汉法，只能这么理解：汉地治理基本上用了汉法，而国家层面上只是采纳了不少汉法，但整体体制则是二元的。国家政治制度二元性最明显的特征，就体现在一些国家符号体系上：如国号中仍然会用大蒙古国名称、实行两都制、祭祀有汉制也有蒙古制等。被汉人视为第一重要的郊祀，忽必烈就从没有亲自主持过。

非常有意思的是，突出忽必烈汉文化色彩的不仅仅是元朝的那些汉族文人儒士，忽必烈的宗亲海都大约在1270年也曾经派使臣到元廷来指责这位辈分比他高一辈的叔叔数典忘祖、大量用了汉人的典章制度。元朝的汉人，必定能够看出忽必烈的制度和真正的汉法有较大差距，那么他们为什么还要过分强调他的汉式色彩？笔者认为，这反映了他们的理想主义。在早期的蒙古宗王中，忽必烈最亲近汉文化，

[①] 参见拙著《辽西夏金元史十五件》，上海古籍出版社2008年版，第14—15页；拙文《成吉思汗的遗产与忽必烈的变革：综论蒙元王朝政制二元性对当时社会和其后历史的影响》，载刘正刚主编《历史文献与传统文化》第17辑，暨南大学出版社2012年版。

他们希望他能主政；他即位后，他们始终一厢情愿地抱着一个愿望，这个皇帝能进一步用夏变夷；他去世后，他的后代甚至有不如他亲近汉文化的，汉人们自然更加怀念他的行汉法行动。至于海都的指责，那就完全是站在蒙古文化本位的角度看了，忽必烈对成吉思汗的祖制的确有了较大的偏离。需要注意的是，海都的指责对忽必烈行汉法程度产生了影响。战胜阿里不哥后，忽必烈希冀举行一场能证明自己即位合法的主要是蒙古宗亲和贵族参加的忽里台大会，未能如愿，这成了他一直的心病。海都的指责进一步刺激了他，此后他不仅在采纳汉法上基本止步，[①] 而且做事尽量按照蒙古制的传统。真金比他年轻时更加接近汉人，他大为不满，真金死后他就不再按汉制立皇太子。垂暮之年他意图让幼孙铁穆耳即位，这暗中契合了蒙古人幼子守产的传统。笔者曾经分析过在治国之道上，忽必烈为什么不愿意彻底改弦易张，抛弃成吉思汗的政治遗产而就金朝、南宋这样的"亡国之政"，也就是纯粹的汉式制度；[②] 这里补充一下，就是海都的指责也刺激了他。

需要说明的是，本文指出忽必烈的蒙古文化色彩，只是对众多汉文材料中表现出来的忽必烈形象作一些必要的补充，以便今人能更加真切地认识这位足以比肩秦皇、汉武的政治人物的复杂面貌。笔者无意对汉文化、蒙古文化本身作褒贬，更无意对忽必烈于这二者的取舍行为作评价。对两种不同的文化作褒贬评论是非常困难而且吃力不讨好的事，而简单地下结论说一种文化一定比另一种文化先进发达就更加不可取了。

（四）

笔者认为，我们要较为准确地认识忽必烈，除了利用一般的大多出自汉人文臣的汉文材料外，我们还要尽量参阅别的文字材料，尤其是元朝独特的硬译文体公文材料。前面提到，研究忽必烈，主要依赖

---

① 周良霄、顾菊英：《元史》，上海人民出版社2003年版，第307—308页。
② 参见拙文《成吉思汗的遗产与忽必烈的变革：综论蒙元王朝政制二元性对当时社会和其后历史的影响》，载刘正刚主编《历史文献与传统文化》第17辑，暨南大学出版社2012年版。

汉人儒士的汉文材料，这容易受到这些材料撰写者本身的主观判断影响。所以，它们之外的材料就显得弥足珍贵。有关忽必烈的非汉文材料确实不多，这让研究者有无米之炊的感叹；不过，汉文材料中倒是有一些"另类"给我们提供了极大帮助，这就是元朝极有特色的硬译文体公文材料，它们中有很多是对当时蒙古语文圣旨、法令的逐字逐句汉语硬译，虽然我们今天读起来相当费劲，却保留了不少原先的蒙古语文印痕，从中可以看到不少一般汉文材料中很难见到的元朝政治中的蒙古因素。比如，一个政令怎么出台的，硬译材料往往这样记载：某一天，在什么地方（这种地方时常会让受汉文化影响很深的人想不到，如在某个官员的家里，在某个简易的庐帐里等），哪些怯薛在场（一般汉文材料中是没有这些在场怯薛名单的），哪个官员向皇帝奏了一件什么事（不少时候，这些事真可以说是对国家政治毫无关系的鸡毛蒜皮小事），然后君臣一起商量这事怎么处理，君主最后下个了断，要相关的人去执行。在这些硬译文体材料中，我们既能看到忽必烈在一般汉文材料中常见的汉人皇帝形象，也能看到在一般汉文材料中不大常见的蒙古合罕形象。

　　汉族文人姚燧撰写的《董文忠神道碑》中说，身为金书枢密院事的董文忠，同时也是忽必烈的怯薛，晚上经常到皇宫里轮值，做一些仆妾不能堪的事。有一次，他连续四十天长值，每天晚上"杂妃嫔候侍"，事帝"逾父"，事妃如母。这是元朝怯薛重要人员、同时也是国家重要官僚实际生活的写照，可惜这样的汉文材料不多见。但在硬译文体材料中，说明元朝君臣主奴化的材料倒时能发现。官员对任职地点挑三拣四、受命而不去赴任，忽必烈称他们为"畜生"①；官员在忽必烈面前时常自称"奴婢"，连在南宋当过高官、受过赵家皇帝礼遇的范文虎投降忽必烈后，虽然自己没在怯薛里呆过——怯薛人员多认为自己是皇帝奴婢、家奴——他在新主子面前也自称奴婢。②

　　硬译材料记载了这么一件刑事案件。扬州路五河县有一个名叫张

---

① 《元典章》卷10《吏部四·职制·不赴任官员》，台湾故宫博物院1976年影印元刊本。

② 《元典章》卷34《兵部一·新附军·招收私投亡宋军人》，台湾故宫博物院1976年影印元刊本。

应卯的千户长，在地方为非作歹，该县姓吴的县令准备向上面揭发他，被县里的达鲁花赤知道了，这位达鲁花赤姓崔。崔姓达鲁花赤给张应卯写了封信，告诉他吴县令要揭发他。张应卯恶人先告状，他到扬州路诬告吴县令，扬州路便将吴县令拘押了起来。张应卯拿三锭钞贿赂看守吴县令的赵姓禁子，跟他说，晚上吴县令睡着时你告诉我，我去把他杀了，你就向上面汇报说他自杀了。禁子同意，张应卯就这样把吴县令杀了。张应卯还找了一个姓陈的令史，让他模仿吴县令的笔迹，写了一个纸条放在吴县令的怀里，纸条上说，自己欠人家钱，现在又跟人打官司，不想活自杀算了。元朝死刑案要由皇帝最终决断，这个案子就由忽必烈来了结。中书省官员说，张千户判死刑，他的家产没收。按元朝法律，这没疑义，忽必烈同意："那般者。"官员说，姓赵的禁子受了三锭钞贿赂，做了帮凶，是从犯，也该判死刑，忽必烈也同意："那般者。"中书省官员接着说，姓崔的达鲁花赤在吴县令揭发张应卯前，向他通风报信，结果发生了这桩人命案，他们主张将这位达鲁花赤杖打八十七下，削职不再任用。元朝地方达鲁花赤很多由蒙古人担任，忽必烈立刻警觉起来。他问："那达鲁花赤是甚么人有？"官员说，是汉人。忽必烈大为恼火："事从这的每起有，敲了者。"如果是个蒙古人的话，说不定杖打八十七下的刑罚都上不了。中书省官员接着说，姓陈的令史也是帮凶，他们主张杖打一百零七下，今后永不录用。对汉族喜欢舞文弄墨文人比较反感的忽必烈则说："那的是最合敲的人有，敲了者。"一人作案，搭上五条人命，这件事上看不出忽必烈的慎刑，倒看出他的判案随意，他对那位冒充蒙古人当上达鲁花赤的犯人的处理尤为耐人寻味。①

硬译公文，来自蒙古语文的机械翻译，但是，它们"有很大的任意性，时而十分拘泥于原文的语法结构，时而省略其中某些部分，时而又夹杂穿插地道的汉语句法，用字也不统一，因译者而异；读起来有时令人感到好像乱麻缠搅，无从点断，意义模糊，不知所云"②。

---

① 《元典章》卷42《刑部·故杀·倚势抹死县尹》，台湾故宫博物院1976年影印元刊本。

② 亦邻真：《元代硬译公牍文体》，载元史研究会编《元史论丛》第1辑，中华书局1982年版。

有学者说:"点读这类公牍一直是元史学者的梦魇。"① 正因为如此,这类材料目前尚未得到充分利用,好在这些年,高质量的点校成果陆续面世,为学人提供了很大方便。通过对它们的详尽分析,很可能会对目前的一些学界成果做出一定程度的补充甚至修订,这是硬译公文吸引当今众多元史学者的一个重要原因;② 在研究元世祖这个人物时,充分利用、深入研读硬译材料,也应当能获得一些新发现。

三 论元代君臣关系的主奴化③

(一) 元代以前的君臣关系

中国古代的君臣关系,如余英时先生所言,"始终陷于'尊君卑臣'的格局之中"④。不过仔细分析,这种君尊臣卑的人格定位还可以分成两种类型:一种是主奴关系,一种是普通的尊卑关系,两者的区别在于君臣间是否有主子—奴婢意识。在宗法制时代,君臣之间应当是主奴关系。《说文》:"君,尊也,从尹、口,口以发号。"君,其形其义皆为发号施令的主宰。臣,字形如侧目而视,侧足而立,《说文》云"象屈服之形"。君主之下的高官显贵,实际身份为前者的家奴或家奴主管,这一点从他们的头衔上就看得出来,如"太宰""冢宰""司马""司空"等;即使是"太师""太傅""太保",也只是君主或储君保姆的称谓。⑤

宗法社会演变成君主官僚制社会后,君主的绝对权力继续保留,"主独制于天下而无所制也"⑥;历代君主都有法外用刑的权力,说明

---

① 萧启庆:《洪金富著〈元代台宪文书汇编〉序言》,载洪金富《元代台宪文书汇编》书前,台湾"中研院"史语所专刊之104号2003年版。

② 参见拙文《〈元典章〉的史料价值和通读要领》,《内蒙古社会科学》(汉文版) 2003年第6期。

③ 本节内容原载《江海学刊》2004年第1期。

④ [美] 余英时:《反智论与中国政治传统》,载氏著《中国思想传统的现代诠释》,江苏人民出版社1989年版。

⑤ 张分田:《亦主亦奴——中国古代官僚的社会人格》,浙江人民出版社2000年版,第1页。

⑥ 《史记》卷87《李斯列传》,中华书局1982年点校本。

法律条文对他们是没有任何约束的。作为帝国臣僚的官员依然顶着本意十分卑微的头衔，如"尚书""仆射""侍中"等，它们本来都只是宫廷家奴的职务。官员效命君主，还须口称"待罪"，任凭后者驱使责罚。

但是，另一方面，我们也注意到，君主名义上的无限至上权力又总是受到一定的制约。《汉书》卷50《张释之传》记载一事："上（汉文帝——引者注）行出中渭桥，有一人从桥下走，乘舆马惊。于是使骑捕之，属廷尉（张释之——引者注）。释之治问。曰：'县人来，闻跸，匿桥下，久以为行过；既出，见车骑，即走耳。'释之奏，此人犯跸，当罚金。上怒曰：'此人惊吾马，马赖和柔，令他马，固不败伤我乎？而廷尉乃当之罚金！'释之曰：'法者，天子所与天下公共也。今法如是，更重之，是法不信于民也。且方其时，上使使诛之，则已；今已下廷尉，廷尉天下之平也，一倾，天下用法，皆为之轻重，民安所措其手足？唯陛下察之。'上良久曰：'廷尉当是也。'"卷72《鲍宣传》记鲍宣对汉哀帝说："夫官爵非陛下之官爵，乃天下之官爵也。"魏晋南北朝，君主权势更亚于门阀世族。到唐代，李乾祐公然对太宗宣称："法者，陛下所与天下共也，非陛下所独有也。"① 宋代开国元勋赵普"尝奏荐某人为某官，太祖不用……普坚以为请，太祖怒曰：'朕固不为迁官，卿若之何？'普曰：'刑以惩罚，赏以酬功，古今通道也。且刑赏天下之刑赏，非陛下之刑赏，岂得以喜怒专之？'太祖怒甚，起，普亦随之。太祖入宫，普立于宫门，久之不去，竟得俞允"②。许翰则在给钦宗的奏议中说："天下之法，当与天下共有之。有司守之以死，虽天子不得而私也。"③

上面这些事例显示君主承认天下非他一家独享；人臣亦有独立的人格，没有忘记自己是国家的官吏而非一人一姓的仆妾。这种天下非一姓独享意识的形成，可能与传统贵族政治的影响和儒家道统高于正统的理想有关。当然，这一意识的发挥，实际效果更大程度上取决于

---

① 王溥：《唐会要》卷40《臣下守法》，《国学基本丛书》本。
② 《宋史》卷256《赵普传》，中华书局1976年点校本。
③ 许翰：《上钦宗论御笔手诏不由三省而下者取旨方行》，载赵汝愚编《宋朝诸臣奏议》卷23，上海古籍出版社1999年点校本。

君臣的个人人格魅力。其实，在君主官僚制体系下，君权的行使"所遭的最大的阻力则来自传统的官僚制度"①。官僚制度是一台机器，一旦设计出来，要良性运作就必须遵循它本身的规则。中国古代，只要不是极其昏聩或暴戾的君主，一般就不会轻易置这些规则于不顾。武则天命御史中丞宋璟外出推问案件，宋璟不肯去，拒绝的理由就是唐初御史出派制度，"故事，州县官有罪，品高则侍御史，卑则监察御史按之，中丞非军国大事，不当出使。今陇蜀无变，不识陛下遣臣出外何也？臣皆不敢奉制"②。

特别是唐宋时期，中书舍人和给事中的封驳制度以及臣下论执上谕的惯行体例更成了制衡君主权威的"相当有力"的法定程序。③宋代受命起草诏令的中书舍人和翰林学士屡有因认为王命未当而封还词头、拒绝撰拟的事发生。宋真宗曾遣使持手诏见宰相李沆，欲封宠幸刘氏为贵妃，李沆当着使者的面将手诏焚烧，并让使者给皇帝传话："但道臣沆以为不可！"此事遂罢。④给事中封驳制度始于东晋和刘宋，⑤迄于两宋一直盛行。唐宋君主的斜封墨敕一般被认为"非盛世之事"⑥，刘祎之有"不经凤阁鸾台何名为敕"的著名质疑。⑦已降诏令，包括内降诏敕，执行官僚发现"有未便者，皆应执奏，毋得阿从"⑧。吴晗先生把宋代的政治特征概括为"共治"两字，⑨其实自秦汉到宋代的君主官僚制政治都可用这两字概括。唐中叶以前，是君主与贵族共治；科举兴起后，是君主与士大夫共治。共治政治其实是君

---

① ［美］余英时：《"君尊臣卑"下的君权与相权》，载氏著《中国思想传统的现代诠释》，江苏人民出版社1989年版。
② 《资治通鉴》卷207《唐纪二十三》，则天后长安四年十二月，中华书局1956年点校本。
③ 姚大力：《论蒙元王朝的皇权》，载王元化主编《学术集林》卷15，上海远东出版社1999年版。
④ 《宋史》卷282《李沆传》，中华书局1976年点校本。
⑤ 陈仲安、王素：《汉唐职官制度研究》，中华书局1993年版，第51—53页。
⑥ 曾肇：《上徽宗论内降指挥不可直付有司》，载赵汝愚编《宋朝诸臣奏议》卷23，上海古籍出版社1999年点校本。
⑦ 《旧唐书》卷87《刘祎之传》，中华书局1975年点校本。
⑧ 《资治通鉴》卷193《唐纪九》，贞观四年七月，中华书局1956年点校本。
⑨ 吴晗：《论绅权》，载北京市历史学会主编《吴晗史学论著选集》第2卷，人民出版社1986年版。

主官僚制得以存在的一个合法依据：君主世袭，体现天下一统；官僚制理性运作，则可弥补因君主无法选择而带来的制度缺陷。

显然，在共治政治中，君臣之间形成的只是一般的尊卑关系而没有主奴意识。我们偶尔也见到将臣等同于奴的记载，如《资治通鉴》卷176记，隋朝欲令突厥称臣，"沙钵略可汗谓左右曰：'何谓臣？'左右曰：'隋言臣，犹此云奴耳。'"但这样的记载毕竟少数，而且，这一事例中，沙钵略左右似乎是故意将臣曲解成奴的。秦汉到唐宋，君臣间非主奴关系的更有利证据是历代君主体貌大臣的优容措置。作为官僚群首脑的宰相，往往被皇帝比喻为"腹心"[1]"股肱"[2]。唐宪宗说："朕……注意宰辅，劳怀梦想。诚以得失之效，邦家所系。"[3]司马光云："宰相，自唐以来，谓之礼绝百僚，见者无长幼皆拜，宰相平立，少垂手扶之；送客，未尝下阶；客坐稍久，则吏从傍唱'相公尊重'，客踧踖起退。"[4] 其实唐宋以前宰相的地位更崇，宋人以为"《周官》'坐而论道谓之王公者'，非人臣也"[5]；"西汉之为丞相者，有就国，有免归，有自杀，有伏诛，而无复为他官者"[6]。东汉始有自丞相而易职为他官者，宋人则以为"其体貌大臣之礼亦衰矣"[7]。形成鲜明对比的是，宦官往往被视为君主的"家奴"[8]，"杖之何妨"[9]；而士大夫官僚则必须给予必要的敬重并照顾他们应得的尊严。唐玄宗时期三品朝官秘书监姜皎被朝堂决杖，配流而死，不仅被当朝人引为"往事不可复追"[10]的教训，直到宋代仍被认为是"唐家待士不用廉耻"[11]的一项证据。就是说，大臣有罪，"应死则死，应流则

---

[1] 《汉书》卷86《师丹传》，中华书局1962年点校本。
[2] 《汉书》卷81《孔光传》，中华书局1962年点校本。
[3] 李昉等编：《文苑英华》卷448《李绛拜相制》，中华书局1966年影印本。
[4] 司马光：《涑水记闻》卷15，邓广铭、张希清点校本，中华书局1989年版。
[5] 叶梦得：《石林燕语》卷2，侯忠义点校本，中华书局1984年版。
[6] 朱弁：《曲洧旧闻》卷10，孔凡礼点校本，中华书局2002年版。
[7] 洪迈：《容斋随笔》卷10《汉丞相》，上海古籍出版社1996年标点本。
[8] 例见《新唐书》卷207《仇士良传》、卷208《杨复恭传》等，中华书局1976年点校本。
[9] 语见钱易《南部新书》卷10，黄寿成点校本，中华书局2002年版。
[10] 《资治通鉴》卷212《唐纪二十八》，开元十年十一月，中华书局1956年点校本。
[11] 陈世崇：《随隐漫录》卷3，《说郛》本。

流",就是不可以将对待奴仆的办法施用于他们身上,"轻加笞辱,以皂隶待之"①。

(二)元代君臣关系的主奴化

君臣关系到元代发生了质的变化。元代高级官员大多出身于怯薛(Keshig)。怯薛是元代政制中的特殊组织,其形成同往昔草原上的斡脱古·孛斡勒(Ötögü bo'ol)制度有关。根据拉施特的解释,斡脱古·孛斡勒是世袭奴隶的意思,他们世代坚决地遵守奴隶之子必是主人之子的奴隶的既定体例,因而是大汗或皇帝最可信赖的"亲骨肉"②,而且他们因功而蒙恩。③ 实际上,也只有做大汗或皇帝的奴婢才能获得政治上的最重要资本,元仁宗时的御史大夫脱欢,就因为"是老奴婢根脚有"而得以"台里在意行来"④;于是,"斡脱古·孛斡勒遂成为一种荣称"⑤(着重号为原文所有)。木华黎出身的札剌亦儿部从成吉思汗六世祖时代起就被征服而成为成吉思汗家族祖祖辈辈的奴隶。成吉思汗初兴时,木华黎之父将木华黎送到成吉思汗身边,让他"永远做奴婢者","若离了你门户呵,便将脚筋挑了,心肝割了"⑥。这一家族在元代出了三位中书右丞相,其他任高官者不可胜数,⑦ 但他们"认为最贵、最足以骄人的是'老奴婢根脚'"⑧。

怯薛是巩固并加强这种主从隶属关系的工具。它的一部分成员就出身于斡脱古·孛斡勒这样的世仆家庭,他们成了怯薛中的骨干;另一部分则是从各千户百户中抽取的精锐战士。怯薛成员的主要职责是

---

① 王溥:《唐会要》卷39《议刑轻重》,《国学基本丛书》本。
② 语见彭大雅《黑鞑事略》,徐霆疏,王国维笺证本,载《王国维遗书》第13册,上海书店出版社1983年版。
③ [波斯]拉施特主编:《史集》第1卷第2分册,余大钧、周建奇译,商务印书馆1983年版,第14页。
④ 赵承禧:《宪台通纪·加脱欢答剌罕大夫散官》,载《永乐大典》卷2608,中华书局1986年影印本。
⑤ 韩儒林主编:《元朝史》上册,人民出版社1986年版,第53页。
⑥ 《元朝秘史》第137节,《四部丛刊》三编本。
⑦ 萧启庆:《元代四大蒙古家族》,载氏著《元代史新探》,台北新文丰出版公司1983年。
⑧ 周良霄:《皇帝与皇权》,上海古籍出版社1999年版,第267页。

第一章 政治演变

保卫大汗的金帐和分管汗廷的各种事务，职掌世袭；他们实际上成了大汗或皇帝的世袭家奴，其"忠诚有强烈的个人特征，忠于可汗而非忠于职责"①。怯薛出仕以后，依然保持怯薛中的职务，而且，这些官员的双重身份中，怯薛职衔是他们悉世守之的真正身份和地位标志，而中书省宰相之类的头衔变化反倒是一本不太重要的流水账。可以肯定，元帝国重要政务多由怯薛成员为之的制度，会使后一部分入怯薛者乐于通过对主子的绝对服从，立下战功，而主动将自己处于斡脱古·孛斡勒的地位并以此为荣。

因此，元王朝的重要臣僚实际上始终是黄金家族的奴仆，不管他们有怎样显赫的政治地位，与主家一直保持使长与奴婢的关系。顺帝时期的权相伯颜，其家族原为蒙哥一系的斡脱古·孛斡勒；这一家族尽管累世有高官显宦，伯颜本身更有答剌罕的特殊权利，但他"陷郯王谋不轨，杀郯王并王子数人"后，时人遂有"奴婢杀使长"之讥。② 顺帝子爱猷识理达腊幼时由脱脱妻哺乳，"人皆呼脱脱为奶公"。脱脱子加剌张与皇子同岁。某日，两小孩嬉戏宫中，加剌张背负皇子绕行殿阶。皇子亦欲负加剌张，"加剌张跪曰：'加剌张，奴婢也；太子，使长也。奴婢不敢使使长负。'"惹得幼稚的皇太子因未遂其愿而放声大哭。③ 也就是说，直到元末，出身于老奴婢家族的位居高官者仍与皇室保持着严格的主奴之分；在元末一块蒙汉合璧的碑文中，汉文"元勋世臣"对应的蒙古文就是"斡脱古·孛斡勒"④。

怯薛组织在元王朝政权中的中枢地位，使得蒙古当朝权贵以做皇帝奴婢为荣的风气也不断弥漫到其他各族官员身上，这里当然不能排除他们想以此建立与皇帝的亲密私人主从关系从而得以在家产制国家事务中展露身手的意图，但事实本身反映了当时国家政权中的价值取向。董文忠白天是枢密院和典瑞监长官，夜里则给侍忽必烈的床榻之

---

① T. T. Allsen, "Guard and Government in the Reign of the Grand Qan Möngke", *Harvard Journal of Asiatic Studies*, Vol. 46, 1986.

② 权衡：《庚申外史》，任崇岳笺证本，中州出版社1991年版。

③ 同上。

④ F. W. Cleaves, "The Sino-Mongolian Inscription of 1362 in Memory of Prince Hindu", *Harvard Journal of Asiatic Studies*, Vol. 12, 1949.

179

侧，服仆妾之役。① "与妃嫔杂处，休寝榻下，是宦竖之所不堪的；对此，这些体貌堂堂的高官权贵们是不以为耻，反以为是特殊的荣耀，可以骄人的。"② 至元十年九月，行秘书监事、著名的回回天文学家札马剌丁为职务位序事对忽必烈说："皇帝委付奴婢与焦大夫一处秘书监里勾当有来。圣旨：'画字底再奏者'么道。奴婢为住夏勾当上与伴当每商量了，依着钦授到宣命画字来。兼自焦大夫比奴婢先出气力多年，合在上头。"③ 南宋降将范文虎在至元十七年的廷奏中也自称奴婢："伯安歹、李占哥招收已前做罪过私投亡宋蒙古、回回、汉儿诸色人等圣旨有来。如今出来底也有，不出来底多有。乞降圣旨，委付奴婢并李拔都儿再行招收，尽数出来底一般。"④ 至元三十一年五月，成宗即位，御史台官员上奏中说："如今皇帝新即位，歹奴婢每比之在前更索向前用心出气力。"⑤ 至正四年（1344）也先帖木儿被命为首席御史大夫，他上奏谦让云："奴婢年幼事上，不省得上位可怜见着……如今上位将奴婢这般可怜见，台里教为头委付呵，大勾当里有窒碍的一般。"⑥

从以上事例中，可以得到两点结论：第一，非蒙古族廷臣以奴婢自谓的例证多来自硬译体圣旨公文，说明"主奴观念进入元代君臣关系是受蒙古旧制影响的结果"；第二，尽管廷臣自谓奴婢例证数量不多，"但我们有理由相信，他们反映了当时在蒙古、色目、南人，包括北方汉人官僚中十分通行的情况"⑦，自甘为奴婢者也不一定都曾

---

① 姚燧：《牧庵集》卷15《董文忠神道碑》，《四部丛刊》初编本。
② 周良霄：《元代的皇权和相权》，载萧启庆主编《蒙元历史与文化》，台北学生书局2001年版。
③ 王士点、商启翁编：《秘书监志》卷1《位序》，高荣盛点校本，浙江古籍出版社1992年版。
④ 《元典章》卷34《兵部一·招收私投亡宋军人》，台湾故宫博物院1976年影印元刊本。
⑤ 《元典章》卷6《台纲二·有司休寻廉访司事》，台湾故宫博物院1976年影印元刊本。
⑥ 唐惟明：《宪台通纪续集·命也先铁木儿、帖睦儿达实并为御史大夫制》，载《永乐大典》卷2609，中华书局1986年影印本。
⑦ 姚大力：《论蒙元王朝的皇权》，载王元化主编《学术集林》卷15，上海远东出版社1999年版。

第一章　政治演变

在怯薛中任职，说明主奴观念已在国家官僚体制中泛化。

与君臣关系主奴化相适应，传统限制君权的政治运作在元代被大量破坏或不克施行。第一，家产制观念由私法转向国家法律，① 整个国家被视作黄金家族的私有财产，"一切东西都掌握在皇帝手中，因此没有一个人胆敢说这是我的或是他的，而是任何东西都是属于皇帝的；这就是说，货物、人、牲畜，等等"②。大蒙古国时期忽里台上君臣誓约形式终元一朝一直延续，说明元代的官员将官爵完全视为天子的私恩。第二，法定程序多成虚设，随时可以被弃之不顾。③ 第三，元代诏令的出台由怯薛为之，未见有封还词头的实例，作为皇帝或大汗的奴仆，想来也不会这样"放肆"；诏令撰拟后没有由另一机关审核的程序，更不会有诏令发出之前被封驳的事情发生。第四，诏令颁布后，执行部门实际上不再拥有唐宋时期的执奏权。第五，唐宋两代直接由内宫颁出的皇帝批示，因无宰相副署，执行部门可根据实际情况决定给予执行抑或拒绝，特别是宋代的诏令，大多时候，"非经二府者，不得施行"；而元代诏令颁布并不经过中书省，宰相副署权无从谈起。④

同时，以天子家奴身份出现的元代大臣也难有其他朝代士大夫官僚们的人格尊严和自觉。朝臣受杖之事，"人们对此已颇为习以为常，再也没有什么异议了"⑤。"朝官一有过错，一顿棍子、板子、鞭子，挨不了被打死，侥幸活着照样做官。"⑥ 桑哥失势后，忽必烈怒御史台臣"不善瘅恶"，台臣们自承"夺职、追禄、杖三者唯命"⑦。成宗

---

① B. B. Barthold, T. Minorsky (trans.), *Turkestan down to the Mongol Invasion*, London, 1968, p. 268.
② [意] 加宾尼：《蒙古史》，载 [英] 道森编《出使蒙古记》，吕浦译，中国社会科学出版社1983年版，第27页。
③ 参见拙文《试论元代中央官制的本质和历史影响》，载刘迎胜主编《元史及民族史研究集刊》第14辑，南方出版社2001年版。
④ 参见拙文《元代怯薛新论》，《南京大学学报》2003年第2期。
⑤ 姚大力：《论蒙元王朝的皇权》，载王元化主编《学术集林》卷15，上海远东出版社1999年版。
⑥ 吴晗：《论绅权》，载北京市历史学会主编《吴晗史学论著选集》第2卷，人民出版社1986年版。
⑦ 姚燧：《彻里神道碑》，载苏天爵编《元文类》卷59，《四部丛刊》初编本。

初，江南行台御史和江浙行省平章发生矛盾，"平章、御史各杖遣，众呼万岁"①。传统体貌大臣的成例在元代也不可能施行，出身怯薛的宰相罢相后应该大多还回到了怯薛组织。②另外，元代虽然出现了几位权臣，个别人还有"礼绝百僚"③的记载；但他们身上的重权只是君权的一部分，他们"独秉国钧"④实际上只是家奴盗用主子威权的行为，君主要制服他们非常容易。铁木迭儿能够作威作福，还是仰仗了太后的庇护。铁失为了保身不得不采取铤而走险的弑君手段，扮演了另一场奴婢杀使长剧中的奴婢角色。在君臣之间弥漫着主奴意识的情形下，前代那种共治式的政治面貌自然不会呈现。

（三）余论

在近代民主政治意识进入中国前，中国古代，尤其是战国秦汉以降，实行的都是君主专制政体，不论是汉人建立的中原王朝，还是少数民族建立的政权。与近代民主政治相比较，这些君主专制政权之间的区别是大大小于它们间的共通之处的。本文的目的，就在于探讨这些不大的区别中的一个方面。参照韦伯经典性的论述，⑤中国元代以前君尊臣卑关系下的共治政治类似于他所说的世袭制政治，而元代则更接近他所描述的苏丹制。当然，严格地讲，中国古代君臣关系的主奴化是从辽金开始的，但这两个政权统治中国的范围有限，共治传统在局促南方的两宋仍保留了下来；随着元政权对南宋的征服和全国的统一，宣告了以往君臣关系在古代中国大地上的全面变质。

另外，正如韦伯所说，世袭制和苏丹制之间的区别是极为模糊的；元代之前的共治政治中又"持续呈现一种缓慢然而确凿无疑

---

① 孛术鲁翀：《尚文神道碑》，载苏天爵编《元文类》卷68，《四部丛刊》初编本。
② 张帆：《元代宰相制度研究》，北京大学出版社1997年版，第100—105页。
③ 权衡：《庚申外史》，任崇岳笺证本，中州出版社1991年版。
④ 语见《元史》卷138《伯颜传》，中华书局1976年点校本。
⑤ ［德］韦伯：《经济与社会》上册，林荣远译，商务印书馆1997年版，第258页。

的"君主专制权力增强的趋势,① 君臣之间尊卑反差一直在缓慢地扩大。西汉,"丞相进见,圣主御坐为起,在舆为下","丞相有疾,皇帝法驾亲至问疾……即薨……车驾往吊"②。到魏晋南北朝,朝会、燕会之际,高级官僚尚可"腰剑"③或"带刀升座"④。隋代官员登殿需解剑;⑤ 唐代百官入殿门就要经监搜御史搜身。⑥ 不过唐代官员御前议政时尚有坐处,有些受恩宠的人甚至可以和皇帝同榻共坐;宋代皇帝赐坐就变成对极少数人的一种特殊恩宠了,三公群卿只能立而论政。⑦ 现在的问题是,在这样的趋势下,如果没有辽金元三朝的插入,传统的君臣关系会不会由君尊臣卑自然演变为君主臣奴?

历史不容假设,事实是,元代形成的君臣主奴关系被其后的两个朝代继承了下来,尽管它们不再有怯薛那样的组织。姚大力师认为元代君臣关系之间的主奴观念没有在明代君臣关系中留下直接的痕迹,⑧但是我们从明代皇帝对臣下上奏批答中的粗暴口吻和命令语气——与唐代天子非常友好的态度形成鲜明对比⑨——以及对臣下施行的廷杖、种种虐待和各式各样的酷刑记录中还是可以看出君主将臣僚事实上是当作奴仆对待的。君臣主奴意识到了另一个同样以部族政权私意识进行统治的清代更加强化。"明臣见君有四拜五拜之礼,清代则有三跪九叩之制;明大臣尚得侍坐,清则奏对无不下跪;明君语臣犹称卿,

---

① 姚大力:《论蒙元王朝的皇权》,载王元化主编《学术集林》卷15,上海远东出版社1999年版。
② 《汉书》卷84《翟方进传》及颜师古注引《汉旧仪》,中华书局1962年点校本。
③ 《隋书》卷11《礼仪志六》,中华书局1973年点校本。
④ 《隋书》卷12《礼仪志七》,中华书局1973年点校本。
⑤ 同上。
⑥ 叶梦得:《石林燕语》卷2,宇文绍奕考异,侯忠义点校本,中华书局1984年版。
⑦ 吴晗:《论绅权》,载北京市历史学会主编《吴晗史学论著选集》第2卷,人民出版社1986年版。
⑧ 姚大力:《论蒙元王朝的皇权》,载王元化主编《学术集林》卷15,上海远东出版社1999年版。
⑨ 参见[日]内藤湖南《概括的唐宋时代观》,汉译文载刘俊文主编《日本学者研究中国史论著选译》(一),中华书局1992年版。

清则率斥为尔。"① 与此相关,独立的代表官僚体制的相权自元以来不复存在,官员所拥有的权力说到底只是任意挥洒的君权的延伸;他们从此只能从道德的角度对君主不合礼法的行为提出些建议而不能再有分权的要求。②

---

① 姜文奎:《中国历代政制考》,台北"国立"编译馆1987年版,第873页。
② 黄仁宇先生在《万历十五年》(中华书局1982年版)中得出明代皇权象征化、官员治天下的结论,事实上,当时所谓皇帝同官员的对立只是缘于后者要求前者尽皇帝的责任,目的仍是维护皇权;明代皇权并没有出现象征化的迹象。这一点承夏维中博士指教,特此致谢。

第二章　政治制度

一　论元代中书省的本质[①]

治元史者大多认为元代的中书省基本上是一汉式宰相机构，为忽必烈推行汉法的最重要产物，只是保留着一些蒙古旧制的残余，如断事官僚属等。这种论断其实难以从更深层次解释元王朝中枢组织从蒙古旧制的大断事官机构到汉式宰相机构的演变。李涵先生认为忽必烈所立中书省的基础是大蒙古国时期的中书省和燕京行尚书省，这两个省是汉制的；[②] 笔者曾经指出，这个结论不妥。[③] 张帆先生认为元中书省是断事官制中必阇赤游离出来的结果，[④] 但必阇赤怎样游离，又有什么证据，他都没有说。姚大力师准确地把握住了世祖即位之初所立燕京行中书省依然是之前燕京行尚书省，即旧体制大断事官行署的延续这一事实，但他认为燕京行中书省很快就完成了由蒙古旧制向新制的转换，新的建制为中书省所继承；转换的原因一在于忽必烈本人的意图，一在于行省中有中书省职名但实际身份为必阇赤的汉人从当时的大断事官系统中游离了出来。[⑤] 这里姚师忽略了两项关键内容。

[①] 本节内容原载《西北民族研究》2003年第3期，收入本书时作了较多修改。
[②] 李涵：《蒙古前期的断事官、必阇赤、中书省和燕京行省》，载南京大学元史研究室编《元史论集》，人民出版社1984年版。
[③] 参见拙文《大蒙古国时期的官制》，载范立舟主编《历史文献与传统文化》第9辑，南方出版社2001年版。
[④] 张帆：《元代宰相制度研究》，北京大学出版社1997年版，第4—7页。
[⑤] 姚大力：《从"大断事官"制到中书省——论元初中枢机构的体制演变》，《历史研究》1993年第1期。

一是忽必烈究竟对中原王朝体制或者说汉法有多深的了解。一般认为忽必烈对汉文化的赞赏有两个原因。其一，藩邸旧臣中汉人儒士劝导的影响。① 但由于语言和文化背景的隔膜，忽必烈要对汉文化有所体验其实是很困难的，加上忽必烈是强烈的蒙古文化本位者，所以藩邸旧臣们在引导他"信用儒术，以夏变夷"方面其实是不会很成功的，这一点从他即位以后对汉人儒士和汉文化的态度方面看得更清楚。② 其二，金莲川改革的实践使忽必烈意识到儒家学术的长处。③ 金莲川改革的全部内容有三项：设置刑州安抚使；立经略司于汴和立京兆宣抚司。向这三地派使主要是针对这些地方"不治"而为的，认为三使的设置就是更张根本，推行汉法，笔者以为有些言过其实。金莲川改革导致蒙哥的猜忌，④ 主要是忽必烈得了太多的人心，将这一次兄弟之间的不和上升到蒙汉文化冲突这个层次上来笔者认为是不太恰当的。

根据笔者对姚师文章的理解，好像是说燕京行中书省中本来是必阇赤身份的汉人因为地位重要而从大断事官体系中游离了出来，从而得以按中原王朝政制的框架构建政府中枢。如果笔者的理解不误，那么姚师文章在这里忽略了另一个背景事实：当时的汉人官员之所以有如此显赫地位，只是因为他们是忽必烈在同阿里不哥争位的战争中可以利用的最主要的人力和智力资源，忽必烈没有重视开平汗廷大断事官机构转而看重多由汉人组成的燕京大断事官行署（即燕京行中书省）就是因为在战争结果未见分晓之际这些汉人是

---

① 参见萧启庆《忽必烈潜邸旧侣考》，载氏著《元代史新探》，台北新文丰出版公司1983年版。
② 唐长孺先生在《蒙元前期汉文人进用之途径及其中枢组织》（载氏著《山居存稿》，中华书局1989年版）一文中说："潜邸旧臣，大抵由巫医进身，及（世祖）登位之后又多委以钱谷，岂真能有悟于汉文化之高远哉！"另参见姚景安《忽必烈与儒臣和儒学》，《中国史研究》1990年第1期。
③ 参见周清澍《忽必烈潜藩新政的成效及其历史意义》，载南京大学元史研究室编《内陆亚洲历史文化研究》，南京大学出版社1996年版。
④ 参见姚从吾《忽必烈与蒙哥汗治理汉地的歧见》，《台湾大学文史哲学报》第16期，1967年；另陈得芝、王颋《忽必烈和蒙哥的一场斗争》，载元史研究会编《元史论丛》第1辑，中华书局1982年版。

他最可以依赖的力量。说到底,燕京行中书省中的汉人官员只是他一时需要利用的工具,他们的显赫地位只是暂时的假象。忽必烈对他们其实并不信任,他另立枢密院显然是因为中书省中汉人势力太大,他不愿把军权交给他们;以后中书省中汉人势力衰微,枢密院的独立性相应降低就是明证。总之,这些"忝处朝端"的"鸿儒硕德"能否按自己的意愿实施心中的抱负,"谋王体而断国论"[1],是要打疑问的。

撇开设置背景和建立过程[2]不谈,要正确认识中书省的本质主要还是应当由制度规定和实际运作两方面来考察;笔者观点,元代的中书省其实是大蒙古国时期大断事官机构的延续,元王朝中枢组织似不存在汉化的问题。以下的论证都围绕制度设计和实际运作两项内容展开。

(一) 同唐、宋、辽、金宰相制度的粗略比较

中国中原王朝宰相制度发展到隋唐起了重大变化。在此之前,秦及西汉为独任制宰相,以丞相集权,权力至重,丞相得以单独决定国家一切政务。降及东汉,三公分权而政归尚书。魏晋以来,复有中书、门下执掌朝政。在这三百余年的演变过程中,帮助皇帝撰写诏诰的秘书们的重要性日益凸显。到了隋朝,通过对官制的厘正,正式确立了内史省(中书省的改名)取旨、门下省审核、尚书省执行的三省分权制度。唐初复中书之名,以三省之长并为宰相。隋唐宰相制度的变化人们多从"独相—群相"这一角度来分析,笔者以为除此之外还有将议政、造命决策权和执行权分开并着重前者的意味。尚书省长官很快就被排除在宰相行列之外,除非他们另外拥有后来给予宰相的那些名号,如"同中书门下三品""同中书门下平章事"等。宰相主要负责辅佐皇帝造命决策,于施政上则主要负责监督百官,而不再像

---

[1] 王恽:《秋涧集》卷46《儒用篇》,《四部丛刊》初编本。
[2] 笔者在待刊文《元代翰林机构的成立——兼论元初中枢体制的变迁》中详细阐述了元代中书省的建立过程,读者可参看(收入本书时补注)。

秦汉三公那样直接率领九卿执行政令。① 这样的中枢体制形成后，宰相尽管名目多变，更有使职差遣化趋势，但职权范围基本上不出议政和监督百官执行两项之外，而且前者更为重要；虽然时有宰相干涉、操领尚书事务，但究属不合体制。所谓"中书（宋代宰相办事机构——引者注）细务，止进熟状，及事有定制者归有司，中书降敕而已"② 说的就是这个意思。

宰相辅佐皇帝决策制令，这中间又复有拟诏、审议等程序，为提高效率，减少壅滞，宰相合在一起办公，乃是自然之事。实际上自从唐代设立政事堂后，宰相群体就成了一个独立的中枢机构，这样的中枢组织一脉延续至宋末。但金代的一省制则是个异数。金代于天会十三年（1135）左右设立三省，正隆元年（1156）罢中书、门下二省，止置尚书省统领庶务。③ 学者们共识这两件事都是金代皇帝加强君主集权的举措，但对它们之间用"三省——一省"制演变趋势来解释则甚为牵强。事实上，前者是皇帝"以相位易兵柄"④ 的政治手腕，所成立的三省并没有多大的实际意义；后者则是海陵王的创制，很像后来成吉思汗建立的大断事官。金代尚书省主要官员，尽管有宰相和执政之称，但同唐宋宰辅机构不同。第一，金代宰执统领庶务，直接指挥

---

① 宰相职权的两分，参见祝总斌《两汉魏晋南北朝宰相制度研究》，中国社会科学出版社1998年版，第4—8页。对于祝先生的区分法，学者大概不会一致赞同，这就涉及一个很难回答的老问题：究竟什么样的官员算是宰相？如果认为宰相的主要职能是在辅佐皇帝决策，本文所说元朝的中书省不具备决策职能因而不是中原王朝宰相制度的延续，这个结论就能够成立；如果认为宰相的主要职能是在执行政令，元朝的中书省就和以前唐宋王朝的宰相区别不大，但它的前身大蒙古国时期的大断事官机构也是如此。任何一个政权，都需要有行政机构，当然行政的范畴有宽有窄，如监察事务、军事事务等，本来也属行政事务，忽必烈的元王朝将它们从行政系统中分离了出来，这一点与唐宋王朝稍有差异。将宰相主要职权视作执行权，元代中书省的特殊性就不明显；将宰相主要职权视作辅佐决策权，就能明显看出元代中书省和唐宋朝代宰相机构迥异的地方。笔者本文结论是在赞同祝先生观点的基础上作出的，笔者认为祝先生的观点给我们提供了一个看问题的角度，从此切入，能更清楚地看出辽金元等北族王朝与唐宋等中原王朝间的区别。
② 李焘：《续资治通鉴长编》卷208，治平三年五月，中华书局1995年点校本。
③ 《金史》卷37《百官志一》："（天会四年），建尚书省，遂有三省之制。"中华书局1975年点校本。《金史》此处所记，年代有误，参见李锡厚、白滨《中国政治制度通史·辽金西夏》，人民出版社1996年版，第262页。
④ 宇文懋昭：《大金国志》卷9《熙宗孝成皇帝纪》，崔文印校证本，中华书局1986年版。

负责政令的执行,而唐宋宰相一般只有监督权,并不"总揽一切"[1]具体庶务。第二,唐宋宰相,甚至包括之前秦汉三公、魏晋尚书令等宰相机构主要职权在于议政和佐天子出令,而金代尚书省其实没有这方面的制度规定和实际运作。金前期重大决策主要取决于宗室势力,熙宗朝起,也就是设立三省以后,决策主要依赖皇帝身边的近侍而不是外廷三省或尚书省官员;部分宰相在决策中起重要作用,其实是缘于得到皇帝额外的宠幸或游近侍之门,而不是他们的宰相地位。[2] 缺少议政权的金代宰相很难说是严格意义上的宰相,他们顶多只相当于唐代尚书省长官的地位。

再往前看一下辽朝,北面官系统中有北、南面宰相,这是中国历史上唯一用"宰相"做正式官名的,但他们都是部族官,和汉制宰相大异。南面官系统中有中书省,几乎没什么职权。辽代的行政中枢实际上是"事无不统"[3]的北南枢密院,尤其是北枢密院,但两枢密院的决策权也不明确。总之,辽金官制中尽管有种种汉式名号的机构和官职,在临民层次上也采用许多汉式的管理方式,但本质上同隋唐以来国家行政中枢的分权模式是大相径庭的;从这一点上笔者觉得不宜过于夸大这两个政权采纳中原官制的程度。

元代中书省虽说"总内外百司之政",但它的主要官员,即宰相们固定拥有的顶多也只是施政权,即率领僚属和附属机构执行政令;他们的议政权实际上是个假象,至少是不稳定的,这一点后面再详细论述。总之,这个中书省与唐宋的宰相机构差异较大,而同辽代的北南枢密院、金代的尚书省和自己的前身——大蒙古国时期的大断事官机构一样,都是北族王朝行政组织和程序简化这一特征的反映:这些政权看重的是政令的执行,至于决策如何产生,怎样设计合理的程序和较为完善的监督制衡机制以提高决策的有效性,如何从制度上保障制令的稳定性等决策方面的问题,它们并不是特别在意。金元国家中枢组织的一省制并不是隋唐三省制的自然发展。

---

[1] 李锡厚、白滨:《中国政治制度通史·辽金西夏》,人民出版社1996年版,第266页。

[2] 同上书,第248—254页。

[3] 同上书,第76页。

专题篇

（二）尚书省和门下省的设置风波

元代多数时期实行中书省一省制，但也有过中书省和尚书省并立时期，门下省也曾几度被考虑过设置。尚书省和门下省的设置风波是元朝政治史上的大事，从这些事件中，可以看出元朝始终是在延续大蒙古国时期大断事官式的行政体制。

尚书本为帮助皇帝审阅日常文书的小官，汉武帝开始，随着中朝官制度的形成，尚书的职权逐渐发展，机构和组织也不断扩大。到魏晋，尚书台成为实际的宰相机构，但权力随之发生分化，决策权逐渐转移到中书、门下，行政权则保留了下来；到隋唐，尚书省（尚书称省，大约始于南北朝中叶以后，而确定于隋）则成了纯粹的执行机关。[1] 唐宋尚书省地位颇尊，但真正负责省事的长官除非特授一般不进入宰执行列。

元代于世祖至元七年（1270）正月到八年十二月，至元二十四年闰二月到二十八年五月和武宗至大二年（1309）八月到四年正月三度设立尚书省，设立初衷都为理财，但设官均仿中书省。设置目的即与唐宋迥异；就是为了理财，官员组织又同唐宋诸多理财官署大不一样。既然尚书省设官几同中书，中书省何不可理财而别设一省？武宗即位之初，有赋敛之臣以综理财用为名要求另设尚书省，御史台官员即表示不解："综理财用，在人为之，若止命中书整饬，未见不可。"[2] 陈邦瞻的分析很有道理："元世任用勋旧，诸人（阿合马、桑哥等——引者注）皆新进，若与之同官，势必出其下，不可得志。惟别立尚书省，而中书之权遂夺。权夺而诸勋旧束手拥虚位矣，此阿合马诸人之谋也。"[3] 别立尚书省实际上是这些敛财大臣另设了一个自己得以在其中逞志的中书省，它的目的是要取代中书省而使自己成为大断事官机构的继承者。尚书省三次设立期间，这个目的都达到了，

---

[1] 吴宗国：《隋唐政治体制的发展变化（提要）》，载北京大学中国传统文化研究中心编《文化的馈赠——汉学研究国际会议论文集》（史学卷），北京大学出版社2000年版。
[2] 《元史》卷22《武宗本纪一》，中华书局1976年点校本。
[3] 陈邦瞻：《元史纪事本末》卷15《尚书省之复》，南京大学图书馆藏同治十三年江西书局刻张溥论正本。

190

"中书之署仅同闲局"①。这也进一步说明元代尽管有庶务之繁,但中枢组织其实还是很简单的。正因为元代尚书省是另一个中书省,所以《元史》把尚书省长官一同列入《宰相年表》;李俊认为"尚书省不能视为元宰相机关"的观点未免过于拘泥。②

门下本为泛称,意为官府衙门之下。西汉前期,专门掌管官府内勤事务的官吏都可以称为门下官。这种泛义的门下,适用于宫殿,便指宫门之下,禁门之下。汉武帝起,禁中官员和处理政事开始联系到了一起。随着尚书逐渐向宰相机构转化,"为了保证统治质量,提高统治效率,皇帝便从原宫中内勤官吏中挑选侍中等来平尚书奏事,帮助自己审批这类文书,逐渐成立了专门机构;或者另设新的机密机构,分担尚书一部分要务。前者便是特定涵义的门下省,后者便是中书省"③。到隋唐通过对官制厘正,门下省主要有两项职权,一为谏诤君主阙失,唐德宗以后同中书省共掌;二为审驳诏命违误。另外唐代还将部分史官划归门下。宋代谏诤权一度独立,史官也从门下省划出,但门下省封驳之权一直保留。

元代屡次有设置门下省的提议,但最后都没有付诸实施。第一次在至元六到七年,当时准备在中书省外另立尚书省,故而有人提出同时设立门下省,从而恢复前代三省制度。《元朝名臣事略》卷13《太常徐公》引《徐世隆墓志》:"(至元六年),奉敕议立三省,遂定内外官制上之。"这一议案遭到侍御史高鸣非议。"鸣上封事曰:'臣闻三省,设自近古,其法由中书出政,移门下,议不合,则有驳正,或封还诏书;议合,则迁移中书;中书移尚书,尚书乃下六部、郡国。方今天下大于古,而事益繁,取决一省,犹曰有壅,况三省乎!且多置官者,求免失政也,但使贤俊萃于一堂,连署参决,自免失政,岂必别官异坐,而后无失政乎!故曰:政贵得人,不贵多官,不如一省

---

① 虞集:《道园学古录》卷34《翰林学士曾君小轩集序》,《四部丛刊》初编本。
② 参见李俊《中国宰相制度》,上海商务印书馆1947年版,第173页;张帆《元代宰相制度研究》,北京大学出版社1997年版,第25页。
③ 祝总斌:《两汉魏晋南北朝宰相制度研究》,中国社会科学出版社1998年版,第252页。

便.'世祖深然之,议遂罢。"① 徐世隆所拟官制具体方案不得而知,但高鸣显然是把当时即将建立的以理财为名的尚书省看成唐宋主执行的尚书省了,而将这一议案理解为要恢复唐初三省分立的中枢组织格局。高鸣的非议内容并不新鲜,唐初就有人觉得那种行政部署不合理而提议改革,所以有政事堂之设。宋元丰改制,恢复唐初三省制度后大臣们深感不便,屡次请求三省"合班奏事,分省治事",南渡后就逐渐形成了三省合一的中枢体制。高鸣的建议其实也就是实行南宋那种三省合一,"其上之纲领则不分"②的制度。由于高鸣误解了元廷设立尚书省的意图而有上述的言事,结果不仅没有阻止得了另设尚书省,反而使门下省设置方案胎死腹中。

至元中期,又有人提出立门下省的计划。元明善作《廉希宪神道碑》载:"议立门下省,上曰:'首官何称?'曰:'侍中。'曰:'侍中非希宪不可。'……阿合马不利而止。"③又姚燧撰《董文忠神道碑》记:"礼部谢昌元(宋降臣——引者注)请立门下省,封驳制敕,以绝中书风晓近习奏请之源。上锐欲行之,诏廷臣杂议,怒承旨少保王文忠公磐曰:'如是益事,汝不入告,而使南士后至之臣言之,用学何为?必今日开是省。'廷臣三日始奏公为侍中,兼其属多至数十人。"④后因近臣(估计为阿合马等人)阻挠而作罢。上述两条材料,时间上前者系于至元十四年之后、十六年春之前,后者系于十六年十月之后,从引文中世祖口气也能推断两者所记不是同一件事。前一条材料没有记载是什么人提议设立门下省的,也没有透露具体方案怎样,但我们可以明显看出世祖并不知道门下省为何物!只是在第二条材料中,大概是听了来自诏令封驳体制甚为发达的南宋降臣的介绍,世祖才对门下省有了个模糊的认识。两条史料均将门下省方案流产的责任归咎于阿合马之流,张帆

---

① 《元史》卷160《高鸣传》,中华书局1976年点校本。
② 黎靖德编:《朱子语类》卷128《本朝二·法制》,王星贤点校本,中华书局1986年版。
③ 元明善:《廉希宪神道碑》,载苏天爵编《元文类》卷65,《四部丛刊》初编本。
④ 姚燧:《董文忠神道碑》,载苏天爵编《元文类》卷61,《四部丛刊》初编本。

先生认为"设立门下省会对权臣专权形成限制，故而遭到权臣的破坏、阻挠"①；如果这样，那就说明阿合马等人是了解门下省职掌的，但我们没有找到明确的史料依据。

元代高层政治舞台上，汉人群体和西域色目人群体是一对相互竞争的对手，汉族士人总是将自己政治上的失势归罪于西域色目人，尤其是几位得宠的色目权臣，所以像阿合马等人在他们的妙笔生花下就成了"屡毁汉法"②的奸臣；其实在当时的社会环境和政治格局中，阿合马等人的所为根本谈不上毁坏汉法。③元代门下省终究没能设立，根子在于行政系统简单的政权中不需要这个组织。对于北方民族建立的国家政权来说，需要的只是一个能处理实际事务的总的执行机构，至于这个机构的名称叫什么是无关大局的，它可以是枢密院（辽），可以是尚书省（金和元朝部分时期），也可以是中书省（元），甚至可以只是一些负责政令推行的官员群体，如大蒙古国时期的大断事官群体；这个机构的职掌与运作和它名号的本来意义可以毫不相关，蒙哥时期俗称"尚书"，忽必烈即位就改为"中书"，除名号以外，本质没什么区别。但这些政权不习惯决策层次上的分权模式和决策过程中的复杂程序。可以想象，如果有一位或几位得宠幸臣，他（们）本身也有相当的勇气和魄力，为了某一实际事务，效法阿合马等人设立尚书省的手段，另立一个冠以"门下省"名号的机构，这种情况下它得以成立并非没有可能。所以，如果上述两条史料反映情况属实，阿合马等人的反对也是因为担心成立后的门下省会取代中书省而成为大断事官机构新的继承者，并不是仅仅害怕同他分权，对他的"专权形成限制"。后来，武宗朝立尚书省后，又有宣徽院官贾廷瑞"请以宣徽院为门下省，尚书省奏廷瑞擅易官制"④，激怒武宗，差点把他杀掉；尚书省臣的反对显然是怕再成立一个竞争对手。回到上面提到的《董文忠神道碑》文中，忽必烈迁怒翰林文臣，要求"必今日开是省"也只是一时的冲动；如果他真的"锐欲行之"，要把这一

---

① 张帆：《元代宰相制度研究》，北京大学出版社1997年版，第27页。
② 《元史》卷158《许衡传》，中华书局1976年点校本。
③ 参见姚景安《忽必烈与儒臣和儒学》，《中国史研究》1990年第1期。
④ 《元史》卷169《贾昔剌传》附《秃坚不花传》，中华书局1976年点校本。

对蒙古统治者来说是陌生的汉法政制引入他的国家中枢组织中，阿合马等权臣是没法阻挠的。

（三）与行省的关系

元代创立的行省制度对中国历史影响可谓深远，不过，从行省成立的过程以及中书省与行省权力的分配上我们倒能清晰地看到，元朝建立后，中书省同行省的关系其实是大蒙古国时期大断事官机构与它各行署关系的再版。关于元代作为地方行政机构最高组织的行中书省，即行省，不大了解蒙古旧制的汉族文人煞有介事地这般追溯："若稽古制，魏晋有行台，齐隋所管置外州称行台尚书省，唐以诸道事繁，淮齐分置，今行省，其遗制也。"[1] 对于魏晋齐隋等中古时期的行台省，马端临的议论极为精当："行台省之名，苟非创造之初，土宇未一，以此任帷幄腹心之臣；则必衰微之后，法制已隳，以此处分裂割据之辈。若承平之时，则不宜有此名也。"[2] 马端临认为"承平之时"，不当有行台省，显然是因为它和中原王朝政治传统中央集权制不合。元代行中书省的设立既不是"土宇未一"之际，以"任帷幄腹心之臣"，更不是"衰微之后"，"处分裂割据之辈"；恰恰是承平之时的常制，所以它不能攀魏晋隋唐之行台省为直系祖宗。

《元朝史》认为元代行省为金朝遗制的变更，[3] 此说大体可以成立，但需作些补充和修正。金代最早设立行台尚书省是在天会十五年，时伪齐已废，"置行台尚书省于汴"[4]。后由于以河南地与宋，天眷元年（1138），"改燕京枢密院为行台尚书省"[5]；三年，"复旧疆"[6]，行台尚书省迁回汴京。这个行台尚书省开始有一点前田直典

---

[1] 许有壬：《圭塘小稿》卷8《河南省左右赞治堂记》，《三怡堂丛书》本。
[2] 马端临：《文献通考》卷52《行台省》，商务印书馆万有文库《十通》本。
[3] 韩儒林主编：《元朝史》上册，人民出版社1986年版，第300—301页。
[4] 《金史》卷55《百官志一》，中华书局1975年点校本。
[5] 同上。
[6] 《金史》卷77《宗弼传》，中华书局1975年点校本。

第二章　政治制度

称之为"统治外地的行省"①的味道，但不久变成"任帷幄心腹之臣"的权宜机构，到海陵王天德二年（1150）随着中央集权程度的加强而被废除。

金代另外还有两种类型的行省。一类是尚书省宰执被派往某地执行军事等使命时所设立的临时建置，金代后期出于抵御蒙古的军事需要，这类行省普遍设置，如大安三年（1211）平章政事千家奴、参知政事胡沙行省宣德，以抵御蒙古军南下；②贞祐二年（1214）"参知政事孛术鲁德裕行尚书省于大名府"③等。这类行省前田直典称之为"临时处理事务的行省"，即它们的官员有"讫役而还"④的临时性。这种地方有事、朝廷派宰执官员带原先头衔去处理、但事毕即撤的宰相临时派出机构，在前朝应该也有过先例。另一类行省是宣宗南迁以后，为激劝地方官守土保境而例外授予的行省衔，如贞祐四年授河东南路宣抚使胥鼎"权尚书左丞，行省于平阳"⑤，等等。前田直典把这类行省称为"路的行省"，笔者想将它们比拟为"处分裂割据之辈"也未必不可。

金代第一类行省特别值得注意。尽管终金之世，只有一例，但还是可以看出，金代于被征服的大范围的固定辖区，皇帝可能直接委派官员去统治，成立"统治外地的行省"；行省官员只对皇帝负责。李治安先生认为这类行省"相当于朝廷尚书省统一领导下管理中原汉地的特殊分设机构"⑥，这种看法可能不对。事实上，金代这个行尚书省成立期间，朝廷尚书省没有什么职权。大蒙古国时期大断事官行署的设置体现的正是这一特色，但断事官行署设置是否就是学习参照了金代初期的行台尚书省？恐怕未必。大蒙古国建立后，中央设断事官机构负责国家行政，地方上部分地区分封给成吉思汗的子、弟，其他地方则由大汗委任的千户长治理。帝国地盘扩展后，在农耕区没有实

---

① ［日］前田直典：《元朝行省的成立过程》，载氏著《元朝史的研究》，东京大学出版会1973年版。
② 《金史》卷13《卫绍王本纪》，中华书局1975年点校本。
③ 《金史》卷14《宣宗本纪上》，中华书局1975年点校本。
④ 《金史》卷95《马琪传》，中华书局1975年点校本。
⑤ 《金史》卷14《宣宗本纪上》，中华书局1975年点校本。
⑥ 李治安：《行省制度研究》，南开大学出版社2000年版，第4页。

行分封制，就设立断事官行署。行署的设置，灵感源自原先的分封传统：在不分封的情况下，实行一种表面看与分封模式略有几分相像的假分封。断事官行署与中古时期"士宇未一"之际"任帷幄腹心之臣"或"衰微之后""处分裂割据之辈"的行台以及金朝后期"临时处理事务的行尚书省"不同，后两者的设置其实都是临时措施；蒙古人的创造则是因为地方太大，中央行政机构管不过来而在地方上分设了中央机构的派出机构，这样的机构长期存在。前四汗时期，被称作"行省"的，除了三个断事官行署外，还有一些地方世侯势力，如李璮被称作益都行省。称世侯势力为行省，出于汉人的比附，汉人将他们与金末的行尚书省比附而不是与蒙古政权的断事官行署比附。前田直典则称它们为"路的行省"。从实际权力来讲，世侯与金末守土保境的官员有相似之处，前田氏的称谓非常恰当，不过，金、蒙两种"路的行省"其实都是对金末行尚书省的比附。

忽必烈即位后，世侯那样的"路的行省"不再存在，但忽必烈朝，被称作为"行省"的，还可以细分出三种情况。第一种情况是在一些已经被完全控制的区域，如陕西、四川、西夏中兴（今银川地区）、北京（今内蒙古宁城西大明城一带）和云南等地，建立中书省的分支机构，主要官员是中书省的宰相，他们出镇地方后，仍然带着中书省宰相的职衔。如廉希宪"为中书右丞，行秦蜀省（陕西四川行省——引者注）事"[1]；赛典赤赡思丁"拜平章政事，行省云南"[2]。这种行省的设置和以前设置断事官行署过程一样，大蒙古国建立的最早的燕京断事官行署就是失吉·忽秃忽带着汗廷大断事官的头衔到燕京地区去设置的。第二种情况，在一些尚未被完全征服控制的区域，派一些宰相过去，有的就任命进征那地的军帅为中书省宰相，让他们行省事于当地，负责当地的军政行政事务，比如伯颜率军灭宋，就被任命为中书省左丞相，行省事于被征服区域。这种情况和前一种情况性质一致，只是设置固定行省条件没有前者成熟。当这些地域被元朝

---

[1] 《元史》卷126《廉希宪传》，中华书局1976年点校本。
[2] 《元史》卷125《赛典赤赡思丁传》，中华书局1976年点校本。

完全掌控后，行省的正式设置也就水到渠成。① 第三种情况是元朝准备进征更加遥远的海外某地，如日本、缅国、占城、爪哇等，也设立某地行中书省，如占城行省等，往往任命进征将军为行省宰相。这种行省设置，应该说，本意是和第二种情况一样的，但后来，海外战争多以失败告终，这样的行省也就随着战争失败而夭亡。

第一、第二两种情况下的行中书省，后来经过几度置废分合的调整，到元武宗时，稳定为十个行中书省，它们和中书省一起统管除藏地以外的全国各地。元朝十个行省，后来其主要官员均不再带中书省宰相的职衔，这样行省就成了纯粹的地方机构。元人因此谓："幅员际天，机务日繁，相天下重地，立行省而分治焉（着重号为引者所加）。"② 从上面的叙述中可以看出，元行省的成立分明是大蒙古国时期设置大断事官行署的重演。"国初，官制未遑立，凡军国机务悉决于断事官，断事官行治在燕，銮驭尚驻和宁，中原数十百州之命系焉。"③ 这种格局被元朝换成各地方隶都省或行省而已。

陈得芝师在《元岭北行省建置考（下）》中稍带提及元行省也可看作是郡县制的发展。④ 固然这也是一个重要因素，但将它看作大蒙古国时期大断事官行署的继承更为恰当。这里可以提出一个制度上的证据。大蒙古国时期，如何统治幅员广大、人口众多的被征服城郭地区是蒙古上层面临的一个棘手问题。他们多将直接治理民

---

① 第二种情况下未定型的行省，前田直典认为与金朝"临时处理事务的行省"有相似之处。前田氏又将其分成"军前行省"和"临时处理事务的行省"两种类型，前者职司重在征伐，后者职在分理政务。前者如中统三年二月为讨伐李璮而设的山东军前行省；至元十一年三月，为伐宋而设的荆湖行省和淮西行省；等等。后者如中统二年十月"以（中书）右丞张启元行中书省于平阳、太原等路"；至元元年八月，"立山东诸路行中书省，以中书左丞相耶律铸、参知政事张惠等行省事"；等等。参见其文《元朝行省的成立过程》，载氏著《元朝史的研究》，东京大学出版会1973年版。这些行省有的确实也是因事而设，事毕即撤，但总的看来，随着征服区域的扩大和稳定，它们的趋势是向"统治外地的行省"转化。所以，笔者认为这第二种情况下的行省设置性质跟第一种情况是一样的。
② 许有壬：《圭塘小稿》卷8《河南省左右赞治堂记》，《三怡堂丛书》本。
③ 马祖常：《马石田文集》卷14《萨法礼氏碑铭》，《元四大家集》本。
④ 陈得芝：《元岭北行省建置考（下）》，载南京大学元史研究室编《元史及北方民族史研究集刊》第12—13集，1989—1990年。

众的事务仍交给当地官员,让他们在临民层次沿袭原来的统治方式;但又另设达鲁花赤(daruqachi,意为镇守者)监临,掌握最后裁定的权力。诸王、驸马在自己的投下分邑,也分别派出陪臣充任达鲁花赤。临民层次之上的高层机构,即汗廷大断事官机构和它的各个行署则是各辖区诸多达鲁花赤和州县守令所隶属的最高行政官署;① 这个最高层次是纯粹蒙古制的。元立国后,地方机构于中书省、行省之下,临民层次上有路、府、州、县等。元朝官制,不少部门设有达鲁花赤一职;中央政府和它所直属机关中,达鲁花赤或置或不置,非视职官大小而视事实需要而定。但各路、府、州、县则均设达鲁花赤,而行省不设。笔者的理解,路、府、州、县是临民机构,要按原来汉地方式治理辖下民众,为保障蒙古统治需于地方长官之上设掌实权的监临官;但行省则是蒙古制度,用不着设达鲁花赤。因此,在全国推行行省制是元朝的创设,并不完全是郡县制的发展。还可以举出一则佐证。作为"祖宗根本之地"的岭北行省,治所和宁路就没有设达鲁花赤。

  作为地方最高行政机构,行省"掌国庶务,统郡县,镇边鄙,与都省为表里","凡钱粮、兵甲、屯种、漕运、军国重事,无不领之"②。但是为了方便政务和提高行政效率,都省(中书省)逐渐拥有了协调和统一全国事务的职权以及向皇帝报告的便利,行省和都省间形成某种程度的从属关系。行省丞相(例不常设)和平章品秩比中书省官低一等,中书省宰相外任行省官多含有贬谪意味。③ 但是这种从属关系,不宜过于夸大,行省右丞、左丞、参知政事品秩仍与中书省官相同;行省和都省之间公文往来一直用示平级的"准""咨"等字而不像枢密院、御史台送中书省文书中要用自下行上的"呈"字。时人所谓"都省握天下之机,十省分天下之治"④ 的说法不能理

---

  ① 姚大力:《从"大断事官"制到中书省——论元初中枢机构的体制演变》,《历史研究》1993年第1期。
  ② 《元史》卷91《百官志七》,中华书局1976年点校本。
  ③ 李治安:《行省制度研究》,南开大学出版社2000年版,第160页。
  ④ 许有壬:《至正集》卷32《送蔡子华序》,宣统三年聊城邹氏石印本。

解为中书省是"行省在朝廷的顶头上司"①。总之,终元一代,中书省(尚书省设立期间为尚书省)和行省关系的本质终究没有改变,即它们分别是大蒙古国时期大断事官机构和其行署的直接继承者。明代完全取消宰相制度,先从行省开刀,也不是没有来由的。

关于元朝的行省制度,笔者这里附带说一下它对后世的影响。元朝行省幅员辽阔,长官总揽境内军、民、财政大权,这一蒙古人政府的创造,显然与中原王朝传统的中央集权制度极不契合。后世的明清时期,对这种制度就有所变动,最主要的变化是限制省一级政区的权力,将之归于中央。所以,元朝行省制对后来影响大的,不在于它的地方分权思想,而在于路和州县之上设置若干大行政区的行政管理模式,这种模式一直延续至今。大行政区辖境怎么划定,元朝确立了政治优先原则,这是元朝留给后人的又一个遗产。② 唐、宋、金时期的一级政区(唐朝称道、宋金时期称路),它们的划分,以山川形便原则为主。元朝行省官员虽然对皇室一般很忠诚——他们多出自怯薛,这一制度有效保证了元朝行省尽管权力很大却很少分裂,这是元朝政制的一大特色——元政府毕竟还是要防范地方割据。元朝防范行省割据的最主要招数是辖境划分不以山川形便为原则,确定行省范围时,无视历来与划界密切相关的几条重要山川边界——如秦岭、淮河、太行山、南岭——的存在,使得任何一个行省都不能成为完整的形胜之区。陕西行省越秦岭有汉中盆地,湖广行省越南岭有广西,河南行省合淮河南北为一,中书省直辖区域跨太行山有山东、山西。元朝出于政治目的而划分一级政区的原则,被后世继承并演绎得更加淋漓尽致,虽然具体的划分范围有些变动,但明清时期中央政府划分省界时,不怎么顾及自然地理、人文地理界限而首先考虑防止地方割据、考虑省内肥瘠搭配等政治意图,其做法和元朝其实是一致的。秦岭两边归属一省、淮河两边归属一省的现象,至今依然如此。

---

① 李治安:《行省制度研究》,南开大学出版社2000年版,第159页。另参见 David M. Farquhar, "Structure and Function in the Yuan Imperial Government", in John D. Langlois (eds.), *China under Mongol Rule*, Princeton University Press, 1981。

② 参见周振鹤《中国地方行政制度史》,上海人民出版社2005年版,第241—244页。

（四）与怯薛的关系

中书省是大断事官机构的延续，这一点从它的实际运作方面看得更清楚。这一机构的理政程序，在元初制定的十条"省规"当中，有比较详细的规定，以后也没有太大的变化。这十条省规载于王恽《秋涧集》卷81《中堂事记中》，同卷还记载了公文署押和上下行文的程序规定。由于历代决策权都只操于君主手中，宰相主要负责辅助君主决策和监督政令执行的职能，《中堂事记中》的记载初看起来很容易给人以元代宰相理政程序和其他朝代差不多的印象。另据张帆先生研究，元代宰相同样有奏禀政事、主持集议、接受咨询等多种辅助皇帝决策的表现方式以及发布命令、监督执行与亲自处理政务等施政形式，所以他认为，同历代宰相制度运行相比较，元代的情况基本上也是如此。[①]

但是，当我们考虑到元代汉文文献的作者们因不大了解蒙古旧制而将它们忽略或生硬比附为中原王朝制度形式，以致他们的记载同真正史实可能有一定偏差时，对这些文献的解读就需要谨慎了。如省规中的圆议制度如果结合元代尽管相职特多，但职掌笼统，与品秩关系不大的事实，我们就不能将它仅仅看作是唐代以来宰相集体议政形式的再现，而应当考虑到是否为蒙古旧制的继续。

大蒙古国时期三日一更，轮番入卫的怯薛组织，入元后继续保留。根据接近天子的程度，怯薛成员大体上可分为"预怯薛之职而居禁近者"（即"近侍怯薛"）和"宿卫之士"两大部分。[②] 前一部分执役殿庭，据姚大力师研究，"总数，约当数百人至千余人"[③]。元代高级官员，特别是中书省、枢密院、御史台和各行省负责人，大多出身于这些"好根脚出身"[④] 的"天子左右服劳侍从执事之人"[⑤]。根

[①] 张帆：《元代宰相制度研究》，北京大学出版社1997年版，第106—139页。
[②] 《元史》卷99《兵志二·宿卫》，中华书局1976年点校本。
[③] 姚大力：《论蒙元王朝的皇权》，载王元化主编《学术集林》卷15，上海远东出版社1999年版。
[④] 叶子奇：《草木子》卷4《杂俎篇》，中华书局1959年标点本。
[⑤] 《元史》卷99《兵志二·宿卫》，中华书局1976年点校本。

据前人的研究，他们除了作为高级官员主要来源外，还有诸多"干预朝政"的行为。① 举其要者，其一，省、院、台等中央机构官员向皇帝奏事，需通过怯薛中专司其职的云都赤转送，"宰辅……有所奏请，无云都赤在，不敢进"②；其他一些当值的亲近怯薛人员也总是在场陪奏，③ 得以与闻机密。其二，怯薛"密近天光"④，可对朝政大事发表意见，并且容易被皇帝所采纳。⑤ 其三，按制度规定，除枢密院、御史台、宣政院等少数机构外，其他任何官署和官员都不能隔越中书省奏事。然而元代不少臣僚总是想办法通过怯薛把自己的意见转述给皇帝，而不是按程序通过中书省转递奏章。这种做法称为"隔越奏请"，隔越奏请现象元代屡禁不止。其四，皇帝临时决定某件事要宰相等官员去办，就派怯薛人员前去传令，此即"中贵""小臣"⑥"口传圣旨行事"⑦，这些传旨怯薛便易于从中弄权。

不少学者认为怯薛预政妨碍了中书省等机构的正常运作，是元代政治生活中的非常行为，造成了元代的朝政混乱；这一观点显然基于元代国家组织已经汉化，像中书省等已经完全成为独立机构的认识。如此看待怯薛在政权组织中所处的地位实际上与元代文臣将之比附为传统官僚政治体制中的内侍系统同出一辙，⑧ 都是对蒙古旧制不大了

---

① 这方面的重要研究成果有：[日]片山共夫《怯薛与元朝官僚制》，《史学杂志》1989年第12期；李治安《怯薛与元代朝政》，《中国史研究》1990年第4期；张帆《元代宰相制度研究》，北京大学出版社1997年版，第195—202页；陈高华、史卫民《中国政治制度通史·元代》，人民出版社1996年版，第58—60页；等等。

② 陶宗仪：《南村辍耕录》卷1《云都赤》，中华书局1959年标点本。

③ 元代规定"大臣入内奏事，（殿中侍御史）则随以入，凡不可与闻之人，则纠避之"，见《元史》卷86《百官志二》，中华书局1976年点校本。这种掌殿庭纪律的殿中侍御史实际身份很可能也是怯薛。

④ 姚燧：《牧庵集》卷17《贺仁杰神道碑》，《四部丛刊》初编本。

⑤ 现传圣旨公文中，未发现陪奏怯薛参与国政讨论的直接证据；但据姚大力师研究，怯薛长和其他有权势的近侍怯薛是参与朝议的，尽管他们的具体言辞未见于圣旨公文的简略记载。参见其文《论蒙元王朝的皇权》，载王元化主编《学术集林》卷15，上海远东出版社1999年版。

⑥ 苏天爵编：《元朝名臣事略》卷7《平章廉文正王》引《廉希宪家传》，姚景安点校本，中华书局1996年版。

⑦ 《元史》卷102《刑法志一·职制上》，中华书局1976年点校本。

⑧ 如王恽就主张与其他朝代管理内侍一样，加授怯薛歹散官，见其文《秋涧集》卷84《论怯薛歹加散官事状》，《四部丛刊》初编本。

解的表现。元代重要机构官员由怯薛担任，但怯薛出仕以后，依然保留原先近侍组织中的职务，也就是说，他们的身份是双重的。问题是，这双重的身份谁主谁次？汉文文献记载这些人的履历和政绩时，总是罗列他们的汉语官号，而怯薛本职反被忽略，给人以外廷机构官职为其主要身份的印象；笔者看法，事实恰好相反，怯薛职衔才是他们"悉世守之"的真正身份和地位标志，而中书省宰相之类的头衔只表示一时在具体做什么事而已，相当于一种临时的差遣。① 同大蒙古国时期由几位或十来位选自怯薛的大断事官组成大断事官机构一样，元代皇帝也主要是从怯薛中挑选出来几位或十来位具体办事人员组成一个"平万机"② 的中书省；也同大断事官机构中众多大断事官职掌稍有分工，其中一位为首类似，元代宰相们也有首从之分，但区分并不明显，圆议制度在中书省实行也就成了顺理成章的事。

因为宰相充其量只是具体办事官员之一，所以元代的中书省并不具有严格意义上的决策权。诚然，其他朝代最终决策权也只操于君主手中，但宰相拥有制度化的议政和辅助决策权，如重大决策由皇帝和宰相们在朝会或其他高级别议事会议中决定；宰相有诏令的初拟权和封驳权；诏令的制成有严格的程序；皇帝的内降敕旨未经宰相副署不具有合法性；等等。这些决策权限可以说元代的中书省基本上都不具备。③ 元代的中书省只是国家最重要的执行机关和政令上传下达最高一级的行政机构，它在决策方面的功能不及怯薛，当然，怯薛本身在国家决策上也不具有对皇帝的约束力，这是元王朝与唐宋中原王朝的一个显著区别。被不少人视作汉法产物的元朝建立后成立的中书省，它与王朝保留下来的怯薛间的关系其实是大蒙古国时期大断事官机构和汗廷怯薛间关系的一脉延续。

另外，大蒙古国时期黄金家族成员与游牧民之间，特别是大汗与他的帝国臣僚间的主奴观念入元后继续保留而且弥漫到皇帝与他的各

---

① 参见拙文《元代怯薛新论》，《南京大学学报》2003年第2期。
② 陈祐：《三本书》，载苏天爵编《元文类》卷14，《四部丛刊》初编本。
③ 参见拙文《元代怯薛新论》，《南京大学学报》2003年第2期。

族官员之间。① 中书省宰相也成为皇帝的世仆和奴婢,既不复有其他朝代宰相所具有的人格尊严,更未赋予谏诤君主的权力。史料中记载了一些元代宰相劝谏的事,如至大四年九月,省臣谏仁宗止造龙舟;② 张珪任平章政事时谏仁宗止拜教坊使咬住为礼部尚书;③ 等等。与其他朝代相比,这些事情带有更多的偶然性,并不像有学者所说意味着"宰相也有谏诤的职能"④。

(五) 元代宰相制度的历史地位

以上笔者从静态的政制结构和动态的实际运作两方面论证了元代的中书省并不是中原王朝传统宰相机构的自然发展,而是大蒙古国时期大断事官机构的延续。类似的情况也出现于曾作为大蒙古国一部分的伊利汗国。伊利汗国十名上下的蒙古兀鲁思异密（amir – ulus）是一个凌驾于旧式波斯—突厥制首席大臣瓦即儿（wazir）们之上的权力集团,⑤ 它和元代的中书省分别是大蒙古国时期大断事官机构在两个被征服社会中的各自直接继承者。元代的中书省尽管拥有汉式官署名称和官职称号,但它只有施政权,决策权限方面不再具有传统宰辅机构实际运作时的"制衡君主权威的制度性安排和惯行体例"⑥。而且,由于元代官员本质上都以君主家臣和奴婢身份出现,所以元代的宰相,不论是作为宰相时所拥有的施政权,还是作为近侍怯薛时被赋予的参与决策权其实都只是君主威权的延伸,而不复有其他朝代宰相和以宰相为首的理性化官僚体系所具备的一定程度上独立于君权之外的能够强有力制约君主的权限。唐人李华《中书政事堂记》曰:"政

---

① 关于元代君臣之间主奴观念的泛化,参见周良霄《皇帝与皇权》,上海古籍出版社1999年版,第260—271页;同氏《论元代的皇权和相权》,载萧启庆主编《蒙元历史与文化》,台北学生书局2001年版;姚大力《论蒙元王朝的皇权》,载王元化主编《学术集林》卷15,上海远东出版社1999年版;等等。
② 《元史》卷24《仁宗本纪一》,中华书局1976年点校本。
③ 虞集:《道园学古录》卷18《张珪墓志铭》,《四部丛刊》初编本。
④ 张帆:《元代宰相制度研究》,北京大学出版社1997年版,第124页。
⑤ 关于伊利汗国的兀鲁思异密,参见 [日] 本田实信《札剌伊儿朝蒙古异密制度考》,载氏著《蒙古时代史研究》,东京大学出版会1991年版。
⑥ 姚大力:《论蒙元王朝的皇权》,载王元化主编《学术集林》卷15,上海远东出版社1999年版。

事堂者，君不可以枉道于天，反道于地，覆道于社稷，无道于黎元，此堂得以议之。"① 宋度宗时，有臣僚言："政事由中书则治，不由中书则乱，天下事当与天下共之，非人主所可得私也。"② 这些现象，在元代都是不可想象的。元后期，虽说出现了一些"专权自恣"③ 的权相，但他们身上的重权只是任意挥洒的君权的一部分，是因为君主本身荒怠失检，导致大权旁落，"威福下移"④，他们才得以"独秉国钧"⑤ 的。这些盗用主子威权的家奴，并不像有些学者认为的会动摇皇权，皇帝要罢免他们其实非常容易。

　　明初中书省宰相权限可能同元代有些差异，因为明代没有元朝怯薛那样的组织；但元代中书省缺乏决策权、君臣间成主奴关系的事实一定会给雄猜的朱元璋以仿效的榜样，⑥ 而且他还要进一步剥夺中书省仅有的施政权。因此，宰相制度的彻底取消，元代实际上已做了大半工作。清高宗《书程颐论经筵札子后》云："夫用宰相者，非人君其谁为之？使为人君者，但深居高处，自修其德，惟以天下之治乱付之宰相，己不过问……此不可也！且使为宰相者，居然以天下之治乱为己任，而目无其君，此尤大不可也。"⑦ 元代的宰相制度可以使明清的皇帝用不着为此担心。当然，传统宰相制度的消亡，是从辽金开始的，但这两个朝代统治中国的范围有限，汉式的政制传统在局促南方的两宋仍保留了下来；随着元王朝对南宋的征服，也就基本上终结了传统中原王朝式的中枢政治结构。

---

　　① 李华：《中书政事堂记》，载《全唐文》卷316，光绪二十七年广雅书局刊本。
　　② 《宋史》卷405《刘黻传》，中华书局1976年点校本。
　　③ 《元史》卷138《伯颜传》，中华书局1976年点校本。
　　④ 《明太祖实录》卷14，甲辰（1364）正月戊辰，台湾"中研院"历史语言研究所校印本。
　　⑤ 《元史》卷138《伯颜传》，中华书局1976年点校本。
　　⑥ 姚大力认为元代君臣关系之间的主奴观念没有在明代君臣关系中留下直接的痕迹，但是我们从明代皇帝对臣下上奏批答中的粗暴口吻和命令语气——与唐代天子非常友好的态度形成鲜明对比——以及对臣下施行的廷杖、种种虐待和各式各样的酷刑记录中还是可以看出君主将臣僚事实上是当作奴仆对待的。参见姚大力《论蒙元王朝的皇权》，载王元化主编《学术集林》卷15，上海远东出版社1999年版；吴晗《论绅权》，载北京市历史学会主编《吴晗史学论著选集》第2卷，人民出版社1986年版；等等。
　　⑦ 清高宗：《御制文二集》卷19《书程颐论经筵札子后》，《影印文渊阁四库全书》本。

最后，笔者对元代中书省下为何另设断事官机构作一番猜测以结束本文。中书省是在忽必烈依托汉人同阿里不哥争位这样的特殊情境下成立的，它的名称和各种官号显然是汉人所起。为了不至于和原先大断事官机构名号上脱离太远，忽必烈另设数员断事官，以向蒙古官员表示自己并未数典忘祖，同时也含有牵制汉人官员的意图。中书省初设时期断事官职权如何，很遗憾的是现存史料中很少有直接记载；但笔者认为《元史》卷85《百官志一》中所说"国初尝以相臣任之，其名甚重"，大概是对的。第一，《析津志辑轶》"朝堂公宇"门引王思诚《中书断事官厅题名记》也说"中统、至元间，尝以丞相领之"。第二，《元史》卷5《世祖本纪二》记中统三年（1262）五月，"以左丞相忽鲁不花兼中书省都断事官"，大概就是领断事官的意思。第三，世祖朝前期，行中书省也设断事官，"时断事官之为职仍国旧典，剖决刑政，其任甚重，非上所识察者弗授也"①；行省如此，都省断事官当也是"其任甚重"的。

其后的事实，特别是汉人势力在中书省中衰落，表明中书省本质上并没有成为汉式官署，这样，"其名甚重"的断事官和中书省宰执职掌就会重叠，因而将前者降为"其人则皆御位下及中宫、东宫、诸王各投下怯薛丹等人为之"②的机构。同样的原因，枢密院中的断事官则于至元元年十二月罢去。③ 中书省尽管本质上是蒙古制的，但元代于临民层次上又行汉制，所以由按中原传统建制的刑部负责审理刑狱。对于行政简单的蒙古统治者来说，邢狱其实是他们政治生活中很重要的一项内容，札鲁忽赤设置初衷就是要"察明诈伪，按体例应处死的处死，应罚的罚"④；将这项司法之权完全移交给汉式机构刑部，对蒙古上层来说显然是不能接受的，所以刑部之外，也在中书省之外，又另有札鲁忽赤（也被称为"断事官"）设置，以与刑部争权，后来发展成大宗正府。据《元史》卷205《阿合马传》，"大宗正府"

---

① 虞集：《道园类稿》卷42《昔里哈剌襄靖公神道碑》，台湾《元代珍本文集汇刊》本。
② 《元史》卷85《百官志一》，中华书局1976年点校本。
③ 《元史》卷5《世祖本纪二》，中华书局1976年点校本。
④ 《元朝秘史》第203节，《四部丛刊》三编本。

一名取自阿合马,忽必烈也喜欢,他们显然都没有弄懂以往朝代宗正府的含义和职责而给这个札鲁忽赤群体胡乱起了个汉名。中书省外的札鲁忽赤被赋予管刑狱、词讼之权,引起了枢密院于至元八年正月重设"掌处决军府之狱讼"[①]的断事官;也使得中书省中断事官后来也具有了一定的复审疑狱权,如元中后期起五府断狱制中,代表中书省的就是断事官。[②]行中书省断事官似乎成立不久就主要掌辖区内司法刑狱,以后改署名为理问所。[③]蒙古制度,官称简单,同一官号,不同时间、不同场合职掌就不一样;延续到元朝,同名异职现象非常普遍。像札鲁忽赤(断事官),有时职掌限于刑政,有时又为总管一切政务的行政官,有时还专指投下在中书省的代表;这就使得《元史》卷85《百官志一》"中书省断事官"条、卷86《百官志二》"枢密院断事官"条和卷87《百官志三》"大宗正府"条中的有些记载显得混乱。因此,不能完全用中原王朝相对齐整的官制标准来理解甚至比附元朝的官制。值得注意的是,中书省中断事官的设置,容易让人们产生误解,以为除此以外,中书省就是汉制的了,实际情况不是这样。

二　元代怯薛新论[④]

(一)

怯薛(Keshig)是元王朝政治体制中的特殊组织,它的前身是成吉思汗建国前聚集在自己身边的一批称为那可儿(nökör,意为伴当、伙伴)的亲兵组成的卫队。成吉思汗即汗位后,将这支护卫军扩充成一万人的怯薛,包括一千名宿卫,一千名箭筒士和八千名散班。宿卫值夜班,箭筒士和散班值日班,各分四队,轮番入直,每番三昼夜,总称四怯薛;成吉思汗令他最亲信的那可儿博尔忽、博尔术、木华黎、赤老温四家世袭担任四怯薛之长。根据学者研究,后来也时常有

---

① 《元史》卷7《世祖本纪四》、卷86《百官志二》,中华书局1976年点校本。
② 张帆:《元代宰相制度研究》,北京大学出版社1997年版,第151页。
③ 虞集:《道园类稿》卷46《靖州路总管捏古台公墓志铭》,台湾《元代珍本文集汇刊》本。
④ 本节内容原载《南京大学学报》2003年第2期,收入本书时作了较多修改。

以皇帝亲信人物或其他有名功臣后代来代领怯薛长的。①

怯薛的主要职责是保卫大汗的金帐和分管汗廷的各种事务,他们职掌世袭。根据接近天子的程度,怯薛成员大体上可分为"预怯薛之职而居禁近者"和"宿卫之士"两大部分。前一部分执役殿庭,总数当数百人至千余人。元代高级官员,特别是中书省、枢密院、御史台和各行省负责人,大多出身于这些"好根脚出身"的"天子左右服劳侍从执事之人",而且他们的升迁比较迅速,所以时人谓"凡入官者,首以宿卫近侍"②。四怯薛长多为蒙古开国功臣之后,被称为"大根脚",更受到特殊优遇,出官辄为一品。

怯薛出仕以后,依然保持怯薛中的职务,"虽以才能受任,使服官政,贵盛之极,然一日归至内廷,则执其事如故"③;出任中央机构重要官职的怯薛,更是"昼出治事,夜入番直"④。也就是说,这些官员的身份是双重的;问题是,这双重的身份谁主谁次?汉文文献记载这些人的履历和政绩时,总是罗列他们的汉语官号,而怯薛本职反被忽略,给人以外廷机构官职为其主要身份的印象。笔者看法,事实恰好相反,怯薛职衔才是他们悉世守之的真正身份和地位标志,而中书省宰相之类的头衔只表示一时在具体做什么事而已。兹举几个突出例子为证。

例证一。世祖病危之际,驿召待命大同的伯颜回朝,伯颜一生的显赫战功和对世祖的忠贞显然是世祖选定他为"扬命群王"⑤的代言人的最主要原因。与他同时不离世祖左右的另一位顾问大臣为平章政事不忽木,但他是以怯薛身份入侍世祖的,而且很早就以怯薛身份受到世祖信赖。时任右丞相的完泽"不得入卧内",因而问曰:"我年位俱在不忽木上,国有大议而不预,何耶?"⑥世祖去世后,铁穆耳

---

① 叶新民:《关于元代的"四怯薛"》,载元史研究会编《元史论丛》第2辑,中华书局1983年版。
② 朱德润:《存复斋集》卷4《送强仲贤之京师序》,《四部丛刊》续编本。
③ 《元史》卷99《兵志二·宿卫》,中华书局1976年点校本。
④ 《元史》卷102《刑法志一》,中华书局1976年点校本。
⑤ 元明善:《丞相淮安忠武王碑》,载苏天爵编《元文类》卷24,《四部丛刊》初编本。
⑥ 《元史》卷130《不忽木传》,中华书局1976年点校本。

和随同出征漠北的知枢密院事、御史大夫玉昔帖木儿赶回漠南，玉昔帖木儿成为临时执政集团最为重要的人物。此时完泽仍然不得预议机密，只好托真金妃打听消息；真金妃召伯颜、不忽木、玉昔帖木儿探问却受到玉昔帖木儿的一顿抢白。① 在成宗即位整个过程中，我们发现官员起多大作用并不取决于他身上拥有的汉式官衔的大小而决定于他在怯薛组织中接近君主的程度。根据各人的传记材料，② 不忽木在中书省为完泽之副，但对世祖的影响远超过完泽，显然是因为他的怯薛之本职更为世祖所依赖。③ 玉昔帖木儿为博尔术之后，那时虽不为怯薛长，④ 但仍是"亲烹饪以奉上饮食"⑤ 的博儿赤；"国朝重天官内膳之选"⑥，所以他比不忽木更为君主信任，在世祖去世之后得以起核心作用。在这场皇位更迭中，官员们实际上是以博儿赤等怯薛身份而不是以御史大夫、平章政事、中书右丞相等地位来行事的，不然难以说明按传统政制应当位极人臣的中书右丞相居然没有一点置喙发言权。

例证二也同皇位更迭有关。萧功秦先生认为元成宗死后中书省右丞相哈剌哈孙拥立海山兄弟的成功主要凭借中书省行政中枢，⑦ 李治安先生分析这段史实时，正确指出"实际上怯薛卫士居中的作用远远

---

① 《元史·不忽木传》将真金妃召三人问事系之于世祖弥留之际，误。据《元文类》卷23所收阎复撰《太师广平贞宪王碑》，玉昔帖木儿随铁穆耳镇北，直到"鼎湖上仙"，方"奉銮驭而南"，因此真金妃召问三人之事只能发生在铁穆耳南还之后。

② 不忽木的传记材料主要有赵孟頫撰《鲁国公谥文贞康里公碑》，载氏著《松雪斋集》卷7，《四部丛刊》初编本；苏天爵节录姚燧撰《神道碑》、王弻山撰《墓志》入《元朝名臣事略》卷4，题称《平章鲁国文贞公》，姚景安点校本，中华书局1996年版；《元史》卷130《不忽木传》，中华书局1976年点校本。完泽的传记材料主要有苏天爵《元朝名臣事略》卷4《丞相兴元忠宪王》引阎复撰《丞相兴元忠宪王勋德碑》；《元史》卷130《完泽传》。

③ 不忽木和完泽在怯薛中的职掌，他们的传记材料均未明确记载，但根据文字表述，可明显看出不忽木更接近君主。

④ 参见叶新民《关于元代的"四怯薛"》，载元史研究会编《元史论丛》第2辑，中华书局1983年版。

⑤ 《元史》卷99《兵志二·宿卫》，中华书局1976年点校本。

⑥ 阎复：《太师广平贞宪王碑》，载苏天爵编《元文类》卷23，《四部丛刊》初编本。

⑦ 萧功秦：《论元代皇位继承问题》，载南京大学元史研究室编《元史及北方民族史研究集刊》第7集，1983年。

超过中书省"①。当时任职中书省的官员,包括左丞相、平章政事、右左丞等绝大多数附和成宗后和阿难答,哈剌哈孙是没法控制他们的;他的成功缘于"出总宿卫"②,得以引导怯薛向背。这再一次说明,中书省机构和右丞相职位实际上是发挥不了多大作用的。

例证三。《元史·董文忠传》记:"自安童北伐,阿合马独当国柄,大立亲党,惧廉希宪复入为相,害其私计,奏希宪以右丞行省江陵。文忠言:'希宪,国家名臣。今宰相虚位,不可使久居外,以孤人望,宜早诏还。'从之。十六年十月,奏曰:'陛下始以燕王为中书令、枢密使,才一至中书。自册为太子,累使明习军国之事,然十有余年,终守谦退,不肯视事者,非不奉明诏,盖朝廷处之未尽其道尔。夫事以奏决,而始启太子,是使臣子而可否君父之命,故惟有唯默避逊而已。以臣所知,不若令有司先启而后闻,其有未安者,则以诏敕断之,庶几理顺而分不逾,太子必不敢辞其责矣。'帝即日召大臣,面谕其意,使行之。复语太子曰:'董八,崇立国本者,其勿忘之。'"唐长孺先生分析这段史料时说:"理论言之,元良(董文忠——引者注)之位不宜干涉国政,宜为刘、商、姚、许诸公之所熟知,然而董八之奏,众口无异辞,乃知之时势迁易,不独儒生经常之恒言不可与论当年时势,而亦舍此无以抗阿合马也。"③ 又据虞集记载:"(至元)二十二年(1285),拜中奉大夫、江淮等处行中书省参知政事,公(董文用)力辞上前曰:'江淮事剧,臣不敢当。'上曰:'卿家世非他人比。朕所以任卿者,不在钱谷细务也,卿当察其大者,事有不便,第言之。'公不敢辞,遂行。行省长官者,素贵倨多傲,同列莫敢仰视,跪起禀白,如小吏事上官。公则坐堂上,侃侃与论是非可否,无所迁就,虽数忤之不顾也。有以上命建浮屠于亡宋故宫

---

① 李治安:《怯薛与元代朝政》,《中国史研究》1990 年第 4 期。
② 刘敏中:《丞相顺德忠宪王碑》,载苏天爵编《元文类》卷 25,《四部丛刊》初编本。按:李治安先生认为哈剌哈孙时"身兼怯薛长",恐怕未必。参见[日]片山共夫《元朝四怯薛的轮番制度》,《九州大学东洋史论集》6,1977 年;叶新民《关于元代的"四怯薛"》,载元史研究会编《元史论丛》第 2 辑,中华书局 1983 年版。
③ 唐长孺:《蒙古前期汉文人进用之途径及其中枢》,载氏著《山居存稿》,中华书局 1989 年版。唐先生分析有些失误,时"刘、商、姚、许诸公"有些已不在人世;不过,"理论言之,元良之位不宜干涉国政"还是对的。

者，有司奉行甚急，天大雨雪，入山伐木，死者数百人，而犹欲并大建佛寺。公坐中谓其人曰：'非时役民，民不堪矣，少徐之，如何？'长官者曰：'参政奈何格上命？'公曰：'非格上命也，今日重困民力，失民心者，岂上意邪？'各拂袖去，然竟得少舒其程。"① 行状中提及的"素贵倨多傲，同列莫敢仰视"的行省长官是行省左丞相忙兀台，他也是宿卫士根脚出身；"以上命建浮屠于亡宋故宫"的是江南释教总摄杨琏真加。这两人都是元代有名的专横跋扈之辈，董文用能忤他们的意愿，并非缘于他的居行省官之末的参知政事身份，而是因为在怯薛组织中他比忙兀台更接近君主——董文用很可能是世祖的必阇赤。从这两段引文中，可以看到，董氏兄弟在政坛上有所建树，都缘于他们的怯薛地位而非外廷官职。

例证四。《元史·阿鲁图传》记载，阿鲁图为右丞相时，同左丞相别儿怯不花有些不和，"别儿怯不花乃讽监察御史劾奏阿鲁图不宜居相位，阿鲁图即避出城。其姻党皆为之不平，请曰：'丞相所行皆善，而御史言者无理，丞相何不见帝自陈，帝必辨焉。'阿鲁图曰：'我博尔术世裔，岂丞相为难得耶？但帝命我不敢辞，今御史劾我，我宜即去。盖御史台乃世祖所设置，我若与御史抗，即与世祖抗矣。尔等无复言'"。传记作者尽力将传主塑成传统贤相形象，但一句"岂丞相为难得耶"仍透露出他并没把丞相当一回事。张帆先生研究，世领怯薛长的四大家族成员并不像人们想象的那样在宰相选用中占特别大的比重，② 这也说明了同样问题。

笔者看法，元代众多主要官员最为关心的是维持怯薛身份，维持"好根脚出身"和"大根脚"地位，而不是外廷具体的职事，后者只不过是一种临时的差遣。泰定元年（1324）十月，"命左、右丞相日直禁中，有事则赴中书"③；顺帝后至元二年（1336）十月，"诏：'每日，右丞相伯颜（时为独相——引者注），太保定住（时为中书平章——引者注），中书平章政事孛罗、阿吉剌聚议于内廷'"。④ 这

---

① 虞集：《道园类稿》卷50《董文用行状》，台湾《元代珍本文集汇刊》本。
② 张帆：《元代宰相制度研究》，北京大学出版社1997年版，第90页。
③ 《元史》卷29《泰定帝本纪一》，中华书局1976年点校本。
④ 《元史》卷39《顺帝本纪二》，中华书局1976年点校本。

些时候,"中书宰执视事不常,聚散无度,日趋禁中,有兼旬不至中堂者,僚佐曹掾恒不得同堂议政"①,中书省简直成了可有可无的虚设机构。元代双重身份的官员重怯薛世掌轻外廷职事的原因在于怯薛组织是巩固并强化其成员同君主间主奴关系的工具,而在元朝家产制统治方式下,做君主的奴婢是臣民的一种荣耀:入了怯薛,当了奴婢,尤其是做了怯薛中的近侍怯薛,就不用担心没有发挥政治作用的空间,不用担心没有骄人的礼遇。

(二)

元代近侍怯薛除了作为高级官员主要来源外,还有诸多"干预朝政"的行为。不少人认为怯薛的预政妨碍了中书省等机构的正常运作,是元代政治生活中的非常行为。事实上,元代任相者多同时在怯薛内任职,前面指出,元代高级官员的双重身份中,怯薛职掌又是主要的,而宰相之类只是一时的差遣。退一步说,即使中书省有一定的独立性,它是否被赋予其他朝代宰相机构所拥有的决策方面的权限呢?笔者认为,答案是否定的,在这方面,中书省的地位其实不及怯薛。

其一,元朝始终没有中原王朝皇帝定期上朝听政的朝会制度,重大决策往往是皇帝在内廷独自或和部分官员(包括当值怯薛)商议后作出的。至元十五年六月甲戌,因昂吉儿一番涉及江南官冗的报告,世祖当场一口气作出一系列重大决策,其时除一名平章政事以怯薛身份当值外其余宰相均缺席。②除中书省可直接向皇帝奏禀政务外,元代枢密院、御史台等机构也许自言所职;可以想象另有更多决策的形成也是在宰相缺席的情形下作出的。元代制令权也不归中书,这一点下面论及,因此元代宰相是可以不与闻决策的。当然内廷决策,有时当值怯薛中刚好有身兼宰相者,这时他们得以"献替可否"③;有时皇帝也会召中书宰相入宫商议,但不论哪种情形,宰相拥有的决策功能都无法同其他朝代御前决策会议上的宰相议政相提并论。

---

① 宋褧:《燕石集》卷15《宋本行状》,《北京图书馆古籍珍本丛刊》本。
② 《元史》卷10《世祖本纪七》,中华书局1976年点校本。
③ 《元史》卷177《陈颢传》,中华书局1976年点校本。

专题篇

其二，宰相没有独立的造命和出令权。元代宰相每天在中书省共同议事，拟定初步的决策方案；宰相也可召集主持百官集议，集中群臣意见。然后再将这些初步的决策方案和群臣意见上奏皇帝，供后者决策参考。① 然而宰相决策方面的权限大致只到此为止，尽管"大多数场合，皇帝对宰相集体讨论后作出的施政方案，基本上都是会批准的"②；集议的意见总结，特别是元后期丞相拍板的决定也往往能形成最终的决策，但终究不等同于宰相有造命和出令之权。

元代诏令的出台是由皇帝身边的怯薛具体操作的，这里包括两个过程。第一，官员的奏章和入疏由怯薛送至御前，奏闻过程和其他内廷决策经过也由怯薛加以笔录；第二，诏旨的撰拟和发布由怯薛为之。在这两个过程中，具体办事人员大多有"起居注""给事中""蒙古翰林""内八府宰相"等汉式或准汉式官号，但他们的实际身份当是内廷主文书的必阇赤或主口译的怯里马赤。

元代的大部分诏令就由这些必阇赤们根据内廷庙议的决定用蒙文来撰写，完成以后除了不涉及汉人事务的以外，都需要在基本保留蒙语文本原有词序的情况下对它们机械地逐字"硬译"而成汉语文本，这两种文本的诏令都称为"圣旨"。我们没有找到圣旨成文后再由皇帝审核的证据，大概是不需要这一步骤而直接交给中书省或其他执行机构或由中书省转发到其他官署去付诸实施的。另外，元代翰林国史院中的汉人大臣也经常得以直接用汉文代皇帝起草即位、命官、祭祀等文书，它们被称为"诏书"。诏书要由蒙古翰林院译成蒙文，以便两种文本同时发表，此即时人所谓"诏诰出于代言者之手，又循文而附诸国语"③。诏令如此两分，圣旨和诏书比较起来，按中原王朝习惯，诏书的地位应当高于圣旨；但元代圣旨才是具体执行的诏令，诏书则大多只有粉饰文治的效用。

与唐宋诏令的撰拟和颁布过程相比，元代有三点值得注意的特殊

---

① 张帆：《元代宰相制度研究》，北京大学出版社1997年版，第109—123页；另参见拙文《元代的百官集议》，《中国史研究》2000年第2期。
② 张帆：《元代宰相制度研究》，北京大学出版社1997年版，第111页。
③ 虞集：《道园类稿》卷21《送谭无咎赴吉安蒙古学官序》，台湾《元代珍本文集汇刊》本。

性。第一，唐宋大部分诏令由宰相手下官员撰拟，当制官员如果以为王命不当，可以拒绝撰拟，即有封缴、封还词头之权；翰林学士掌内命时也有这种权力。元代宰相多不与闻决策，更无造命出令之权，执其事的怯薛未见有封还词头的实例，想来也不敢这样"放肆"。第二，唐宋诏令初拟后，需经门下省审核，主其事者为门下省的给事中。送审的诏令如有不便，给事中可以扣下呈缴，即有封驳权。元代诏令撰拟后没有由另一机关审核的程序，自然更不会有诏令发出之前被封驳的事情发生。英宗时有人建议，以翰林国史院掌封驳之任，未获采纳。① 元虽有给事中一职，但和唐宋给事中性质完全不同。第三，唐宋诏令颁降之后，各执行部门发现"有未便者，皆应执奏"②，可执奏的诏令甚至包括那些未经宰相副署而直接下达执行部门的斜封、内降诏敕。张帆先生认为元代宰相拥有封驳权，③ 其实他说的是诏令颁下以后的复奏权。这种复奏和前代执奏并不是一回事，"执奏多指奉敕令者不同意敕令裁定，因而扣留不执行"；"复奏的本意则似乎是把君主原已作出的决断再向他本人呈报一遍，由他重行斟酌是否妥当"④。《元史》卷83《选举志三·铨法中·凡选用不拘常格》云："亦有传敕中书，送部复奏，或致缴奏旨，斯则历代以来封驳之良法也。"其实只是因为复奏使皇帝收回原敕而形成类似前代驳正诏令的效果，史臣误将其与封缴词头和封驳看成了一回事。实际上在元代，如果复奏无效，执行机关包括中书省是不可以不阿从的。有时诏敕不宜，复奏还很冒风险。⑤ 另外，怯薛自内传旨，有很多根本就是妄传，也有一部分是趁君主疏忽时蒙混奏准的，因此，"诸臣传旨，有疑者须复奏"⑥ 的规定还带有确认口传圣旨的真实性和防止那些乘间奏请

---

① 《元典章》新集《朝纲·中书省·纪纲·不许隔越中书省奏启》，台湾故宫博物院1976年影印元刊本；又参见张帆《元代宰相制度研究》，北京大学出版社1997年版，第126页。
② 《资治通鉴》卷193《唐纪九》，贞观四年七月，中华书局1956年点校本。
③ 张帆：《元代宰相制度研究》，北京大学出版社1997年版，第125—128页。
④ 姚大力：《论蒙元王朝的皇权》，载王元化主编《学术集林》卷15，上海远东出版社1999年版。
⑤ 例见《元史》卷184《王克敬传》，中华书局1976年点校本。
⑥ 《元史》卷5《世祖本纪二》，中华书局1976年点校本。

的王命扰乱国事的特殊作用。①

其三，唐宋两代直接由内宫颁出的皇帝批示，即那些被称为"斜封墨敕""内批""内降""中批""中旨"的皇帝指令，因无宰相副署，往往被认为不合法或"非盛世之事"②，执行部门可根据实际情况决定给予执行抑或拒绝。唐刘祎之有"不经凤阁（中书）鸾台（门下），何名为敕"③的著名质疑。宋代只有短时期内规定"内批指挥，并作奉圣旨施行"④；大多时候，诏令原则上"非经二府者，不得施行"⑤。元代诏令颁布本来就不经过中书省，宰相副署权更是无从谈起。

笔者认为，元代的中书省只是国家最重要的执行机关和政令上传下达最高一级的行政机构，它在决策方面的功能不如怯薛，而所谓的怯薛预政，就不属于非常行为，乃是他们参决政务的合法形式和途径。⑥将这种参政方式看成是少数近臣在僭越、篡夺宰相权力，甚至认为是皇帝用来挟制宰相的手段，其实是在拿中原王朝的政制模式去套并不一样的元王朝的政治结构。元代虽然屡有不得隔越中书奏事的规定，且不说它们都是一纸空文，即便照此执行，也不会动摇怯薛在国家政治组织中的特殊地位，同时也得不出中书省权重的结论。

（三）

本文上述内容得出两个结论：第一，元代重要官员的怯薛职掌实比外廷官衔更为重要，至少不比它次要；第二，怯薛预政是元代常态的政治制度。这里，笔者需要补充说明两点。其一，在国家决策方面，中书省宰相的作用不如怯薛，这并不意味着在整个国家政治体制

---

① 姚大力：《论蒙元王朝的皇权》，载王元化主编《学术集林》卷15，上海远东出版社1999年版。
② 曾肇：《上徽宗论内降指挥不可直付有司》，载赵汝愚编《宋朝诸臣奏议》卷23，上海古籍出版社1999年点校本。
③ 《旧唐书》卷87《刘祎之传》，中华书局1975年点校本。
④ 《宋史全文》卷11《宋神宗一》，熙宁元年九月，《影印文渊阁四库全书》本。
⑤ 蔡承禧：《上神宗论除授不经二府》，载赵汝愚编《宋朝诸臣奏议》卷47，上海古籍出版社1999年点校本。
⑥ 另参见萧启庆《元代的宿卫制度》，载氏著《元代史新探》，台北新文丰出版公司1983年版。

中中书省的作用也不重要。中书省毕竟是元朝最重要的政令执行机构，而且该机构中主要宰相本身也多来自怯薛。而作为特殊的组织，怯薛在国家政事中的地位如何估计，这倒是一个较难回答的问题。不同的人会有不同的看法，笔者认为，它的政治职能至少不亚于中书省。当然，它也和中书省一样，不具有任何约束皇权的能力，唐宋官僚制度中一些牵制君主权力的做法，如唐代的政事堂制度等，元朝大多没有引进。其二，近侍怯薛在国家政治事务中作用大小，与他的怯薛职务有没有密切对应关系，这是一个更难回答的问题。在君主极度专制的体制内，臣僚能有多大作为难免受到君主一时喜怒之影响，这种情况下，臣僚本身位居何种职位，可以不重要。《元史》卷14《世祖纪十一》载："（至元二十三年七月），总制院使桑哥具省臣姓名以上，帝曰：'右丞相安童，右丞麦术丁，参知政事郭佑、杨居宽，并仍前职。以铁木儿为左丞。其左丞相瓮吉剌歹，平章政事阿必失合、忽都鲁皆别议。'"一股脑儿拟定了中书省所有宰执名单的桑哥此时只是一个管佛教徒的总制院使，他恐怕连怯薛都不是。但是，君主一味地凭一己喜怒而选择、支使臣僚也是难以想象而且也是不大可能的。元朝皇帝平时多跟怯薛接触，怯薛的职务不同，接近君主的程度也就相应会有些差异，这些职务对怯薛的政治作用无疑会产生一定影响。《元史》卷10《世祖本纪七》载："（至元十五年五月），诏谕翰林学士和礼霍孙，今后进用宰执及主兵重臣，其与儒臣老者同议。"表面上看，这是一件匪夷所思的事，司文翰的翰林学士和礼霍孙怎么会被赋予进用宰执及主兵重臣之权？实际上，翰林学士只是和礼霍孙的外廷职务，他是以怯薛中必阇赤的身份被赋予重任的。在各种怯薛职务中，必阇赤被皇帝重用的实例时有记载。

三　元代的百官集议[①]

（一）

大蒙古国时期，由蒙古贵族，包括"后妃、宗王、亲戚、大臣、

[①] 本节内容原载《中国史研究》2000年第2期，收入本书时作了较多修改。

将帅、百执事及四方朝附者"[①] 参加的忽里台（又译"大朝会"）是议决国家大事的最高形式。推选大汗、出征外国、发布法令、向诸王和功臣分封领地与臣民等事务都必须在忽里台上议决。如1229年的忽里台上窝阔台被立为大汗，蒙哥在1257年的忽里台上宣布伐宋。忽必烈即位后，忽里台制度予以保留，且为后代皇帝承继，但就其作用而言，不再是中央决策系统的重要组成部分。中统和至元初年，燕京行中书省和中书省的省内议事，即"堂议"制度是当时朝廷定策的主要依据。据王恽《中堂事记》，参加堂议的主要是各位相臣，忽必烈郊祀之前常常会关照他们认真议事，"凡内外之务，比还，悉裁定以闻"。议事时诸相"圆坐都省"，议定结果向皇帝奏报，皇帝批准实施，向全国颁诏执行。议事范围则有选官、民政、钞法、军事、立制、省规等军国大政。

随着六部、枢密院、御史台、翰林兼国史院、集贤院等机构的陆续设置和地方行政体制的逐步完备，元朝政治决策体系中议事方式相应多样化。大致说来，元代有以下几种主要议事方式。第一，忽里台。元朝新皇帝即位，重大事务的决定，依然举行蒙古宗王贵族和朝廷大臣一同参加的忽里台大会；但其功能和意义发生了很大变化，原先大蒙古国时期的最高决策层次地位丧失而蜕化为形式上的军国大事议决会议。第二，省议，即中书省宰相集体讨论时政。元代中书省宰相每日都要共同议事，制定各种政策措施，报请皇帝批准。第三，院议，枢密院官员商议某些军务的决策会议。第四，台议，御史台官员议事方式。第五，六部和其他机构内部议事，商议和决定内容多是各机构职权范围内的事务。第六，地方官员聚会议事。元代地方官员每日在衙门相聚，讨论有关财赋、刑狱、治安、农桑等方面问题。第七，百官集议，指遇有重大军国政务，召集朝廷大臣共同讨论商议，最后由皇帝裁断的决策制度。第八，廷议。元代不存在皇帝定期上朝听政的朝会制度，但天子仍有不定期的接见百官讨论政事之举，

[①] 苏天爵编：《元文类》卷41《经世大典序录·朝会》，《四部丛刊》初编本。

文献中多称之为"廷议"或"朝议"①。

显然，上述几种议事方式在元代决策体系中所起的作用不尽相同。如前所述，忽里台只是形式上的军国大事议决会议，重要决策往往在皇帝与各中央官员内定后拿到忽里台上宣布，与会者即使有反对意见也不能像过去那样平等讨论，只能表示服从。② 省议所议事项，偏于一般行政，议定的结果由宰相入宫向皇帝奏禀，皇帝据此下达旨意。廷议由于是天子在场主持，议定的结果具有决定性，除非皇帝有所变更，其他人不得更改；不过这种议事方式没有制度化，因而作用必定有限。元朝重大的决策出自皇帝的独断或在内廷和怯薛及部分官员的议事，但这种对国家政治影响最大的决策方式不具有制度层面的意义；从制度层面而言，百官集议倒可以算是元朝中央决策系统中的最高层次。

（二）

百官集议是指遇有重大和复杂的军国政务，君主在作出最后决定之前，指示中央政府相关机构的主要官员进行讨论（少数情况下可由宰相召集），议论所提方案和群臣意见上奏君主，供后者作决策时的参考。大多数问题经过一次这样的会议就可以决定下来，而有些问题则需要反复辩论，多次会议，需较长时间才能决定方案。中国古代的集议制度形成于秦汉时期，以后历代多有沿袭。元代时人关于百官集议制的论述，我们只见到王恽的一篇《论百官集议事状》，收入他的《秋涧先生大全文集》卷86。张帆先生认为："根据史料记载来看，元代很早就开始推行百官集议制度，或许与王恽的上言不无关系。"③按，王恽此文作于他任监察御史之后（王恽至元五年受职），但元代集议制度在中统四年枢密院设立之后就有了记载。如至元三年十月，

---

① 台湾学者杨国藩先生在《元代中央政治制度》（台北商务印书馆1982年版）一书中，专列一节介绍元代的十种议事形式，见该书第131—149页；但分类不够明确，对它们的作用分析也有些问题，笔者未从其说。

② 萧功秦：《论元代皇位继承问题》，载南京大学元史研究室编《元史及北方民族史研究集刊》第7集，1983年；又参见陈高华、史卫民《中国政治制度通史·元代》，人民出版社1996年版，第42—43页。

③ 张帆：《元代宰相制度研究》，北京大学出版社1997年版，第117页。

"太庙成,丞相安童、伯颜言'祖宗世数、尊谥庙号、增祀四世、各庙神主、配享功臣、法服祭器等事,皆宜定议。'命平章政事赵璧等集群臣议,定为八室"①。笔者认为,当军事、监察等事务逐渐从行政系统中脱离,省议对象逐步局限于税粮、差发、人事等事务后,原先由堂议所议的一些军国大政就自然而然地改由百官集议这一新的议事方式来商讨了,百官集议制度推行似乎与某个人的上言关系不大。但这种议事方式能不能看作是忽必烈采纳的一种汉式制度,还需要进一步研究。

元代集议的议事过程,《中国政治制度通史·元代》一书认为:"凡要决断国家之事,中书省、枢密院、御史台先各自召集本部官员,商量有关事宜,提出方案和措施,然后三大机构的主要官员,聚在一起,讨论方案的可行性,把意见上报给皇帝。"②需要用这种方式议事的情况其实比较少。院、台有自行上奏军务和台内事务的权力,他们所提的方案和措施若一时定不下来,一般也需要由皇帝下诏,令与中书省官员共议。倒是一些次一级机构,像六部、宗正府等,在遇到棘手问题时可上呈中书省,由宰相召集官员集议处理。如延祐六年正月,"帝御嘉禧殿,谓札鲁忽赤买闾曰:'札鲁忽赤人命所系,其详阅狱辞。事无大小,必谋诸同僚。疑不能决者,与省、台臣集议以闻'"③。

同历代百官集议制类似,元代的这种议事方式一般也包括下诏、议事和上奏三个过程。议事的主题和基调多由皇帝决定,其信息来源主要有中央高级官员的奏事、臣民的上书陈言、近侍信臣的个人意见以及皇帝自己的意愿等。需要指出的是,元代有不少次集议,特别是世祖朝,皇帝在下诏举行之前就有了自己的主张。这种情况下召开的集议,与其说是寻求决策的参考意见,不如说是为了寻求对自己政策的支持和参与。至元五年,"宰执传旨,命公(张德辉)议御史台条例。公奏曰:'御史,执法官。今法令未明,何据而行?此事行之不

---

① 《元史》卷6《世祖纪三》,中华书局1976年点校本。
② 陈高华、史卫民:《中国政治制度通史·元代》,人民出版社1996年版,第53—54页。
③ 《元史》卷26《仁宗纪三》,中华书局1976年点校本。

易，又难中止，陛下宜慎思之。'后数日，复召公曰：'朕虑之已熟，卿当力行。'对曰：'若必欲行之，乞立宗正府……'上良久曰：'可徐行之'"①。仔细玩味这段话，笔者以为忽必烈在令集议之前就已"熟虑"了。再如，至元中期，忽必烈"诏廷臣杂议"立门下省，在诏议之前他就有"锐欲行之"的意旨。②皇帝下令集议之前的倾向性初衷有时会因群臣的意见而加以修改甚至全盘放弃，但有时也会不顾集议结果而执意行之。忽必烈多次诏令集议伐日事宜，反对者甚众，但他并不改变自己的原先决定。

元代百官集议大多由皇帝下诏举行，不过有时候宰相也可召集一些官员讨论政务，商议的结果经宰相上报皇帝，由皇帝作最终定夺。元朝大部分奏章、上疏须先经过中书省，中书省有权决定是否继续上呈，即便是实封言事，也时有被中书省扣压情况发生。这自然给宰相弄权提供了方便，但若所有的公文奏札都交给皇帝处理，不用说不恤政务和对理政兴趣不大的皇帝，就是勤政如忽必烈者也对此颇为厌倦发烦而乐于将权力下放，先由中书省省议或召集相关官员议论"孰是孰否，可行者行之"③。但是宰相决定的集议，议事范围还是多限于一些"便民利物"之事，和省议对象差不多，而不能和皇帝诏令举行的重大政务的集议内容相提并论。即便是权臣专决时期，依权臣意旨举行的讨论有关国家前途的重大政务的集议，事先一般也需经过皇帝首肯。元后期脱脱任中书右丞相时主持的四次重要集议，至正二年的议开金口河、十年的议变钞、次年的议治河、十二年的议募江南人耕种京畿地，都是经过皇帝同意而举行的。④ 只有在皇位空缺或内乱等特殊情形下，宰相才可自行召集集议，商讨军国重事，包括皇位继承等大问题。

百官集议一般由中书省宰相主持，议事地点多在中书省都堂，史

---

① 苏天爵编：《元朝名臣事略》卷10《宣慰张公》，姚景安点校本，中华书局1996年版。
② 姚燧：《牧庵集》卷15《董文忠神道碑》，《四部丛刊》初编本。
③ 《元史》卷173《崔彧传》，中华书局1976年点校本。
④ 事见《元史》卷42《顺帝纪五》、卷66《河渠志三》、卷97《食货志五》、卷138《脱脱传》、卷185《吕思诚传》、卷187《贾鲁传》等。

籍中有时也记作"中书""中书堂"。文献中有时也有"集议廷中"的说法，依常理论之，由宰相主持的会议在朝堂中进行的可能性不大。史料作者或者记载有误，错以为"廷臣集议"就在廷中进行；或者把集议和廷议弄混。《松雪斋文集》附录杨载《赵孟頫行状》中记载："召集百官于刑部议法。公（赵孟頫）适立左右，上命公往共议。"据此则集议也曾在都堂以外举行，不过类似记载少见。另外，世祖和武宗两朝，曾三度设立尚书省，最初目的都是为了理财，但一经设立就尽揽中书行政，后者反而形如虚设。世祖朝有尚书省宰相参加和主持百官集议的记载，如至元八年六月敕枢密院"干钱粮者"与尚书省共议。① 二十四年十一月集议弭盗，桑哥（尚书平章）、玉速帖木儿（御史大夫）、叶李（尚书左丞）皆有陈辞，中书右丞相安童则很可能没有参加，这次集议估计为桑哥所主持。② 到第三次立尚书省时，集议少有记载。至大二年十月，御史台臣奏罢常平仓、禁行铜钱、驰拘民间铜器、续酒禁等事之后，"有旨：'其与省臣议之'"③。此处省臣无疑是指尚书省官员。尚书省是否遵旨集议，不得而知；不过可以肯定，即便举行，仅仅"俯焉食禄"的中书省宰相也是无权主持的。

　　同历代百官集议一样，元代百官集议的出席人员也因具体情况不同而有多有少，范围也有大有小。前面提到的王恽《论百官集议事状》一文中，建议"五品以上官集议阙下"；事实上一些品秩不高甚至不入官品者有时也可入议，他们的意见有时还特别被看重。如至治年间，宋文瓒任右司都事，这是一个七品的宰相僚属官职。"湖广行省平章忽剌歹咨言广西岑世雄及黄圣许之子谋叛，请调兵四万讨之。时中书参政马来，忽剌歹之侄也，与参议王某同主允其请，集议于中书政事堂。右丞相拜住公曰：'是事属右司，宋都事首署案牍，其先言。'"宋文瓒陈述反对意见，"邀功生事，非国家之福也"。丞相纳

---

① 《元史》卷7《世祖纪四》，中华书局1976年点校本。
② 《元史》卷14《世祖纪十一》，中华书局1976年点校本。
③ 《元史》卷23《武宗纪二》，中华书局1976年点校本。

其言，后"广西果不反"①。作为一种制度化的决策方式，集议参加官员的类型相对固定。据张帆先生考订，经常性的出席人员有宰相和宰相以外的中书省官员（包括宰相的僚属和六部长贰）、枢密院官员、御史台官员、翰林国史院儒臣和集贤院儒臣五大机构主要人员。②另外，在集议某些具体问题时，五部门以外的中央有关机构官员和一些老臣、儒者也得以出席。如讨论祭祀、舆服等属太常礼仪院职掌范围内事务时，太常官得参加集议。不过，只有分掌行政、军政和监察的中书省、枢密院和御史台官员才是百官集议上的主角，他们的意见直接关系到集议的结果。两院儒臣在集议上的意见最终能否被采纳完全取决于宰相，一般说来他们在集议上扮演的只是陪客的角色。至于那些老臣儒者在集议中究竟能发挥多大作用，他们自己本人更是无法保证的。揭傒斯就曾有过牢骚："使揭傒斯有一得之献，诸公用其言而天下蒙其利，虽死于此无恨；不然，何益之有！"③

元代通过百官集议而后决策的事情很多，不同时期集议的议事范围也有所变化。大致说来，集议所议事务有这样几种类型。第一是军事与征伐事项。第二是钞法、赋役、理财等经济事项。这两类集议均以世祖朝为多。第三是官员人事管理方面和制度机构之置废的事项。人事管理方面的集议，几乎每一年都有，相对而言，至元、大德以后，举行得较少些；世祖朝，曾举行过数次有关机构设置和政区区划等问题的集议，世祖以后，制度机构之建立和变更不再成为统治者需认真对待的问题，这方面的集议也就较少见到。第四是典礼方面的事项。终元一朝，每帝在位期间都有讨论祭祀事务的集议；中原王朝群臣集议给帝、后以及其他显贵上尊号、封号之制，成宗之后诸帝也多乐意继承。第五是灾异赈济等急务。元代遇有灾异，常常召集百官泛论急务，有些官员就利用这样的集议场合借题发挥，批评时政。④此外，所谓急务还包括一些需立刻处理的具体问题，如致和元年三月，

---

① 刘基：《诚意伯文集》卷6《前江淮都转运盐使宋公政绩记》，《四部丛刊》初编本。
② 张帆：《元代宰相制度研究》，北京大学出版社1997年版，第118—121页。
③ 黄溍：《金华黄先生文集》卷26《揭傒斯神道碑》，《四部丛刊》初编本。
④ 例见《元史》卷175《张珪传》，中华书局1976年点校本。

"集议修海岸"①。元中后期的集议，大多讨论后面两种类型的事务。总的说来，元代百官集议内容多为征伐、理财、立制、典礼等军国重事和一些较复杂、难以独断的事情，而像造作工役、钱粮出入、一般的人事除拟等日常事务多不在其列。

自中书省建立以后，元代对中央和地方官员的要求也日益严格，并形成了一套较为完备的"官府常守之制"，当时称为"公规"。比如圆座、署押、掌印、上下行文等都有相应的礼仪规定和一定的程序与格式。百官集议是不定期举行的，参加的人员也不固定，它是否需要遵守或怎样遵守这些公规，史料中很少记载，尚有待进一步的考证。

（三）

参加集议的官员如果意见一致，问题好办；但在人多的会议场合，为各自利害和责任问题，政见不合以致互相攻讦则更是常事。对后一种情况，元代前期和后期的处理方法有所不同。元代前期集议中的不同政见须上报皇帝，由皇帝召集争论各方在御前就施政方略等陈述己见，辩论是非；皇帝根据他们申述的理由判别对错，决定最后方案。史籍中把这种制度称为"廷辩"或"廷对"。当然，元代廷辩制度并非仅仅为解决集议时官员意见分歧而定，凡政见不同或官员间彼此弹劾告讦，皇帝都可以通过廷辩加以调解和处理；而允许被指责为有不轨行为的官员在御前廷辩，则同廉希宪的建议不无关系，事见《元史·廉希宪传》。有学者认为史籍中多把皇帝在内廷召集官员讨论政务称之为"廷辩"②，可能不确，史料中称内廷会议为"廷议"者居多，有时也称"朝议"，称"廷辩"者好像不多。

从武宗朝起，百官集议的采用频率明显减少，且所议内容的重要程度不可与前期的"军国重事"相提并论，而多是些关于典礼的讨论或对于天灾等急务的泛泛而谈；相应地，廷辩也很少见于记载，大概这一时期因集议内容多为典礼和弭灾之论，群臣一般也不大有什么

---

① 《元史》卷30《泰定帝纪二》，中华书局1976年点校本。
② 张帆：《元代宰相制度研究》，北京大学出版社1997年版，第122页。

异议,不过皇帝仍然有时会否决集议结果。《元史·张珪传》记:泰定元年六月,车驾在上都,"先是,帝以灾异,诏百官集议";张珪等与留守大都的院、台、翰林、集贤等机构官员集议后赴上都向皇帝上奏了一篇洋洋数千言的集议意见。皇帝的答复是"不从";张珪再进谏,"帝终不能从"。燕铁木儿、伯颜专权时期,集议更少记载。脱脱任相后,百官集议形式上恢复了世祖时的定制,主要讨论关系国计民生的重大而又复杂的政务;但与前朝不同的是,丞相基本上可左右集议的结果并将此上奏皇帝。从前文提及的脱脱所主持的四次集议中,可以看到,参加集议的官员尽管在会上可以自由发表意见,但议事的结果全由丞相一人做主,然后再将这种带有权相主观意志的所谓议事结果上奏皇帝,政见不同者基本没有御前廷辩的权利和机会。这样的集议场合,百官只有附和其议才能坐稳自己的位置,否则就很可能受到排挤和贬黜。又,《元史·张翥传》记载,张翥以翰林侍读学士兼国子祭酒,"尝奉旨诣中书,集议时政。众论蜂起,翥独默然。丞相搠思监曰:'张先生平日好论事,今一语不出何耶?'翥对曰:'诸人之议,皆是也。但事势有缓急,施行有先后,在丞相所决耳。'搠思监善之。明日,除集贤学士"。这个事例能说明同样的问题。不过,元中后期宰相尤其是丞相决定集议结果并不意味着他们的权力威胁到了皇权,这是治元史者需要注意的。

第三章 族群

一 元代的畲族[①]

当今我国境内的不少民族在元代就已经形成,不过,由于史料的限制,长期以来,学界对元代南方民族的研究,一直显得有些薄弱。本文拟根据相关史料,结合前人研究成果,对中国东南民族之一的畲族在元代的情况作些探讨,不当之处,请读者指正。

(一)

关于畲族的族源,学界主要有两种意见。一种认为是非土著民族,早先是武陵蛮的一支;另一种认为是土著民族,乃古越人或古闽人后裔。两种意见都同意,在唐宋时期,畲人主要分布于今天的闽、粤、赣三省交界地区。宋人刘克庄云:"风溪洞种类不一:曰蛮、曰猺、曰黎、曰蜑,在漳者曰畲。西畲隶龙溪,犹是龙溪人也。南畲隶漳浦,其地西通潮、梅,北通赣、汀。"[②] 文天祥记载:"潮与漳、汀接壤,盐寇、輋民群聚剽劫累政。"[③] 学界一致认为,畲民、輋民均是今畲族先民。刘克庄、文天祥的记载还显示当时的人已经把畲民同其他族人区别了开来。

今天闽、粤、赣三省交界地域为山区,在交通不发达,"山重复

[①] 本节内容原载《暨南学报》2004年第1期。
[②] 刘克庄:《后村先生大全集》卷93《漳州谕畲》,《四部丛刊》初编本。
[③] 文天祥:《文山先生全集》卷11《知潮州寺丞东岩先生洪公行状》,《四部丛刊》初编本。

而险阻","舟车不通，商旅罕至"①的时代足以形成一个独立的地理单元。中央政府在这一地域内直接设置郡县的时间并不算早，大多在隋唐时期。②不过随着行政机构设置的加密，伴随而来的就是越来越多的汉人移迁到之前"蛮僚出没无常"③的这一地区。尽管我们无法估计当时的人口数字，但可以有把握地说，从唐朝起，漳、汀、潮、梅、赣这一今天三省交界地域的主要居民已经是畲民和汉人了。清杨澜《临汀汇考》卷3《风俗考·畲民附》说："唐时初置汀州，徙内地民居之，而本土之苗仍杂处其间，今汀人呼曰畲客。"④漳、潮等地情形大致也是这样。

元代畲族主要聚居区仍在漳、汀、潮、梅、赣州一带，⑤畲民历次抗元、反元斗争多从这一地带开始，其畲族领袖人物籍贯也多属这些地区（详见下文）。另外，循州一带也是元畲民活跃地带，畲族反元起义领袖钟明亮的籍贯和起事地点也可能都在循州。循州以西到增城、乐昌一带，畲民起义曾波及至此，⑥但这一地域范围内，本身是否有畲民分布，难以判定，有的话，数量也不会很多。畲民西向伸延到循州，当地也有瑶族分布，史载泰定元年（1324）五月，"循州徭（瑶）寇长乐县"⑦。也就是说，畲族西向发展，在粤东与瑶族有了共居地域，这也许是后来明代一些文献中畲、瑶相混的原因之一。据元人王恽记载，至元后期，闽东南安溪有畲为患几三十年。⑧《元史》中说："（至元十六年五月），诏谕漳、泉、汀、邵武等处暨八十四畲

---

① 李兰肹编：《元一统志》卷8《汀州路·风俗形势》，赵万里辑校本，中华书局1966年版。

② 蒋炳钊：《闽粤赣交界地是畲族历史上的聚居区——兼论畲族族源问题》，载施联朱主编《畲族研究论文集》，民族出版社1987年版。

③ 嘉庆《云霄厅志》卷11《宦绩》，"唐宦绩丁儒"条，1935年铅印本。

④ 转引自《中国少数民族社会历史调查资料丛刊》之福建省编辑组编《畲族社会历史调查》，福建人民出版社1986年版，第315页，文中"苗"字或通"蛮"。

⑤ 元代文献中经常出现"畲"字，如"畲民""畲兵""畲洞"等，实际上，"畲"当同"畲"，参见徐规《畲族的名称、来源和迁徙》，载施联朱主编《畲族研究论文集》，民族出版社1987年版。本文以下有关元代部分均用"畲"字。

⑥ 《元史》卷16《世祖纪十三》："（至元二十七年六月）广州增城、韶州乐昌以遭畲贼之乱，并免其田租。"中华书局1976年点校本。

⑦ 《元史》卷29《泰定帝纪二》，中华书局1976年点校本。

⑧ 王恽：《秋涧集》卷55《王公神道碑》，《四部丛刊》初编本。

225

官吏军民，若能举众来降，官吏例加迁赏，军民安堵如故。"① 因此，元代畲族东向发展已逾过九龙江。该诏谕中所提邵武，位于闽北；下文会提及，黄华领导的畲、汉联合反元军队有很长时间活动于今天的闽北和赣东南，有时到达浙南，元代或许有部分畲人已经北向发展到这些地区。

畲族"以刀耕火种为名者也"②。前引刘克庄文说："（畲民）刀耕火耘，崖栖谷汲。"《元一统志》记载："（汀州民）惟以耕凿为业，故无甚贫甚富之家。蚕业不宜，丝棉罕得，惟从麻枲为业。"③ 没有说明具体的耕作方式。但明代文献屡有畲民刀耕火种的记载。谢肇淛《太姥山志》卷中《游太姥山记》："值畲人纵火焚山，西风急甚，竹木迸爆霹雳，与者犯烈焰而驰下山，回望十里为灰矣。"④ 李调元《南越笔记》卷37对此有详细说明："（畲人）耕无犁锄，率以刀治土，种五谷，曰刀耕。燔林木，使灰入土，土暖而虫蛇死以为肥，曰火耨。"⑤ 实际上，直到清初，澄海畲民仍然"以刀耕火种为生"⑥，元代畲族的农耕技术应当处于这一比较原始的阶段。

畲族的槃瓠信仰由来已久，刘克庄说宋代畲民有"知其鼻祖之为槃护者"。明代王阳明征剿南赣畲民时，见"其大贼首谢志珊、兰天凤各又自称'盘皇子孙'，收有传流宝印画像，蛊惑群贼，悉归约束"⑦，"传流宝印画像"可能就是后世畲族的《祖图》。估计元代畲族也有这样的信仰以及与之相关的社会习俗，如椎髻发式、婚姻自相匹配、禁吃狗肉等。史载黄华的军队"剪发文面"⑧，马可·波罗笔

---

① 《元史》卷10《世祖本纪七》，中华书局1976年点校本。
② 顾炎武：《天下郡国利病书》卷104《广东下》，清光绪五年刻本。
③ 李兰盼编：《元一统志》卷8《汀州路·风俗形势》，赵万里辑校本，中华书局1966年版。
④ 转引自《中国少数民族社会历史调查资料丛刊》之福建省编辑组编《畲族社会历史调查》，福建人民出版社1986年版，第361页。
⑤ 李调元：《南越笔记》卷37，《丛书集成》初编本。
⑥ 严如煜：《洋防辑要》卷15《广东海防略下》，清道光刻本。
⑦ 王阳明：《王阳明全集》卷10《横水桶冈捷音书》，吴光等点校本，上海古籍出版社1992年版。
⑧ 苏天爵编：《元文类》卷41《经世大典序录·政典》，《四部丛刊》初编本。

下，有一种赴战者"剃其额发，染以兰色，如同剑刃"①，可能就是黄华的头陀军士；不过这种装束应当是非常之举。

需要说明的是，畲族是一个民族特征比较明显的民族，刀耕火种、槃瓠信仰是畲族长期以来的生活习俗，不唯元代如此。我们这里只是根据宋明等时代文献推测出在元代情况也是这样而已。至于其他的民族文化特征，如民族语言、婚丧习俗、服饰、歌会以及具体的祭祀仪式等，由于史料不足，目前还难以判断它们在元代是否已经形成。民国修《长汀县志》卷35《杂录畲客》引范绍质《瑶民纪略》，其中所述畲民社会生活尽管是明以后情形，但元代可能也大差不离，兹引述部分内容：

> 汀东南百余里有瑶民焉。结庐山谷，诛茅为瓦，编竹为篱，伐荻为户牖。临清溪栖茂树，阴翳荟郁窅然深曲。其男子不巾帽，短衫阔袖，椎髻跣足……人呼其名曰畲客。妇人不笄饰，结草珠，若璎珞蒙髻上，明眸皓齿白皙，经霜日不改。析薪荷畚，履层崖如平地。……种山为业，夫妇皆作。……俗信巫事鬼，祷祠祭寨，则刑牲庀具，戴树皮冠，歌觋者言，击铙吹角，跳舞达旦。送死棺椁无度，号泣无文，三日而葬，远族皆至，导饮极欢而去。其散处也，随山迁徙，去瘠就腴，无定居，故无酋长统摄。不输粮，不给官差，岁献山主租毕即了公事。……其性愿悫，其风朴陋，大率畏搜而多惧，望见衣冠人至，其家辄惊窜。入市贸步易丝，率俯首不敢睥睨，亦有老死不入城郭者，噫嘻是殆。所谓山野自足，与世无求，与人无争者欤！

（二）

有元一代，南方各族人民的抗元、反元斗争此起彼伏，畲民也是其中相当重要的力量。至元十三年（1276），元军占领临安，兵锋继续南下，宋遗臣张世杰等拥奉赵昰、赵昺二王在东南沿海一带继续抗

---

① 《马可波罗行记》，冯承钧译，上海书店1999年版，第368页。

元,福建、广东、江西等地义军纷纷起兵配合,其中有不少主要由畲民组成的畲军。十四年七月,漳州畲人陈吊眼和潮州畲妇许夫人统诸洞畲军配合张世杰攻打泉州蒲寿庚,① 蒲寿庚"阴贿畲军,(畲军)攻城不利"②,会元将唆都将兵来援,世杰遂去。陈吊眼大概随后降元,③ 许夫人继续跟从张世杰转战海上,后遇元兵战死百丈埔。④ 此外,潮阳一带,还有宋将陈懿等率领的畲军,后为元将哈剌歹招抚。⑤ 另外,元军在闽北也遭遇过畲军;⑥ 哈剌歹至南恩州时,尚有畲军万人降,⑦ 可见畲民的抵抗斗争范围之广。

　　元统一江南以后,畲民仍"时或弄兵相挺而起"⑧。十七年八月,陈吊眼再次反元,率军攻入漳州城,他的叔父陈桂龙也起兵响应。这支畲、汉反元队伍很快发展至十万人,"劫掠汀、漳诸路"⑨,"连五十余寨,扼险自固","官军讨之,二年不能下"⑩。元廷派完者都和高兴为福建征蛮都正副元帅,统军进讨。时黄华也已起兵,完者都先招抚黄华,授黄华征蛮副元帅,与之同讨陈吊眼。陈吊眼据寨自固,十八年底,高兴"命人挟束薪蔽身,进至山半,弃薪而退,如是六日,诱其矢石殆尽,乃燃薪焚其栅"⑪。诸多山寨被毁,但陈吊眼仍负隅抵抗。十九年初,高兴诱擒吊眼,杀之于漳州;⑫ 陈桂龙降元,后被远流。⑬ 这次反元斗争终被平定。陈吊眼起兵影响甚大,"闽中

---

　① 《宋史》卷451《张世杰传》,中华书局1976年点校本。
　② 佚名:《宋季三朝政要》附录卷6,《粤雅堂丛书》本。
　③ 王恽在《秋涧集》(《四部丛刊》初编本)卷55《王公神道碑》中称陈吊眼为"降将"。
　④ 民国《大埔县志》卷30《人物志》,1944年铅印本。该志记载,许夫人死后,"士人义而祀之"。
　⑤ 《元史》卷132《哈剌歹传》,中华书局1976年点校本。
　⑥ 《元史》卷129《唆都传》附《百家奴传》,中华书局1976年点校本。
　⑦ 《元史》卷132《哈剌歹传》,中华书局1976年点校本。
　⑧ 李兰肸编:《元一统志》卷8《汀州路·风俗形势》,赵万里辑校本,中华书局1966年版。
　⑨ 《元史》卷131《完者都传》,中华书局1976年点校本。
　⑩ 《元史》卷162《高兴传》,中华书局1976年点校本。
　⑪ 同上。
　⑫ 同上。
　⑬ 《元史》卷12《世祖纪九》,中华书局1976年点校本。

骚动"①。成宗元贞三年（1297），元廷尚下令将陈吊眼余部安插在漳州等地屯田，②他们很可能是打着陈吊眼的旗号起事的。后世修《潮州府志》记："陈遂，一名陈吊眼，漳州剧盗也。至正十六年丙申，据揭阳，分将筑城，至洪武初始降。"③饶宗颐先生修《潮州志·大事志》④引《揭阳刘志》："（吊眼）后遁入黄岐山石穴，今人指为陈吊岭。"陈吊眼至元十九年被斩，距至正十六年（1356）七十余年，方志有误；所谓洪武初始降，大概脱胎于成宗年间安排"陈吊眼余部"事。元末漳州是否另有同名陈吊眼起兵据潮州，我们未找到旁证。施联朱先生说，在潮州凤凰山群峰中，有陈吊王寨。⑤陈吊眼起兵，主要活动于漳州，一度向汀州发展，但当时文献中没有找到他们到潮州的明确记载。所谓潮州地区有陈吊岭或陈吊寨，均源于陈吊眼的反元斗争在畲民中的影响，加上不少畲人长期以来一直认为潮州凤凰山乃为他们祖先之地。

陈吊眼之后，畲民又在黄华领导下，掀起了一轮新的反元斗争。黄华是建宁政和县人，是否出身畲族，史无明文，但他领导的反元队伍史料中称为"畲军"⑥，可见同陈吊眼军队一样，畲民是主力之一。黄华早先于至元十五年十一月集盐夫并联络前述许夫人等起兵于政和，⑦不久被完者都招抚，参与平定陈吊眼，大概随后被授予建宁路管军总管⑧或建宁招讨使⑨之类的职务。二十年八月，黄华"集亡命十万人"复叛，赴战者"剪发文面，号头陀军"⑩。这支头陀军"号

---

① 许有壬：《至正集》卷61《邓公神道碑》，清宣统三年聊城邹氏石印本。
② 《元史》卷100《兵志三》，中华书局1976年点校本。
③ 乾隆《潮州府志》卷38《征抚》，清光绪十九年重刻本。
④ 1949年铅印本。
⑤ 施联朱：《关于畲族来源与迁徙》，载同氏主编《畲族研究论文集》，民族出版社1987年版。
⑥ 《元史》卷98《兵志一》："（至元二十二年九月）诏福建黄华畲军，有恒产者放为民，无恒产与妻子者编为守城军。"中华书局1976年点校本。
⑦ 《元史》卷10《世祖纪七》，中华书局1976年点校本。
⑧ 《元史》卷12《世祖纪九》，中华书局1976年点校本。
⑨ 苏天爵编：《元文类》卷41《经世大典序录·招捕》，《四部丛刊》初编本。
⑩ 同上。又据《元史》卷131《完者都传》，似乎黄华初起兵时，就号头陀军，未知孰是。

二十万"①，使用宋祥兴年号，犯政和、松溪、古田、瓯宁、崇安、浦城、信州、铅山等处。②元廷抽调准备攻打日本的刘国杰军队南下会合史弼、高兴等两浙、福建驻军，攻打黄华；二十一年，黄华在建宁自杀，"余众皆溃"③。

畲民反元斗争中声势最大、影响最广的是由钟明亮领导的畲、汉等民族联合起义。刘埙《参政陇西公平寇碑》记钟明亮是畲族，④据刘埙另文《汀寇钟明亮事略》，知钟明亮为汀州人。⑤不过，他也很可能是循州人。⑥至元二十四年冬天起兵，⑦起兵地点在临汀，一说在循州。⑧二十六年五月降，元同知江西行枢密院事月的迷失请以为循州知州，帝不允。不久，明亮复反。⑨二十七年二月，复降，诏徙至京师，江西行省左丞管如德等留不遣；明亮随即再叛，管如德等为此受帝责。⑩《参政陇西公平寇碑》中说，钟明亮起事期间，"拥众十万，声摇数郡，江、闽、广交病焉"。他们利用畲民分布地区有溪山之险的地理优势，东击西走，出没于南安、赣州、宁都、建昌、丰

---

① 苏天爵：《滋溪文稿》卷15《赵公神道碑》，陈高华、孟繁清点校本，中华书局1997年版。

② 陆文圭《墙东类稿》（《常州先哲遗书》本）卷12《吕侯墓志铭》："剧贼黄华啸聚，破政和、松溪，入古田。"《元史》卷12《世祖本纪九》："建宁路管军总管黄华叛，众几十万，号头陀军，伪称宋祥兴五年，犯崇安、浦城等县，围建宁府。"苏天爵《滋溪文稿》卷15《赵公神道碑》："公（赵伯成）抵瓯宁之黄屯，与贼遇，又败之……（贼）复屯瓯宁之板桥，公又败之。"《元文类》卷65收元明善撰《高公神道碑》："黄华反，有众十万，烧信州南门。公（高兴）统兵战贼铅山，获八千人。"

③ 《元史》卷162《刘国杰传》，中华书局1976年点校本。

④ 刘埙：《水云村泯稿》卷2《参政陇西公平寇碑》，《影印文渊阁四库全书》本。

⑤ 刘埙：《水云村泯稿》卷13《汀寇钟明亮事略》，《影印文渊阁四库全书》本。

⑥ 《元史》卷15《世祖纪十二》："（至元二十五年正月）循州贼万余人掠梅州。"此处所言循州贼，很可能就是钟明亮。《元史纪事本末》卷1《江南群盗之平》以及《新元史》卷12《本纪十二》等均将钟明亮籍贯定为循州。钟明亮第一次投降，元有人建议授他为循州知州，用投诚首领任原地长官的方式历代皆有，此亦似乎暗示钟明亮为循州人。

⑦ 钟明亮起兵时间，各书记载不一，此处采陈高华先生观点。参见陈高华《元代前期和中期各族人民的反抗斗争》，载氏著《元史研究论稿》，中华书局1991年版。

⑧ 《元史》卷165《管如德传》："钟明亮以循州叛。"刘埙《参政陇西公平寇碑》则记载："畲寇钟明亮起临汀。"

⑨ 《元史》卷15《世祖纪十二》，中华书局1976年点校本。

⑩ 《元史》卷16《世祖纪十三》，中华书局1976年点校本。

州、汀州、漳州、梅州、循州等地，① 以在梅州、循州一带活动为多。元廷视钟明亮比黄华还要难于对付。② 与此同时，闽、粤、赣等地尚有许多规模不等的反元斗争与钟明亮呼应，其中有不少以畲民为主力，如至元二十五年三月，有"汀、赣畲贼千余人寇龙溪"③。史料中我们常见首领称大老（或写作大僚）的各种抗元势力，如至元二十五年四月，"广东贼董贤举等七人皆称大老，聚众反，剽掠吉、赣、瑞、抚、龙兴、南安、韶、雄、汀诸郡"④；二十六年正月，"畲民丘大老集众千人寇长泰县"⑤；二十七年二月，"江西贼华大老、黄大老等掠乐昌诸郡"，同年三月，"建昌贼丘元等称大老，集众千余人掠南丰诸郡"⑥；前引王恽文中说安溪畲民首领有张大老等。这些队伍中应该有不少是畲民，大老、大僚可能得名于"蛮僚"，畲族在唐宋时期是蛮僚的一支。大约在至元二十七年，钟明亮去世，余部及其他势力逐渐消沉下去。

　　元代中期，少有畲民反抗斗争的记载。元后期，顺帝至元三年（1337）正月，"广州增城县民朱光卿反，其党石昆山、钟大明率众从之，伪称大金国，改元赤符"⑦，未详其中是否有畲民。这次反元斗争很快失败。四年六月，漳州南胜县李志甫反元，战漳州、龙溪等地。李志甫可能是畲族，⑧ 元廷久不能胜之，直到六年三月，李志甫被漳州义士陈君用袭杀后，才最终被平定。据嘉庆《云霄厅志》，至

---

　　① 《元史》卷15《世祖纪十二》："（至元二十五年正月）循州贼万余人掠梅州。……（三月），循州贼万余人寇漳浦。……（二十六年正月）钟明亮寇赣州，掠宁都，据秀岭。……（闰十月）钟明亮复反，以众万人寇梅州，江罗（疑为钟明亮一部——引者注）等以八千人寇漳州。"《元史》卷16《世祖纪十三》："（至元二十七年八月），以南安、赣、建昌、丰州曾罹钟明亮之乱，悉免其田租。"
　　② 《元史》卷167《王恽传》，中华书局1976年点校本。
　　③ 《元史》卷15《世祖纪十二》，中华书局1976年点校本。
　　④ 同上。
　　⑤ 同上。
　　⑥ 《元史》卷16《世祖纪十三》，中华书局1976年点校本。
　　⑦ 《元史》卷39《顺帝纪二》，中华书局1976年点校本。
　　⑧ 光绪《漳州府志》（清光绪三年刻本）卷46《艺文》收陈志方《罗公墓志铭》，文称李志甫为"南胜畲贼"。

正十一年（1351），畲民吴仲海率众攻下南胜县，未几平；① 《潮州志·大事志》引《吴府志》记载，同年有梅州畲民陈满反，至二十年始平。光绪《漳州府志》收陈志方《罗公墓志铭》中说，十九年，有南胜县畲民李国祥、陈角车起义，会同安溪、潮州等地起义队伍，攻陷汀州、龙岩、漳浦等县，转战闽西南两年多。至正二十年以后，畲族分布地域为陈友定、何真等势力范围，此时元廷已处于风雨飘摇之际，没怎么见畲民活动的记载。

（三）

畲民的反元斗争，大多发生于元军南下闽粤之后到忽必烈至元末十来年时间内。明代张溥在陈邦瞻撰《元史纪事本末》卷1《江南群盗之平》正文后所写的史评中，认为畲民在元前期接二连三的反抗与元军灭宋有关。② 宋元鼎革对于长期生活于汉族统治下的南方各族人民来说，一时难以接受当属正常，畲民在某种程度上也具有了一些宋之"殷士"的色彩。元军南下，福建、广东地区抵抗甚为激烈，其中畲民扮演了重要角色。不过，宋元易代毕竟不是畲民反抗元朝的主要原因，畲民对中央王朝的反抗不仅仅局限于元朝，历代史料中屡屡出现畲民"善惊好斗"或类似的记载。早在唐代，畲族先民的反唐斗争直接导致唐中央政府在其聚居区设置漳、汀等郡。宋代畲民的反抗也时有发生。元亡后，明代以汉人立国，正德年间畲民的反抗规模不逊于元代的历次反抗。畲民生活条件的恶劣，耕作方式的原始经常导致生产不足，在严重的情形下，为了生存，啸聚剽掠临近民族或商旅的物质资料，也是正常的事。

但是畲民对中央王朝的反抗说到底还是因为不堪忍受政府和官吏的剥削与敲诈。生活于贫困山区中，"畲（畬）民不悦（役），畲（畬）田不税，其来久矣"；但是，在唐宋时期，就出现"贵家辟产，稍侵其疆，豪干诛货，稍笼其利，官吏又征求土物蜜腊、虎

---

① 嘉庆《云霄厅志》卷11《宦绩》，"元宦绩罗良"条，1935年铅印本。
② 陈邦瞻：《元史纪事本末》，清同治十三年江西书局刻张溥论正本。

革、猿皮之类"①的情形,畲民起而造反就是正常的事了。王恽《特选行省官事状》中说,元灭宋后,不少在南方的官吏"擅科横敛,无所不至"②。加上元为发动对外战争,不断征调南方粮食和人力,给包括畲民在内的南方各族人民带来极大苦难。至元二十年五月,御史中丞崔彧就上奏:"江南盗贼相继而起,皆缘拘水手、造海船,民不聊生。日本之役,宜姑止之。"但世祖竟"以为不切"③。为筹备种种军需,畲民的土产也常被强征,"官吏贪残,故山寇往往啸聚"④。官府征讨之时,军官又"嗜利与贼通",畲民的反抗因此"尤难弭息"⑤。

畲民反元斗争曾打出宋祥兴年号,但一直为南宋守节、渴望赵宋恢复继统的福建籍宋遗民郑思肖在《元鞑攻日本败北歌并序》中并不认为他们真在谋求复宋,"然恐藉大宋之名,鼓舞人心,实私为一己之谋,图集事功"⑥。实际上,不仅畲民的反元斗争主要是为了反抗统治者的暴虐盘剥,据陈高华先生研究,元代南方其他各族人民反元斗争中,多数也不是为了复宋。⑦

施联朱先生认为元代平定畲民的反抗"造成畲族又一次大迁徙"⑧。如前所述,畲民反元多发生于忽必烈朝,逐次被平定以后,元廷安置"有恒产者为民",无恒产者组建乡兵,也称畲军。乡兵主要任务是在本地或附近屯田耕种,元代在汀州、漳州等畲民聚居地置有屯田。史载:"成宗元贞三年,命于南诏、黎、畲各立屯田,摘拨见戍军人,每屯置一千五百名。……为户汀州屯一千五百二十

---

① 刘克庄:《后村先生大全集》卷93《漳州谕畲》,《四部丛刊》初编本。
② 王恽:《秋涧集》卷92《特选行省官事状》,《四部丛刊》初编本。
③ 《元史》卷173《崔彧传》,中华书局1976年点校本。
④ 《元史》卷167《王恽传》,中华书局1976年点校本。
⑤ 《元史》卷14《世祖纪十一》,中华书局1976年点校本。
⑥ 郑思肖:《心史·中兴集·元鞑攻日本败北歌并序》,载陈福康著《井中奇书考》,上海文艺出版社2001年版,第459页。
⑦ 陈高华:《元代前期和中期各族人民的反抗斗争》,载氏著《元史研究论稿》,中华书局1991年版。
⑧ 施联朱:《关于畲族来源与迁徙》,载同氏主编《畲族研究论文集》,民族出版社1987年版。

五名，漳州屯一千五百一十三名。为田，汀洲屯二百二十五顷，漳州屯二百五十顷。"① 畲军当在这些本土地区从事屯耕，故《元史》说，"福建之畲军，则皆不出戍他方者，盖乡兵也"②。《元史》又记载："（皇庆元年）十一月戊戌，调汀、漳畲军代亳州等翼汉军于本地屯田。"③ 说明在这些地区屯田的，除畲军外还有汉军。但我们没有见到将畲民迁徙到别处的明确记载。元代畲民的分布地域广于唐宋，是自身发展的结果。元中期，畲民反元斗争甚少，是因为这段时期元在东南地区的统治比较稳定，社会矛盾没有中南、西南地区严重。元末全国范围内反元斗争风起云涌，畲民似乎也只有些零星且规模较小的行动，主要原因是因为畲民的人口有大幅的下降，但这种下降不是源于向外迁徙，而是出于前期屡次反抗造成的自身消耗和元军的疯狂报复。黄华兵败后，刘国杰不许"尽剿其余党"④，此事被大书特书，恰恰证明相反的事屡有发生。高兴焚陈吊眼山寨后，就"斩贼魁及其党首二万级"⑤。至于畲民从闽、粤、赣三省交界地区这一传统地域大规模向外迁徙，笔者认为应该是入明以后的事。

新编《元史辞典》收录"畲洞"词条，释义为："土洞名。为元时，在畲族地区实施土司制度，所设置的土司基层行政单位。"⑥ 实际上，畲洞仅是畲民居住活动的地方。明方志记："百家畲洞，在（漳平）县永福里，界龙岩、安溪、龙溪、南靖、漳平五县间。万山环抱，四面阻塞，洞口陡隘，仅通人行。其中深邃宽广，可容百余家。畲田播种，足给衣食，四方亡命者多逋聚其间。"⑦ 除畲民外，畲洞中还居住着一些逃亡至此的游手失业之人，这种情况元代就是如此。"武平南抵循、梅，西连章贡。篁竹之乡，烟岚之地，

---

① 《元史》卷100《兵志三》，中华书局1976年点校本。
② 《元史》卷98《兵志一》，中华书局1976年点校本。
③ 《元史》卷24《仁宗纪一》，中华书局1976年点校本。
④ 黄溍：《金华黄先生文集》卷25《刘国杰神道碑》，《四部丛刊》初编本。
⑤ 《元史》卷162《高兴传》，中华书局1976年点校本。
⑥ 邱树森主编：《元史辞典》，山东教育出版社2002年版，第872页。
⑦ 弘治《八闽通志》卷8《地理》，福建人民出版社1989年整理本。

往往为江广界上逋逃者之所据。或曰长甲，或曰某寨，或曰畲洞。"① 元代在云南、湖广等行省中一些少数民族聚居区实行土司制度，由土著民族首领担任各级土官，但在畲民居住区并没有建立土司制度。《元史》记载："（至元二十一年八月），放福建畲军，收其军器，其部长于近处州郡民官迁转。"② 同书又载："（至元二十四年闰二月），以宋畲军将校授管民官，散之郡邑。"③ 元代在畲民中不立土司，原因有两个方面。其一，畲民人口并不多，畲民历次反元斗争队伍中，大多应该是汉人，而经历几次规模浩大的反元斗争后，畲民人口更加少。其二，由于畲洞分散，每一畲洞内人员也不多，畲民中似乎没有形成势力很大的民族首领，前后朝代的记载可以为证。刘克庄记载："南畲（畲）三十余所酋长，各籍户口三十余家。"④ 前引范绍质文中也说畲民"无酋长统摄"。陈吊眼等人起兵，从者甚多，并不意味着他们在畲民中有多大势力。至于元政府对放为民的畲民如何管理，史无明文，不过他们既然处于刀耕火种的原始耕作阶段，即使入为版籍，除官吏的非法科敛外，也应当是"畲（畲）民不悦（役），畲（畲）田不税"的。一直到明末清初，潮州府畲民仍然只是"籍隶县治，岁纳皮张"⑤ 而已。

二　宋、元、明时期广东地区瑶民社会变迁⑥

自成书于唐朝的《梁书·张缵传》⑦中出现"莫徭"一词以来，在汉人心目中，瑶逐渐成为一个族群的专称。⑧ 这个族群的成员极可

---

① 孛兰肹编：《元一统志》卷8《汀州路·风俗形势》，赵万里辑校本，中华书局1966年版。
② 《元史》卷13《世祖纪十》，中华书局1976年点校本。
③ 《元史》卷14《世祖纪十一》，中华书局1976年点校本。
④ 刘克庄：《后村先生大全集》卷93《漳州谕畲》，《四部丛刊》初编本。
⑤ 顾炎武：《天下郡国利病书》卷104《广东下》，清光绪五年刻本。
⑥ 本节内容原载刘正刚主编《历史文献与传统文化》第18辑，齐鲁书社2014年版。
⑦ 中华书局1973年点校本。
⑧ 瑶族、瑶民、瑶人的"瑶"字，古籍中有多种写法，本文除"莫徭"外，一律统一写作"瑶"。

能自身并不认可这个外人加予的名称,他们彼此之间大概也未必有属于同一族群的认同意识,① 但在汉人眼中,该族群已从"蛮""僚"等族群统称中独立了出来,瑶民和苗、壮、畲等其他族群成员间的区别汉人大多时候也能够分清。② 同样成书于唐朝的《隋书·地理志》③云:"莫徭,自云其先祖有功,常免徭役,故以为名。武陵、巴陵、零陵、桂阳、澧阳、衡山、熙平皆同焉。"隋时熙平郡治今广东连州市,辖今连州、阳山、连南、连山等地,这是今广东省境内有关瑶民的最早记载。唐刘禹锡任连州刺史期间,写有三首关于该地莫徭的

---

① 日本学者竹村卓二说:"瑶族有着自古以来共同的民族起源神话,即众所周知的'槃瓠神话',在族源方面也自认为来源相同,同时,汉族又赋予他们'瑶'这个单一民族名称。但在这一民族范畴内,却又分出互相视为'异族'的小的社会文化单位。"参见氏著《瑶族的历史和文化——华南、东南亚山地民族的社会人类学研究》,金少萍、朱桂昌译,民族出版社2003年版,第19页。实际上,不同地方、不同支系、不同时期的瑶,他们的槃瓠神话有很大区别,对自己族群的来源问题也有差异甚大的认识。直到20世纪前期,广东连(山)阳(山)地区的八排瑶仍把该地的过山瑶"看做是瑶之'野种',称之为'野瑶',明言'过山瑶非我族类'。对此,过山瑶也是'耻于同席',反过来称之为'蛮瑶',加以蔑视"。参见张其昀《说瑶》,载同氏主编《边疆论文集》第1册,台湾中华大典编印会1966年版。汉文文献对瑶人的区分,标准不一。有时按生产聚落方式,分为过山瑶、平地瑶、深山瑶、排瑶等;有时按发型服饰作分长发瑶、版瑶、红头瑶、白裤瑶等;而盘古瑶、蓝靛瑶的得名则分别源自他们的信仰和生产物种。名称的不一,似乎也能暗示被统一称作为瑶的那部分人群,其内部在语言、信仰、习俗等方面其实有诸多不一致处。

② 以"瑶"字作为一个族群的名称始见于宋代文献,瑶与之前唐人所说的莫徭是不是同一族群的人,现有文献难以确定。同样让人感到困惑的是:宋代开始,文献中所说的瑶人,他们究竟有哪些共同的特征?他们从蛮、僚中独立出来的标志有哪些?他们与苗、壮、畲民的根本区别又到底表现在哪些方面?这样的困惑在苗、壮等族群中同样存在。正如美国学者库什曼(Cushman)在其著《瑶族史若干问题的研究》(1970年)中所说:"在公元12、13世纪之间,现在仍通行的对南方异民族的中国式称呼,完全排斥了过去古代的名称,突如其来地出现了。产生这个改变的原因完全不清楚。采取新的部族名称是否因为宋朝南迁,对华南各族得到了更加精密的报告的结果?对此,现在还无法加以判断。关于这一变化的理由,中国史料毫无记载,变化本身也颇为费解。"转引自〔日〕竹村卓二《瑶族的历史和文化》,金少萍、朱桂昌译,民族出版社2003年版,第222页。汉文文献对广东境内的瑶人,多数以地域名称称之,如曲江瑶、增城瑶、罗旁瑶等。本文只能根据这些史料文献分析广东境内被称作为瑶的那些民众的历史,至于他们为什么被视作瑶人、彼此之间有哪些实质性的共同点又有哪些差异、不同地方的瑶人是否互相认同等问题,其实是没法回答的。

③ 中华书局1973年点校本。

诗。① 刘禹锡说连州瑶民"无符籍"、自相婚姻、依山险为居、刀耕火种、"衣斑斓布"、语言"钩辀音"、祠盘瓠、喜狩猎、善用弓弩毒箭等。唐代，连州之外的今广东境内，史料中尚未见到有瑶民分布的记载。一种可能，文献不足征，汉人与瑶民的接触也很少，对他们的认识有限；另一种可能，确如文献记载的，"粤有瑶种，古长沙、黔中、五溪之蛮，生齿繁衍，播于粤东西"②，唐时他们在岭南的分布尚不广泛。

（一）两宋时期广东境内的瑶民分布和政府的瑶民政策

两宋时期，今广东境内瑶民分布甚广。

1. 粤北、粤西北地区

《宋史·蛮夷列传·西南溪峒诸蛮上》③："蛮瑶者，居山谷间，其山自衡州常宁县，属于桂阳、郴连贺韶四州，环行千余里，蛮居其中，不事赋役，谓之瑶人。"清阮元修、陈昌齐等纂道光《广东通志》④（下文简称《阮通志》）卷185《前事略五》："庆历三年（1043）……诏（杨畋）往韶、连等州招安之（瑶人），乃约贼出峒，授田为民。"清裘秉钫纂修康熙《乳源县志》⑤卷11《艺文·乳源县重修庙学记》："宋乾道三年（1167），始分曲江、乐昌四都鄙封之，然地多长山邃谷，伏窜蛮瑶，版图之民，仅千余户。"《宋史·仁宗纪三》："庆历七年（1047），诏减连州民被瑶害者来年夏租。五月己丑，补降瑶唐和等为峒主。"清姚柬之撰《连山绥瑶厅志》⑥志4《风俗》："广东初无瑶，宋绍兴中，有连州人廖姓者，仕广西提刑，归，携瑶仆十余人，散居油岭、横坑间。"前面提到，隋唐时连州就有瑶民分布，《厅志》记载有误，不过也反映，宋时连州有瑶。另

---

① 这三首诗是《莫徭歌》《蛮子歌》和《连州腊日观莫徭猎西山》，均载《全唐诗》（中华书局1960年排印本）卷354，分别是其中的第4首、第8首和第34首。《蛮子歌》是否是刘氏在连州时所作，学界尚有争议。
② 吴震方：《岭南杂记》上，《四库全书存目丛书》影印本。
③ 中华书局1976年点校本。
④ 《续修四库全书》影印本。
⑤ 中山图书馆1957年油印本。
⑥ 成文出版社《中国方志丛书》本。

外,清林述训修、单兴诗等纂同治《韶州府志》①卷38记:"宋顾孺履知英德府,招抚瑶峒。"

2. 广州地区

宋人李昂英《文溪集》②卷1:"(广州府)江湖瑶峒错落。"《古今图书集成·职方典》③卷1393:"(广州府辖东莞县)宋庆元三年(1197),盐司峻禁,瑶人遂啸聚为乱。"民国吴凤声等修、朱汝珍纂《清远县志》④卷2:"五季之交,湖广蛮溪远逾五岭,由连州入粤,清远逼近,固有瑶峒百余。"

3. 粤西、粤西南地区

清刘芳纂修乾隆《新兴县志》⑤卷26:"新兴并无黎壮等类,唯有瑶人一种,宋元时皆不甚安静。"民国张以诚修、梁观喜纂《阳江县志》⑥卷25《宦绩》:"(陈亚)宋真宗时知南恩州,地多烟瘴,瑶僚杂处。"《古今图书集成·职方典》卷1388:"帝昺祥兴元年(1278)冬十一月,德庆、泷水各山瑶作乱。"清章鸿修、邵咏纂道光《电白县志》⑦卷4:"(高州)唐宋以前,壮瑶杂处,语多难辨。"另外,《宋史·仁宗纪二》记载,景祐二年(1035)五月,"瑶僚寇雷、化州,诏桂、广会兵讨之"。这些寇雷、化州的人可能是本地瑶人,也可能是从外界而入的。

两宋时期,广东的瑶民已有生熟之分,不过生熟之界限不是特别明显。有些熟瑶,"以丁名系籍",政府授田予他们,"每丁量纳课米三斗",瑶丁也有义务保守自己的田业,一旦"生界有警,极力为卫"⑧。这种熟瑶,他们的首领会被政府封为峒主、总首等。有些瑶民,与汉民接近,但不事赋役,政府也从中"选择土豪为瑶人所信服

---

① 成文出版社《中国方志丛书》本。
② 《四库全书珍本四集》本,又暨南大学出版社1994年版杨芷华点校本书名作《文溪存稿》。
③ 中华书局、巴蜀书社1984—1988年影印本。
④ 上海书店1937年铅印本。
⑤ 江苏古籍出版社2003年影印1934年重刻本。
⑥ 成文出版社《中国方志丛书》本。
⑦ 成文出版社《中国方志丛书》本。
⑧ 马端临:《文献通考》卷24《四裔五》,中华书局2011年点校本。

者为总首，以任弹压之责"，遇饥岁时，政府还会对瑶民"籴粟以赈其困乏"。这种"以蛮瑶治蛮瑶"式的羁縻政策下的瑶民也属熟瑶。生瑶则不系版籍。不过，不论生瑶、熟瑶，宋代处理汉、瑶关系时总的原则是汉瑶分开。有些"省民与瑶人交结往来，擅易田产，其间豪滑大姓规免税役，多以产寄瑶人户下"，以致"内亏国赋，外滋兵隙"，为此，宋廷下令，"省地与瑶人相连处……明立封堠"，"不许省民将田产典卖与瑶人，及私以产业寄隐"，熟瑶之田不论税赋与否，也均"不得擅与省民交易"。此外，瑶人外围，则屯成一定兵力，"连、英、韶、广、潮、惠、循、梅、肇、南雄共二十一处，皆屯摧锋军以备"①。总之，宋政府指望的是瑶民不乱，瑶民与汉民能和平共处，对于瑶民承担的象征性的少量赋税能否征收起来并不在意。

（二）元朝时期广东境内的瑶民分布和政府的瑶民政策

元朝时期广东境内瑶民分布与宋朝大致相同。

1. 广州路一带

清顾祖禹《读史方舆纪要》②卷101《广东二》："新宁县……本新会县地。自元季以来，诸瑶煽乱，屡征不服。"清宋广业撰《罗浮山志会编》③卷2："（增城）诸瑶盘据洞中，盖自元时。"民国吴凤声等《清远县志》④卷2："元例四十峒瑶，岁征山地租税米三百石。"

2. 粤北

清姚柬之撰《连山绥瑶厅志》⑤志4《风俗》："（连州瑶人）自南宋迄元之世，二百三十余年，种甚微，伏处菁莽，史册不可得而稽也。至明洪武（1368—1398）中，瑶始强大，乃出寇。"

---

① 蔡戡：《定斋集》卷1，《常州先哲遗书》本。
② 贺次君、施和金点校本，中华书局2005年版。
③ 齐鲁书社1997年影印康熙五十六年（1717）刻本。
④ 上海书店1937年铅印本。说明一下，本文因为引用了多种史料文献，为读者阅读方便，除常见古籍和几部《广东通志》只在首次提到时标注版本信息、再次出现时不重复注明外，其他文献每次提到时都标注版本信息。
⑤ 成文出版社《中国方志丛书》本。

3. 粤西、粤西南

清刘芳纂修乾隆《新兴县志》[①]卷6："大德八年（1304），瑶贼李宗起寇新州，宣慰使都元帅阿里讨平之。"元人谢应子《新州宣慰使阿里元帅平瑶碑》详记此事，该文中说："岭以南郡新州、阳春、泷水，居万山中，瘴疠甚，崛强据其间者为瑶人，不隶版籍，平居耕食自如，一出掠不可复禁。"[②]据元人郑文遑《平瑶记》，南恩州阳江境内，"群瑶杂居……李公之兄弟□能克制群瑶，□颇静处，岁时输□者□□甚"[③]。《阮通志》卷215《金石略十七》收元人杨铸《德庆路镇遏万户王侯政绩碑》云："德庆民瑶杂处……泷水瑶连年作耗，郡县莫之能制。"清杨文骏修、朱一新等纂光绪《德庆州志》[④]卷15记载，延祐三年（1316），"德庆路瑶蛮叛，既而令山主王世禄、李伯达招降圆麻山瑶人盘郎梗、盘古缀、王穷肠等出官"。《阮通志》卷186《前事略六》记载，英宗至治三年（1323）十二月，"德庆路泷水瑶刘寅等降，诏免两广峒寨差税一年"。又《元史·泰定帝纪一》[⑤]记载，泰定元年（1324），"肇庆瑶黄宝才等降"。

元朝时属于湖广行省的高州境内也有瑶民分布。《阮通志》卷186《前事略六》："泰定四年（1327）四月，高州瑶寇电白县。"《阮通志》卷3《郡县沿革表一》："赵山，在信宜县北三十里，形势峻险，元时有瑶人赵姓者，依山而居，故名。"《阮通志》卷186《前事略六》："延祐（1314—1320）中，广西瑶贼掠雷州。"雷州元朝时也隶属湖广行省，《志》中所说"广西瑶贼"可能有部分是雷州本境瑶民。另外，《阮通志》卷186《前事略六》还记载，"泰定元年（1324）五月，循州瑶寇长乐县"，看来元朝时粤东地区也有一些瑶民。

元政府对广东瑶民的政策基本沿袭宋朝：对熟瑶首领，授予峒主

---

① 江苏古籍出版社2003年影印1934年重刻本。
② 此文载近人吴道镕原稿，张学华增补《广东文征》卷5，香港中文大学出版社1974年排印本。
③ 此文载冼剑民、陈鸿钧编《广州碑刻集》之9，广东高等教育出版社2006年版。
④ 成文出版社《中国方志丛书》本。
⑤ 中华书局1976年点校本。

头衔,史料中出现的山主应该也是瑶民首领的称号;少数熟瑶"官供田牛"并象征性地征收一些薄税,多数熟瑶虽然"近民",也只是"稍知生理,亦不出赋"①。有些熟瑶首领会向政府纳贡一些瑶民土产。至于广大生瑶,他们继续"野居巢居,刀耕火种,采山狩猎,以资口腹"②,元政府掌管不到他们。与宋朝一样,瑶民周边元政府也布置了一定量的戍兵,多数戍兵平常屯田。不论是生瑶还是熟瑶,一旦有瑶乱,元政府都会派兵及时加以镇压平定。与宋朝相比,元朝有两个现象值得注意。其一,元代在广东以外的瑶区设有州县土官。《元史·成宗纪三》记载,大德五年(1301)十一月,"瑶人兰赖率丹阳三十六峒来降,以赖等为融州怀远县簿、尉"。《元史·泰定帝纪一》记载,泰定元年(1324),"广西庆元瑶酋潘父绢等率众来降,署为簿、尉等官有差"。一些南方少数民族首领挂有州县甚至路、宣慰司、行省官员头衔,但并不在州县等机构任职,而是继续在原先少数民族区域当首领,这种土官制度是元朝的首创。元代广东瑶民首领,招抚后都是做峒主之类的土官,史料中尚未发现有州县土官头衔的,后来的明朝,担任州县主簿、县尉等的瑶民首领就多了,不过他们大多依然是土官而非流官。其二,元代广东的瑶乱明显增多,个中原因下文分析。

(三)明代广东境内的瑶民分布

明代广东瑶民,可谓在在皆有之,不过他们的分布主要也还是在广州府及粤北、粤西北、粤西和粤西南地区,粤东地区则较少。粤东少瑶,可能与当地多客家人、多畲民有关,客家人、畲民、瑶民都可说是山地民族群。

1. 广州府

清王思章修、赖际熙等纂初刻于民国十年之《增城县志》③ 卷1《瑶人》:"隆庆(1567—1572)间,从化松子寨寇作,峒瑶多从乱,

---

① 苏天爵编:《元文类》卷41《杂著·招捕总录》,《四部丛刊》初编本。
② 同上。
③ 广东省地方史志办公室辑:《广东历代方志集成》重排本,岭南美术出版社2007年版。

邑人黎邦宁抚平之。当事委授抚瑶官，宁卒，瑶仍梗化，弟梦吉复能驯之，于是奉委世袭。……（罗浮山瑶），明初设抚瑶土官领之，俾略输山赋，赋论刀为准，羁縻而已。"清戴肇辰修、史澄等纂光绪《广州府志》①卷69："（从化）本番禺、增城二县地。弘治元年（1488）峒瑶谭观福恃险为乱，讨平之。"清田明耀修、陈澧等纂光绪《香山县志》②卷22："明万历（1573—1620）间，（香山）三灶沿山瑶民相聚为盗，官兵追捕，旋匿旋出。……东澳人周高扬者，铁匠也，鬻器于其市，习其人，通其语，瑶众悦之。巡海官至，则高扬为宣谕，俗渐革。奏授高扬为瑶官，抚其地，世其职。入觐加授宣武将（军）。"清蔡尧熺、谭镳等撰光绪《新会县乡土志》③卷1《历史》："（新会）皂幕山至明时犹为广东瑶山之一。"《读史方舆纪要》卷101《广东二》："（新宁瑶），明弘治十一年（1498）讨平之，因析置今县。"《阮通志》卷330《岭蛮传》记新宁瑶人，"明洪武、永乐（1368—1424）时，瑶首盘贵等相继来朝，始立土司，正统（1436—1449）以后，屡次作乱"。清徐香祖修、吴应逵纂道光《鹤山县志》④卷2上："自前明成化（1465—1487）迄今，瑶蛮土寇踞巢煽虐历二百年，民人未能托居者。"该地清朝时设鹤山县。明戴璟、张岳等纂修嘉靖《广东通志初稿》⑤（以下简称《戴通志》）卷35列有嘉靖以前广东各地的瑶山名录，广州府内以清远、从化两县为多，戴氏统计，"清远县瑶山凡一百有六"，"从化县瑶山凡三十五"，"新会县瑶山凡一"。

粤北连山、阳山一带，明属广州府，该地继续有瑶民分布。《阮通志》卷217《古迹略二》："连山故城，在县西北钟山下，明洪武二十六年（1393），瑶贼唐宗祥作乱，县治荒废，永乐元年（1403）改

---

① 广东省地方史志办公室辑：《广东历代方志集成》重排本，岭南美术出版社2007年版。
② 《中国地方志集成》影印本，上海书店2003年版。
③ 粤东编译公司1908年铅印本。
④ 广东省地方史志办公室辑：《广东历代方志集成》重排本，岭南美术出版社2007年版。
⑤ 《北京图书馆古籍珍本丛刊》本。

置县于程山下。"民国欧汝钧修、朱汝珍纂《阳山县志》①卷15《事纪》："洪武二十九年（1396）丙子……连州……大木山瑶陈猛颜，白弓山瑶马以亮，黄莲山瑶齐有喜等一百余人，寻招抚入籍。"这一事件，清刘允元修、彭锴纂康熙《连山县志》②卷5记作："洪武三十一年（1398），（连山县）大木山瑶陈猛颜，白弓山瑶马以亮，黄莲山瑶齐有善等俱就抚，设立瑶首统领抚瑶总甲以绥之。"又清顾炎武《天下郡国利病书》③卷98《广东二》："阳山县永化都，在县治西北十里，即三坑瑶人地。万历十年（1582），赵文祯招安为编民，出籍供赋，乃丈田升科，置瑶目，立社学，派定山租。"据《戴通志》卷35统计，"连州并四会县界瑶山凡十二"。

2. 粤北

清裘秉钫纂修康熙《乳源县志》④卷1《瑶壮》："（乳源）瑶人……摄之有瑶总，岁时或一谒县官。正德（1506—1521）中，曲江油溪山瑶诱引为盗。"《阮通志》卷330《岭蛮传》："英德县黄茶山瑶，盘姓者三十余家，别姓者百余人。永乐间（1403—1424）瑶首陈朝亮以杀流贼功，除瑶官世袭。"《戴通志》卷35统计，"曲江县瑶山凡四"，"英德县瑶山凡二"。

3. 粤西肇庆府和罗定州（泷水县）

明人姚虞《岭海舆图》⑤云："高要之东路通三水，西德庆，南东安，北四会。西南故患瑶，东北患山寇，东南海寇之患。"清谭桓修、梁登应纂康熙《高要县志》⑥卷26《文艺》："明永乐十四年（1416），高要瑶目周四哥来朝，籍其户八十有七，则十四年以前为瑶僚可知矣。厥后隶尺籍为编民。"明属广西梧州府、今属广东省的

---

① 成文出版社《中国方志丛书》本。
② 广东省地方史志办公室辑：《广东历代方志集成》重排本，岭南美术出版社2007年版。
③ 清光绪五年刻本。
④ 中山图书馆1957年油印本。
⑤ 《守山阁丛书》本。
⑥ 广东省地方史志办公室辑：《广东历代方志集成》重排本，岭南美术出版社2007年版。

怀集，明代有瑶。《明史·广西土司传》①："怀集瑶贼，在正德（1506—1521）中已雄据十五寨，环二百余里，为州县患。"清刘德桓修、吴大猷纂光绪《四会县志》② 编1《瑶疍》："（县内）各属瑶民旧（明和清初）设瑶目管理"。清刘芳纂修乾隆《新兴县志》③ 卷26："明初设有瑶官四人，率众捍御浪贼有功，世其职，瑶皆听约束，无生事患。"瑶官之一肖震，"明洪武间（1368—1398）广西俍（壮民之一种）贼流寇乡村，震带众瑶征剿有功，赐袭土巡检，管辖仁丰、宁化二都诸瑶"；之二梁润，"明洪武间（1368—1398）广西俍贼流劫乡村，润集众瑶擒斩有功，赐袭土典史，管辖宁都诸瑶"；之三陈天元，"其父陈志刚，明洪武十二年（1379），率瑶目进贡，赐袭土典史，管辖延寿都诸瑶"；之四陈千，亦陈志刚子，"赐袭土典史，管辖延寿都诸瑶"。明黄佐修嘉靖《广东通志》④（以下简称《黄通志》）卷69《瑶壮》记录了恩平县七座瑶山瑶民的瑶总姓名。民国张以诚、梁观喜纂《阳江县志》⑤ 卷7《地理志七》："江邑自明永乐（1403—1424）年间，瑶人黄福明率众归化，授抚瑶主簿，职衔世袭。"清屠英修、胡森纂道光《肇庆府志》⑥ 卷4《舆地》录明人王仰《重建阳春县堂汇记》云："阳春县，古春州，环山绕林，襟岩带峒，瑶氓错落，剑犊集处。"清温恭修、吴兰修纂道光《封川县志》⑦ 志1《舆地》记载了正德年间（1506—1521）封川瑶民的四次瑶乱。清汪兆柯修道光《东安县志》⑧ 卷4《外纪》云："罗旁东西二山相距，其中万山层迭，菁林重密，而中多沃壤。正统（1436—1449）间，诸瑶盘踞为巢穴，四方亡命又从而羽翼之，谓之俍贼。"清何天

---

① 中华书局1974年点校本。
② 成文出版社《中国方志丛书》本。
③ 江苏古籍出版社2003年影印1934年重刻本。
④ 广东省地方史志办公室辑《广东历代方志集成》重排本，岭南美术出版社2007年版。
⑤ 成文出版社《中国方志丛书》本。
⑥ 成文出版社《中国方志丛书》本。
⑦ 成文出版社《中国方志丛书》本。
⑧ 《中国地方志集成》影印本，上海书店2003年版。

瑞修、桂玷等纂铅印于民国年间的《西宁县志》① 卷33："有明一代，西江最苦瑶患。瑶之种类甚繁，散居山谷间，自万历五年（1577）征平罗旁，而近地（罗定、东安、西宁）瑶种始渐歇绝。"

《戴通志》卷35统计，嘉靖前四会县境内瑶山五十八处，"阳春县瑶山凡九十四"，"新兴县瑶山凡五十五"，"德庆州瑶山凡八十四"，"泷水县（后改罗定州）瑶山凡一百一十有八"，"开建县瑶山凡三十五"，恩平县四，封川县二。该史料共统计出全广东范围内瑶山660多处，肇庆府（包括后来的罗定州）范围内瑶山450处。应该说，这两个数据都有遗漏，据今人研究，明代嘉靖年间，广东范围内共有900多个瑶民村寨，其中肇庆府约540处，占总数60%左右。②

4. 粤西南高州府

明人姚虞《岭海舆图》③："（高州）郡北瑶山充斥，直踵于西。"清敖式杰修、梁安甸纂光绪《信宜县志》④ 卷4《兵防》："成化间（1465—1487），知府孔镛抚瑶，免差役，约束其众，咸听调遣，遂立瑶兵，每山每寨皆设一瑶目，以相统辖。"清杨霁修、陈兰彬等纂光绪《高州府志》⑤ 卷54《杂录》："初，电白邑中民瑶杂处……（永乐）十七年（1419），盘龙佛子瑶首黄满山等六十人入朝，贡降香等物，上嘉其慕义，赐钞币遣还，免其赋役，遂录礼功，授抚瑶主簿，世为土官。"《阮通志》卷330《岭蛮传》记载："化州听调瑶共五十一山。"清喻炳荣修、朱德华等纂道光《遂溪县志》⑥ 卷5："明成化八年（1472）以前，被瑶残户口十存仅五。"《戴通志》卷35统计嘉靖前高州府瑶山，"电白县瑶山凡五"，"信宜县瑶山凡四十一"，化州、茂名等地数字缺。《黄通志》卷67《瑶壮》录有嘉靖后期广东瑶山名录。黄氏将高州境内瑶民分成三种："高州府所属州县山瑶，依栖山菁，有听招、有背招、有险恶，每山有总有甲，领其兵目。听

---

① 《中国地方志集成》影印本，上海书店2003年版。
② 蒋祖缘、方志钦：《简明广东史》，广东人民出版社2006年版，第253页。
③ 《守山阁丛书》本。
④ 《中国地方志集成》影印本，上海书店2003年版。
⑤ 成文出版社《中国方志丛书》本。
⑥ 成文出版社《中国方志丛书》本。

招者，有相信抚瑶领之。听招者，调之攻守，纳粮当差，与民为一，谓之良瑶。背招者，势穷则降，稍利则攫。险恶者贼，不可与化。"据黄氏统计，当时高州府境内"化州听调瑶兵五十一山"，"茂名听招瑶共三十一山……背招瑶共十三山"，"信宜听招瑶共十五山……背招瑶共十二山……险恶瑶共五十八山"，"电白听招瑶共二十一山"。

5. 粤东惠州府和潮州府

清张鹤龄修、曾士梅纂咸丰《兴宁县志》① 卷12《外志》："正统中（1436—1449），县人彭伯龄能抚辑瑶壮，其党悦服。……授伯龄为水口巡检司副巡检，专事抚瑶，仍俾世袭。"《读史方舆纪要》卷103《广东四》："广东兴宁县大望山……弘治十六年（1503），瑶寇起于此。"清侯坤元修、温训纂道光《长乐县志》② 卷6："（长乐县）瑶有长有丁，自明初以苟姓者为抚瑶官领之，俾略输山赋，五石五斗五升，羁縻而已。"《天下郡国利病书》卷100《广东四》记："（博罗县）瑶有长有丁，国（明）初设抚瑶土官领之，俾略输山赋，赋论刀为准，羁縻而已。"明人姚虞《岭海舆图》③："龙川之瑶，皆别地来者，听调输租，主之以土官。"《阮通志》卷330《岭蛮传》亦云："龙川县山瑶，居深山之中，听征调，纳贡献，有官长为之抚领。"清于卜熊修、史本纂乾隆《海丰县志》④ 正集卷下："（瑶）在海丰者，皆来自别境。……明初设土官领之，俾略输山赋，赋论刀为准，存羁縻之意而已。"明代粤东潮州府，史料中屡见该地有畲瑶之记载。《阮通志》卷330《岭蛮传》："潮州府畲瑶……前明设官以治之，衔曰'畲官'。"清卢蔚猷修、吴道镕纂光绪《海阳县志》⑤ 卷46《杂录》："永乐五年（1407）冬十一月，畲蛮雷文用等来朝。初，潮州府有称畲长者，即瑶类也。"清惠登甲纂修光绪《饶平县志》⑥ 卷4

---

① 成文出版社《中国方志丛书》本。
② 《中国地方志集成》影印本，上海书店2003年版。
③ 《守山阁丛书》本。
④ 成文出版社《中国方志丛书》本。
⑤ 成文出版社《中国方志丛书》本。
⑥ 《中国地方志集成》影印本，上海书店2003年版。

《户口》:"瑶人,又名畬客。"潮州府的这些畬瑶与今天被称为畬族的民族关系更近。戴、黄二《通志》统计瑶山数目时对惠、潮二州均简单带过。

(四)明朝前期①的抚瑶

明朝前期,政府对广东瑶民的政策是以抚为主。包括:招抚瑶民入籍,但对他们的赋役要求很低,如前文提到的一些史文中所说,仅是"俾输山赋",这些山赋还不时会免除;有些入籍瑶民会被征调充当乡兵,政府设立土舍,设瑶总管治这些瑶民乡兵,瑶民乡兵平时守营屯田,遇有调发时随军进征,和其他族群乡兵如苗兵、俍兵、壮兵一样,时常"专为先锋"②;政府在熟瑶中立瑶民首领,称号有瑶首、瑶目、瑶领、瑶长、抚瑶官等,实行世袭制,鼓励他们来朝贡方物,同时给这些瑶首一些物质奖励;有些瑶首还有州县等机构土官官员头衔,如上面提到的明初新兴四瑶官、阳江瑶人首领黄福明、电白瑶人首领黄满山等,他们任土巡检、土典史、土主簿等,这些土官职务都是世袭的;招抚瑶人有功的别族人,除升官加爵外,有的也会被立为瑶首,如上面提到的招抚香山瑶人的东澳人周高扬,有的则会担任世袭的州县等机构土官,专门负责抚瑶,上面提到的兴宁县人彭伯龄情况就是如此,当然,彭氏任抚瑶副巡检时已是正统年间(1436—1449)。以下,再列举一些例证。

民国欧汝钧修、朱汝珍纂《阳山县志》③卷15《事记》:"洪武(1368—1398)初,瑶剽阳山村落,寻降。时瑶庞一歌、周一歌等,住南北、水西等处,剽掠乡村,太祖命赍榜招抚陈阳满等三百六十户入籍当差。"清杨文骏修、朱一新等纂光绪《德庆州志》④卷15记载:"洪武三十一年(1398),西山瑶乱,命指挥王浚等讨平之。西山瑶盘穷肠等为暴,官兵捣其巢穴,设立瑶首,统领瑶镇、总甲,每

---

① 本文所说明前期,指洪武、永乐、洪熙、宣德年间,即1368—1435年。
② (清)郝玉麟修,(鲁)曾煜纂:雍正《广东通志》(以下正文中提及时简称《郝通志》)卷23《兵房志》,《影印文渊阁四库全书》本。
③ 成文出版社《中国方志丛书》本。
④ 成文出版社《中国方志丛书》本。

专题篇

岁来朝,赐之钞币,自是四面向化。"前文提到,民国《阳山县志》和康熙《连山县志》均记载,洪武(1368—1398)末年,连州一些瑶民被"招抚入籍",政府在这些瑶民中,"设立瑶首统领抚瑶总甲以绥之"。

清李沄修、区启科纂道光《阳江县志》①卷37:"永乐元年(1403),县民黄福铭率瑶人入贡,授福铭抚瑶主簿。"《古今图书集成·职方典》卷1393:"永乐四年(1406)春三月,高州府信宜县六毫峒下水三山瑶首盘贵等朝贡方物,上慕其嘉义,赐赉遣还,仍敕有司免其赋役,自后瑶首、瑶总来朝贡者,皆如之。六月,高州、肇庆二府瑶首赵第二、盘贵来朝。先是,化州吏冯原泰、陈志宽言:天黄、大帽、曹连、茶峒、石栗诸山瑶人素未为顺,今有向化之心。遂遣人赍敕同原泰等往抚谕之,至是第二等籍其属二千五百余户凡七千五百余口来朝,赐钞币袭衣,命原泰为泷水县丞,志宽为信宜主簿,专抚诸瑶。"清金光祖修康熙《广东通志》②(以下简称《金通志》)卷29:"永乐八年(1410)二月,德庆州新落山瑶首骆第二来朝。初,令泷水县丞冯原泰招谕向化,计户百六十,口五百余。至是瑶来朝,赐钞币衣袭。……永乐十年(1412)夏四月,信宜县根竹峒瑶首陆仲八等来朝,贡方物,赐衣及钞。夏六月,升泷水县丞冯原泰为德庆州判官,以其善抚诸瑶也。……永乐十一年(1413)春二月庚午,新兴县瑶首梁福寿等来朝。肇庆府学增广生廖谦招携……来朝,贡方物,凡招瑶人五十余户,以谦为新兴典史以抚之,赐福寿衣钞。"

《金通志》卷29又记载:"永乐十三年(1415)秋八月丙辰,德庆州瑶首周八十来朝,贡方物,赐衣钞。"光绪《德庆州志》③卷15记载更详细:"瑶目周八十入朝。八十贡方物,赐衣钞,并赐敕曰:'皇帝敕谕广东肇庆府德庆州古篷、下台等山瑶头周八十、刘大,恁每都是好百姓,比先只为军卫有司官不才,苦害恁上头,恁每害怕了,不肯出来。如今听得朝廷差人来招谕,便都一心向化,出来朝

---

① 成文出版社《中国方志丛书》本。
② 广东省地方史志办公室辑:《广东历代方志集成》重排本,岭南美术出版社2007年版。
③ 成文出版社《中国方志丛书》本。

见，都赏赐回去。今后恁村峒人民，都不要供应，差拨从便，安生乐业，享太平的福。但是军卫有司官吏军民人等，非法生事扰害，恁每便将这敕谕，直到京城来奏，我将大法皮治也，故谕。'"《金通志》卷29另记："永乐十四年（1416）冬十一月癸巳，高要县瑶首周四哥来朝，籍其属八十七户，男女一百二十四口，愿入版籍，供赋役。……永乐十五年（1417）夏四月，信宜县瑶首盘龙福等来朝，贡方物，赐钞币及衣。冬十一月，化州瑶首黄应广等来朝，贡方物，赐钞币袭衣。"宣德年间（1426—1435），明政府"赐诸瑶敕谕"的记载仍屡见。

（五）明中期前叶[①]瑶乱原因分析

正统、景泰年间（1436—1456），广东瑶乱明显增多，而且有数次规模大、持续时间长的瑶乱。天顺和成化年间（1457—1487），明政府对瑶政策再次以抚为主，广东瑶乱相应减少，规模也小，多是一些零星的个案。

光绪《德庆州志》[②]卷15记载，正统三年（1438），"泷水瑶凤光山等七人，伪称总管，焚毁衙署"。《金通志》卷29记载，正统十一年（1446），泷水瑶赵音旺"合诸山叛瑶大肆杀掠"。据光绪《德庆州志》，"抚瑶判官冯述死之，述，原泰子也，战死，其子瑄亦死"，"民田多为所陷"。据《金通志》卷29，差不多两年后，"都御史马昂调广西俍兵及壮人直抵巢穴，斩获甚重，余党悉平"。景泰元年（1450），新会瑶乱，时正逢广州黄萧养之乱，这次瑶乱持续时间也较长，据《古今图书集成·职方典》卷1393，一年多后，"左都御史王翱总督两广军务，威望素重，瑶贼闻其至，大惧听抚，奏用招抚瑶老壮老人等令其归峒生理，而整兵以防，于是岭海肃清"。王翱离职后，景泰四年（1453），赵音旺复乱，次年再度由马昂借助俍兵、壮兵平定。[③]《金通志》卷29说，景泰五年（1454），新会瑶"贼复

[①] 本文所说明中期前叶，指正统、景泰、天顺、成化年间，即1436—1487年。
[②] 成文出版社《中国方志丛书》本。
[③] 光绪《德庆州志》卷15，成文出版社《中国方志丛书》本。

作"，明军平定后，县丞陶鲁"遍历诸村，设乡老，置木牌，开写各户丁口，逐月开报诸村动息，每五十家仍立总甲二名，管束出入，互相劝戒"。陶鲁所历诸村应该包括一些瑶民村寨。

《金通志》卷29又记载，天顺元年（1457），泷水瑶凤第吉"作乱，攻掠县治"，三年（1459），"巡抚都御史叶盛讨平之"。这是天顺年间（1457—1464）广东历时最长的一次瑶乱。此外，天顺、成化年间（1457—1487），瑶乱零星。《天下郡国利病书》卷97《广东一》："天顺三年（1459）夏四月，诏讨连山县瑶贼。"清屠英修、胡森纂道光《肇庆府志》① 卷22："成化十五年（1479），瑶贼寇阳春，佥事陶鲁击走之。"这一期间，发生过数起广西瑶寇广东地区的事，有些广东瑶也加入其中。道光《肇庆府志》② 卷22："天顺二年（1458）八月，西寇陷新兴城。"清刘芳纂修乾隆《新兴县志》③ 卷6《编年》："天顺二年（1458）春，瑶叛，本府知府黄瑜抚用之。"这次新兴的叛瑶估计是跟着"西寇"的。《阮通志》卷187《前事略七》："天顺三年（1459），广西瑶贼胡公威攻围化州。"民国余启谋修、张启煌纂《开平县志》④ 卷19："天顺六年（1462）壬午春，广西贼寇新会，县丞陶鲁募兵讨平之。……寻擢（鲁）知县事。"成化（1465—1487）初，广西大藤峡瑶民寇广东高、肇、雷、廉等州，《金通志》卷29记载："佥都御史韩雍至，恩威并著，瑶人畏服，郡县赖之以安，后立秋调法，用俍兵（入秋）雕剿。"

天、成年间（1457—1487），广东瑶民被招抚的记载重新屡见。《金通志》卷29记载，天顺元年（1457），"秋七月，河源县瑶首梁志山等来朝，贡方物，赐钞及彩帛表里袭衣有差。"《郝通志》卷57："天顺元年（1457），清远县抚瑶把总袁征来朝。"《古今图书集成·职方典》卷1393："天顺二年（1458）五月，阳江县南河都官峒等山瑶首彭震等来朝，贡方物，赐彩币纱绢有差。秋七月，龙川县瑶首陈万通等，阳江县瑶首黄胜富等，高要县瑶首邓越俱来朝，贡方物，赐

---

① 成文出版社《中国方志丛书》本。
② 成文出版社《中国方志丛书》本。
③ 江苏古籍出版社2003年影印1934年重刻本。
④ 成文出版社《中国方志丛书》本。

钞及彩币表里有差。"《金通志》卷29："天顺三年（1459）秋九月，翁源县抚瑶总全善清等来朝，贡方物，赐钞币有差。"道光《肇庆府志》①卷22："天顺八年（1464）正月，诏免税役。……（瑶民在内），免其户下税粮差役三年。"光绪《德庆州志》②卷15："成化三年（1467），（德庆）间有瑶贼占种无征者，田粮六千四百一十八石八合三存，（知州）乞分豁免征。"近人周学仕修、马呈国纂民国《罗定县志》③卷9《纪事》记载："成化十一年（1475）冬十一月癸丑，蠲（瑶民在内）田租。"

　　这里，有必要分析一下宋代以来广东瑶乱的原因。史料中多有瑶民性犷悍、喜仇杀、桀骜难驯、不服王化的说法，这些反映了汉人对他们的偏见。史料中还记载了一些瑶民的习俗，如"瑶人初生能行，即以铁烙其跖，厚如茧，故能踏芒刺，踏锐石，负弓矢手矛履险，上下如飞"、"居恒则猎山兽以食，疾病则巫觋吹牛角以祷"④、种水稻、实行游耕、"所居皆茅舍板屋，种禾黍芋豆，杂以为粮，不足则迁徙谋食，飘忽无定所"⑤、无冠礼、婚姻不辨同姓、度男女衫带长短相等以成亲、多招婿入赘、尚淫祀畏鬼神、服食秽恶、喜歌舞、裸体穴居、父子相杀、子妻母父纳子之妻等，这些汉人笔下的所谓瑶俗有一些是实情，但也有不少是想当然的污蔑之词。⑥ 瑶乱有一些是因为部分瑶人的"劫掠"本性造成的，有一些是因为瑶民内部相争或不同部寨间互相格斗残杀造成的，有一些则是因为有外部"流贼流寇""四方亡命"进入而导致或扩大事态的。这些进入瑶民中的"赝瑶""假瑶"，不仅有㑇、壮等少数民族族群，也有少量汉人。清张堉春

---

① 成文出版社《中国方志丛书》本。
② 成文出版社《中国方志丛书》本。
③ 成文出版社《中国方志丛书》本。
④ 黄钧宰：《金壶七墨》卷5《金壶浪墨》，《续修四库全书》影印本。
⑤ 陈徽言：《南越游记》卷3，广东高等教育出版社1990年重排本。
⑥ 日本学者竹村卓二对这一问题有如此论述："宋代以后的……中国文献提到称为瑶的这个民族集团仍很频繁，记载的主要着眼点，和以前各王朝的基本态度也几乎并无不同。这些记载专门说明政治形势的演变，而找不到以共同体为单位的解释民族志的资料。"竹村氏还引述库什曼的说法："对于华南的风土和人情，北方中原与此显著隔阂，所以记载都趋向于随意争奇述异而已。"参见［日］竹村卓二《瑶族的历史和文化》，金少萍、朱桂昌译，民族出版社2003年版，第223页。

修、陈治昌纂道光《廉州府志》①卷4："明景泰（1450—1456）、成化（1465—1487）间，（廉州府）瑶贼猖獗，调俍以剿之，已而俍与瑶为唇齿；召壮以御之，已而瑶与壮为心腹。"这些本来用来御瑶、剿瑶的俍、壮民后来不时和瑶民一起作乱，因此史料中记载的瑶乱，很多时候参加者就不仅仅只是瑶民，还有诸多其他族群的人。这些外族人进入瑶民中，有的鼓动瑶民跟随他们作乱，有的则跟随羽翼瑶民作乱。大藤峡瑶乱时，一些广西瑶民进入广东雷、廉、高、化等地，当地瑶民很多人起来附和。有的外来者则诱惑瑶民作乱，《天下郡国利病书》卷98《广东二》："真瑶循，赝瑶诈，主壮富，客壮贫。往时瑶壮表里构乱，随服随叛，皆诈而贫者导之也。"此外，引发瑶乱的原因还有几种。

一是饥馑所迫。瑶人生存生活环境普遍比较艰苦，灾荒歉收时常发生，为求生存，他们有时会铤而走险，主要是剽掠汉民，明中期前史料中所记的瑶乱多数是这种事情。宋人周去非《岭外代答》②卷3《外国门下·瑶人》："瑶人耕山为生，以粟豆芋魁充粮。具稻田无几，年丰则安居巢穴，一或饥馑，则四出扰攘。"清人陆次云《峒溪纤志》③上卷："（瑶民）山田瘠埆，十岁五饥，故恒劫掠。"

二是官吏盘剥。明中期前，历朝政府对熟瑶的赋役本来都很轻，但是执行官吏多额外征收，甚至对瑶民敲骨吸髓从而激起瑶变。道光《肇庆府志》④卷4："（恩平瑶），正统间（1436—1449）镇守内官阮能因瑶朝贡，官索方物，于是寇贼四起。"清谭桓修、梁登应纂康熙《高要县志》⑤卷25："正统十一年（1446），镇守两广少监阮能，与兵部尚书陈汝言朋比为奸，贪婪无艺，于是寇盗四起，泷水瑶赵音旺……倡乱。"《古今图书集成·职方典》卷1393："正统年（1436—

---

① 广东省地方史志办公室辑：《广东历代方志集成》重排本，岭南美术出版社2007年版。
② 杨武泉校注本，中华书局2006年版。
③ 《小方壶斋舆地丛钞》本。
④ 成文出版社《中国方志丛书》本。
⑤ 广东省地方史志办公室辑：《广东历代方志集成》重排本，岭南美术出版社2007年版。

1449），武职多侵渔，诸峒盗发。"道光《肇庆府志》① 卷 22 所载天顺八年（1464）正月免税役诏云："广东等处贼寇生发，多因官司取办物件，守令不得其人，以致饥寒迫身，不得已而为盗。"

三是受到汉人欺诈，又投诉无门。近人张其昀《中国民族志》②第五章："（瑶）不产食盐，汉人与之交易，多致奇富者。"卖盐汉人的奇富显然建立在对瑶人的高额利润基础上。不仅仅是食盐，如《阮通志》卷93《风俗二》所云，瑶民"不事商甲，专力稼穑"，粮食之外绝大多数的生活所需，如纺织品、农耕工具等，均不能自产，只得通过与汉人贸易而得。与不少奸诈圆滑的"汉奸"比起来，瑶民"性虽凶悍，质实蠢愚"③，贸易时多会被汉人利用而吃亏。《宋史》卷180《食货志·钱币》中记载，有不良奸商用私铸"新恶钱"与蛮人交易。宋代以来，熟瑶与汉人多有田地事务往来，除汉人将田地诡名瑶田以避税外，主要还有两种情形。其一汉人购买瑶民田，其二瑶民租佃汉人田。这两种事务时常引起汉瑶纠纷。汉瑶争执，多数场合汉人欺蒙、瑶民受损，官府出于对瑶民的偏见歧视以及汉人的关系打理，又往往站在汉人一边，这自然会激起瑶人的愤恨。《天下郡国利病书》卷98《广东二》："（阳山瑶）三坑田土，俱系各租承佃，自天顺年间（1457—1464），下山陆续开垦，批耕往种，后因各山田主倍收租利，加派粮差，以致各瑶不得安生。……（瑶人）不习官府法度，征输对簿，唯市人是信，故市人得以操纵出入，利其讼嚣，而包局骗。"

四是汉人对瑶民田土的侵蚀强占。两宋以前，广东地区地广人稀，宋王朝建立伊始，就有大量北方汉人南移至广东，这种趋势后来一直延续。随着越来越多汉人的进入，他们对瑶人等少数民族族群民众生活区域的逼占在所难免。两宋时期，这一矛盾还不甚明显。元朝时期，中国南方各地非汉族民众起义记载大为增多，实际

---

① 成文出版社《中国方志丛书》本。
② 商务印书馆1947年版。
③ 凌锡华修，彭征朝纂：民国《连山县志》卷5录禧恩《剿瑶善后章程疏》，《中国地方志集成》影印本，上海书店2003年版。此疏所述虽是清朝连山瑶人情况，之前其他时期也是如此。

上是汉人势力向原先少数民族生活地区渗透加深的反映,元朝广东的瑶乱总体就比宋朝频繁。元末和明初,受战乱影响,这一矛盾稍稍有所缓和。经过明初几十年的休养生息,广东地区经济恢复,同时人口再次激增,汉人和非汉人因生活空间此消彼长而引发的矛盾也重新凸显了起来,这是正统到成化年间(1436—1487)瑶乱不断的一个不能忽视的原因。近人刘远锋修、陈宗瀛纂民国《乐昌县志》① 卷3:"(瑶人)通力合作,稻粱菽粟足以自给。"田土被汉人侵蚀,瑶民就不容易自给了。近人张其昀《中国民族志》② 第五章也云:"瑶人有限制人口生产率之遗俗,……盖其土地狭窄,恐人口增加,物产不足供给,起争夺,招祸乱也。瑶人悍蛮难制,无食则四出剽掠。其药箭甚毒,中人有致死者。华人或侵削之,益以激其狼子野心,故变乱之起恒较他省为易。"近人周赞元等纂修民国《怀集县志》③ 卷8《县事志》云:"(瑶)戆鸷与华不通,华民欺其愚,夺攘侵侮,官辄右奸民以眵瑶,积怨则变,昔今一辙。……楚粤奸民……屡强劫瑶寨牛谷,党联官役,瑶无所诉,于是……大乱。"县志所说,虽是清时情况,但"昔今一辙"。清朝道光皇帝道光十二年(1832)二月戊寅有一道敕谕,虽然说的是清朝情况,之前各朝应当也是如此:"瑶民向称安静……(瑶乱)定有起衅激变之由,是否与毗连村民怀有夙仇抑被汉奸盘剥,穷极变生。"④《古今图书集成·职方典》卷1393引王翱《边情疏》,这位为瑶民畏服的官员比较到位地总结了到当时为止历次瑶乱的原因:"土人种类非一,其曰生瑶、熟瑶,曰壮人,曰款人,曰伶人,曰僚人,皆犷悍疾之;名曰溪、曰寨、曰团、曰隘,咸负固自保之所,既无城郭可居,亦无沟池可守,不过依山傍险,为自全计。虽其衣服言语与中国不同,然其好恶情性,则与良民无异。平居之际,亦各往来以营生,至于有急,自相屯聚而保护。观其背叛不服,实非本心,乃出于不得已也。皆缘将臣所司,不得其人,德不足以绥怀,威不足

---

① 成文出版社《中国方志丛书》本。
② 商务印书馆1947年版。
③ 成文出版社《中国方志丛书》本。
④ 辽宁省档案馆编:《清圣训》本,中国档案出版社2010年版。

以慑服，甚至欺其远方无告，掊克残忍，使不得安其生。请蠢尔无知，颠倒是非，俾不得顺其性。既害其生，又拂其性，虽良善懦弱之人，犹不免于动作，况素无教令而禀性强梁者？"

（六）明中后期①政府对瑶民区域的开边拓土

宋元时期，政府追求的是瑶汉民和平共处、瑶民劫掠汉民的事情很少发生。明朝前中期，一段时间内瑶乱频繁，政府出兵平定，而大多时间内政府政策则以抚瑶为主。明政府的抚瑶比宋元深入，这个王朝屡屡招谕瑶民入籍，其频率、幅度、成效都远远超过宋元时期。弘治年间（1488—1505）开始，明政府对瑶民政策发生重大改变：要利用国家力量主动剿瑶。政府剿瑶的借口往往是瑶民侵占了民田或者说他们叛服不常。瑶民侵占汉民民田的事即使有，也是罕见的，"瑶人伏处于深山穷谷中……（他们）对山下的人还是很少侵犯"②，倒是汉民侵占瑶民山田的事自宋以来，总体趋势日益严重。将瑶民叛服不常作为政府出动大兵的理由自然也很勉强，而且政府出动的兵力往往要大大超过平定瑶民叛乱所需，所谓的瑶乱平定后又往往伴随着对无辜瑶民的不少杀伤。政府主动剿瑶的目的实际上是要强行将地旷人稀的瑶民生活区域纳入版图，在这些地方设立州县乡甲等行政管理机构，安插因人多地少矛盾突出而生活窘迫的汉族移民；要将中央王朝势力深入渗透到瑶民社会当中，历来政府管不到的生瑶，不再只追求他们不滋生闹事，而是要将他们编入齐民户籍，向他们征收赋税，对他们进行汉瑶一体化。

清杨文骏修、朱一新等纂光绪《德庆州志》③卷15记："弘治四年（1491），右都御史总督秦竑、总兵官付羌伯毛锐，遣岭西道佥事陶鲁讨泷水后山瑶，平之。……（鲁）督参将陈皓、都指挥白玉、

---

① 本文所说明中后期指弘治年间开始至明末，即 1488—1644 年。
② 转引自黄朝中、刘耀荃主编《广东瑶族历史资料》，广西民族出版社 1984 年版，第 463 页。《广东瑶族历史资料》一书为学人研究广东瑶族历史提供了极大便利，笔者本文中有不少资料是先从此书中看到再核对原始史料的。惜此处引文出处，仅简单注为《民族文化杂志·瑶山访问记》，作者、出版机构、出版年份信息均缺，笔者未能找到此书。
③ 成文出版社《中国方志丛书》本。

255

马义，进攻泷水，深入石狗、红豆……诸山，捕斩五百三十九级，获其孥一百四十人。……督义……所部为四军，攻破野鸭、员鱼坑……山，捕斩一千八百七十四级，俘其孥一百五十七人，释被掠二百七人。"《古今图书集成·职方典》卷1393记载："弘治年（1488—1505），蛮贼平，遂立从化县于上游。"《金通志》卷69："新宁县自弘治十一年（1498）戊午，台臣建议，以扼诸瑶险要，始析新会划封焉。"《天下郡国利病书》卷103《广东七》记载，正德十二年（1517）"命两广汉达官军进剿（连、韶、郴等瑶），斩获四千余级。"《金通志》卷29："正德十六年（1521），封川、开建、贺县瑶乱，提督都御史萧翀……调集汉达官军士兵一万三百二十员名……分道讨之，俘斩六百一十九名颗，地方始平。"这一年，王守仁巡抚南赣，明军在粤西的行动大概也有配合王氏行动的意图。

《古今图书集成·职方典》卷1393："嘉靖二年（1523）春，抚按调集俍达官军四出剿贼，破（新宁）连堂、石鼓等寨，擒斩无算。……（其先），正德十五年（1520）三月，兵备副使王大用统兵剿（新宁）贼……前后捕获凡六千余人。……嘉靖二年（1523）闰四月，乃（又）调集土兵合官民兵一万余，布政章拯驻新会，参政葛浩、参将李璋驻新宁，副使王大用驻恩平，知府简沛驻海晏。……（俍兵）尽戮诸贼妻子……群贼……窜走……藏匿。时拯在新会，凡获盗，令于路中识别同类，随贼所指，即执而戮之。沛在海晏，亦多杀戮。"该史料同卷另一处作这次"征兵大举斩获首级""以万计"。同卷又记载，"嘉靖十年（1531），兵备佥事莫相乃复调俍兵入境剿戮"，再次摧残一段时间后，政府"散师招抚，令各该管里长领带随乡安插，分给牛种，其已经征剿空绝都里，乃招贫民耕种其田，立为民屯之法"。《古今图书集成·职方典》卷1393又记："嘉靖九年（1530），（都御史林）富等调集汉达土官军兵三万一千九百余员名……分道追缴（德庆西山瑶），俘斩一千八百九十名颗，余党招安复业。"林富出兵前所上《讨贼疏略》云："但念兹瑶贼亦系人类，只因不识法度，酿成叛逆，若不开示生路，一概诛歼，诚恐有伤天地和气。……（瑶贼）但有革心向化听抚者，一体安插，与做良民；其不服听抚者，如广东之封川石砚、广西之浔州断藤峡等，委系极恶穷凶，是王法不赦之贼。"[1] 林氏疏略表达了政府的用意，凡"不服听抚者"即系"王法不赦之贼"。《黄通志》卷67《瑶壮》："嘉靖十一年（1532），（阳春、新兴、德庆东山瑶贼）一千七百余徒攻陷高州，提督都御使陶谐……请兵七万，分部督进，誓师于（十二年）正月十五日，奏凯于四月十五日，巢穴迅扫，种类无遗，而又实以良民一千余家，田赋一百三十九顷九十一亩余。"近人周学仕修、马呈国纂民国《罗定县志》[2] 卷9记明廷这次出兵"破寨百二十五，俘斩三千八百，获贼孥三千七百……获田赋七百二十余石，奠民居一千八百余家"。对比前面提到的光绪《德庆州志》[3] 卷15所记："成化三年（1467），（德庆）间有瑶贼占种无征者，田粮六千四百一十八石八合三存，（知州）乞分豁免征。"昔日六千余石的田赋可以免征，这次出兵七万意图显然不在区区七百余石的田赋。民国《罗定县志》[4] 说："蛮僚余息，虔慄顿伏，愿完妻子，进比华人。"这才是明政府的真实意图。对北方民族，明政府普遍采取守势；对于南方民族，明政府则大多采取咄咄逼人的攻势，明军大举征剿广东瑶民就是这一国家政策的具体体现。这一政策不仅在广东，在南方很多地方其实都付诸实施了。[5] 嘉靖十二年（1533）的这次征剿阳春、新兴、德庆东山瑶，当时就有文人将其与汉唐开边拓土相提并论："昔汉勒燕然，唐刻剑阁，考烈征劳，何以加此？"[6]

《古今图书集成·职方典》卷1393："嘉靖年（1522—1566）布政司徐乾橄行保甲法，令（诸山新民）抚瑶里长旬朔一至县廷受事。"《黄通志》卷67《瑶壮》："嘉靖二十四年（1545），封川瑶民乱，提督右都御史张岳等调汉达官军士兵四万八千六百余名……剿

---

[1] 转引自黄朝中、刘耀荃主编《广东瑶族历史资料》，广西民族出版社1984年版，第319页。

[2] 成文出版社《中国方志丛书》本。

[3] 成文出版社《中国方志丛书》本。

[4] 成文出版社《中国方志丛书》本。

[5] 明朝时期，瑶民主要分布在广东和广西地区，明政府对两广地区瑶民区域的开边拓土并不同步，所取得的效果也有较大差异，这对后世瑶族人群的分布产生了深远影响。

[6] 黄澄：《平蛮记》，载民国《罗定县志》卷9，成文出版社《中国方志丛书》本。

之，俘斩二千五百余名颗。"道光《肇庆府志》①卷22记明兵这次出兵八万。《黄通志》卷67《瑶壮》："嘉靖二十七年（1548），提督军务都御史欧阳必进严山禁，非听抚者不得相济……鱼盐布货之利。"《阮通志》卷188《前事略八》："嘉靖三十六年（1557）三月，罗山瑶乱。……大小罗山接壤清远、四会、怀集诸处。……（明）集兵七万……（提督侍郎王钫领之），俘斩八千六百余人。"《金通志》卷29："嘉靖三十八年（1559），始征瑶税。"这时征收的瑶税，不再是象征性的一点点田赋方物了，而是包含了"楠漆、砂仁、黄蜡、蜂糖、皮张、黄藤、竹、木等项花利"。

道光《肇庆府志》②卷5录有泷水县丞陆舜臣嘉靖三十年（1551）的《征剿立县议》，陆氏云："尝度（泷水境内罗旁山）西山之瑶，不过三千，东山之瑶，不过三千，经瑶之穴，上下不过二百里；苟兴问罪之师，调十万之众，必可以收荡平之绩。"十四年后，明廷将征剿罗旁瑶提上议事日程，《阮通志》卷188《前事略八》："嘉靖四十四年（1565），大征（泷水境内罗旁山瑶）之议起矣。"十年后，明兵正式出兵，出兵人数是陆舜臣建议的两倍。《金通志》卷29："万历三年（1575），总督凌云翼请兵二十万……于十二月二十日进兵……师出四月，破贼巢五百六十有四，擒斩贼级万六千一百有奇，渠魁尽戮，其冻馁焚死者不计，投降四百九十有三，俘男妇二万三千一百五十有一。……乃即其地请立东安、西宁二县，升泷水县为罗定州统焉。……移德庆守备于罗定，改广韶高肇陆路二参将分驻东西二山，设官总督之。百年积寇，一旦清彝，二广战功独最云。"明政府对广东瑶民的最后一次大型用兵发生于明末。近人周赞元等纂修民国《怀集县志》③卷8《县事志》："崇祯十五年（1642）春，总督沈犹龙会三省主客兵一万三千余，进连山合剿（瑶），大捷。……诸瑶乞抚，不允。……五月，总兵郑芝龙统漳潮兵三万由连州进剿（瑶民）。……闰十一月，督抚安抚众瑶，编入图籍，（连山、连州）八

---

① 成文出版社《中国方志丛书》本。
② 成文出版社《中国方志丛书》本。
③ 成文出版社《中国方志丛书》本。

排（瑶）平。"

（七）明后期以来广东瑶民社会变迁

明中后期政府对瑶民的几次大型征剿（清朝前期也有过几次征剿，但规模均逊于明朝），使得广东的瑶民社会发生了很大变化：瑶民分布范围大幅缩小，清朝瑶民多在粤北和粤西北的韶、连地区，其中又以熟瑶居多，与汉人不相往来的生瑶甚少，而原先瑶民主要分布区域的广州地带、粤西和粤西南地区，明末和清朝时期则很少有瑶民分布，① 有的话他们也已经与汉民没有多大区别。

民国吴凤声等修、朱汝珍纂《清远县志》② 卷4："旧载有瑶峒……今所居皆土人，未知瑶僚散于何处，抑或渐染日深，变为衣冠文物之俗也。"清蔡尧燨、谭镳等撰光绪《新会县乡土志》③ 卷5《人类》："明代以前，新会西界多有山瑶，近则悉从迁并，留居笋簪、尖绿、护屏诸山者，寥寥数落而已。"明前期在其地立土司、正统（1436—1449）以后屡次作乱的新宁县瑶人，康熙年间时，《阮通志》卷330《岭蛮传》记作："言语服饰，渐与内地习染，同齐民一体，编户输粮。"

清朝谭桓修、梁登应纂康熙《高要县志》④ 卷26《文艺》："瑶僚厥后隶尺籍为编民，散处市尘中，长子孙至读书取青衿，是不特被渐于化，其为瑶僚，名谓形似，久将漫然，不复有存。"清杨霁修、陈兰彬等纂光绪《高州府志》⑤ 卷17《经政五》："俍瑶久已尽编为民，无庸尚存俍瑶壮之名色。"清刘德桓修、吴大猷纂光绪《四会县

---

① 广州地带、粤西和粤西南瑶民人数的大幅减少，一方面在于战争的损耗，一方面在于融合到汉族中，另外，也当有不少迁移他处。可惜的是，由于没有可靠的人口统计数字，我们尚不能确定清朝初期韶、连地区的瑶民人数是否比明朝中后期时有较大增加，也就不能确定原粤中、粤西、粤西南地区是否有大量瑶民在明后期迁徙至粤北、粤西北地区。

② 上海书店1937年铅印本。

③ 粤东编译公司1908年铅印本。

④ 广东省地方史志办公室辑：《广东历代方志集成》重排本，岭南美术出版社2007年版。

⑤ 成文出版社《中国方志丛书》本。

志》① 编1《瑶疍》："高要、德庆、四会、恩平瑶民，向化日久，各安耕凿，与齐民无异，瑶目可以不设。……乾隆二十一年（1756），瑶民编入各村寨保甲，与齐民一体稽查。"清刘芳纂修乾隆《新兴县志》② 卷26："（新兴）瑶人欣欣向化，衣食动作，俱与齐民无异。"民国张以诚、梁观喜纂《阳江县志》③ 卷7："瑶族久与齐民混合，无庸另标名目。"清陆向荣修、刘彬华纂道光《阳春县志》④ 卷4《经政》："（田）始为瑶所据，不输粮役，既而数经征剿，瑶渐散亡，乃以其田或招农民或给粮户耕种。……所有瑶田……今并为民业，无复所谓瑶田矣。"清温恭修、吴兰修纂道光《封川县志》⑤ 志1《舆地》云："国朝以来，（瑶人）转徙旁县，（瑶山）五十二处，尽为民居。"最为明政府头疼的泷水一带，清朝时，罗定州瑶"皆驯服向化"⑥；东安县瑶，《阮通志》卷330《岭蛮传》说，"其服食耕种，与齐民无异"。清何天瑞修、桂玷等纂铅印于民国年间的《西宁县志》⑦ 卷33则直接断定："自万历五年（1577）征平罗旁，而近地（罗定、东安、西宁）瑶种始渐歇绝。"这些史料中所云明末和清朝时期广东很多地方瑶民"歇绝""与齐民无异"的说法可能有些夸张，但还是反映出了明中后期政府"开发"瑶区后广东瑶民社会变迁的事实。

---

① 成文出版社《中国方志丛书》本。
② 江苏古籍出版社2003年影印1934年重刻本。
③ 成文出版社《中国方志丛书》本。
④ 广东省地方史志办公室辑：《广东历代方志集成》重排本，岭南美术出版社2007年版。
⑤ 成文出版社《中国方志丛书》本。
⑥ 民国《罗定县志》卷1，成文出版社《中国方志丛书》本。
⑦ 《中国地方志集成》影印本，上海书店2003年版。

后　　记

　　笔者就职所在的学科组，去年下半年忽然有了一笔需要立刻花掉而又不大容易马上花掉的经费，平头百姓的我因此意外地有了一个出版论文集的机会。我从自己发表于2015年以前的论文里挑出了一些，大致地分了下类，拼凑成了这部集子。除了下篇第二章的三篇文章外，其他基本没有改动，只是统一了体例格式，并将原文刊出时被误改、误排的地方改了回来。不作改动，当然不是自信能成确论，不悔少作像我等常人肯定是做不到的；但真要改正错失，就会永无止境，与其反复修改，还不如保持原样，以记录下自己那一时期的浅陋认识。至于那三篇文章，原文我感觉糟糕得有点不堪入目，实在不能容忍，就作了较多的修改，以让它们看起来像个样子。这些文章中有一些重复的表述，希望读者能够谅解。

　　重读旧作，无比汗颜！光是选题，就了无新意。每见他人从社会史领域中寻找到一些别致题目，都会击节赞叹，但我自己还是喜欢从传统的历史学角度寻找研究对象。这些研究对象多数已被前人摸透，我的文章就不仅缺考索之功，没能解决多少别人尚没弄清楚的具体细节问题；更没有什么独断之学，偶尔有的一些不同前人的见解，也不知道能否成立。要说有心得，大概是因为受到一些日、美学者论述的影响，我觉得国内学界至今的元史研究，对该王朝汉文化因素以外的部分，在研究广度和深度上都还有些欠缺。国外同行早期惯用的"北亚民族论""征服王朝论"，近二三十年来颇受重视的"世界史上的蒙古时代论"以及研究方法上的人类学视野，我们对它们多的是批评和不理，而对其中合理的部分则借鉴得不够。元代前所未有地将中国各个文化区都统一了起来，开始构建一种与汉、唐王朝差异甚大的新

后 记

的国家治理模式，无论在政治、经济、社会的哪一方面，都大大扩大了广义上的中国文化的内涵，这其中必然融入了大量的非汉文化因素。笔者认为，不对这些非汉文化因素深入探讨，是无法从宏观上准确把握元王朝的历史特色的。收在这个集子里的文章，在这一心得方面，我也只是有了一点点"破"，"立"是谈不上的，我希望自己在下一阶段的研究过程中，能够在"立"上做出点实打实的成绩来。

最后，衷心感谢责任编辑刘芳女士对本文集的细致校订，除了敝帚自珍的作者外，应该不会有人读得比她更认真了。

2017年3月18日写于羊城无我斋
2017年6月16日改定于金陵无待寓舍